«LE MONDE COMME IL VA»

Collection dirigée par Michel Wieviorka

DU MÊME AUTEUR

Chez le même éditeur

La Fabrication de l'ennemi, ou Comment tuer avec sa conscience pour soi, 2011.

Surtout ne rien décider. Manuel de survie en milieu politique avec exercices pratiques corrigés, 2014.

Dr. Saoud et Mr. Djihad. La diplomatie religieuse de l'Arabie saoudite, Prix du meilleur livre de géopolitique, 2016.

Hollywar : Hollywood, arme de propagande massive, 2018.

Aux éditions de l'Aube

Guide du Paradis. Publicité comparée des Au-delà, Poche, 2016 (4e édition).

Zone de choc : ZUP, ZAC, ZEP, 2011.

Les Mécaniques du chaos : bushisme, prolifération et terrorisme, 2007.

Aux éditions Fayard

Guide du petit djihadiste, 2016.

Aux éditions Flammarion

Dommages collatéraux, 2002.

PIERRE CONESA

AVEC DIEU, ON NE DISCUTE PAS

Les radicalismes religieux : désislamiser le débat

Robert Laffont

ISBN 978-2-221-24703-7
Dépôt légal : octobre 2020
Éditions Robert Laffont – 92, avenue de France 75013 Paris

Préface

par Farhad Khosrokhavar

Pierre Conesa a de grandes qualités et de menus défauts. Il n'est pas un intellectuel, il n'est pas un chercheur spécialisé et il le dit sans ambiguïté. On peut ainsi lui reprocher de ne pas avoir abordé tous les angles ou lu toute la littérature spécialisée sur tel ou tel phénomène. Mais, ne pas se laisser encombrer par l'érudition lui permet de gagner en capacité de généralisation : il ose des comparaisons hardies et surtout, il fait valoir son point de vue de citoyen en quête de réponses claires et accessibles aux autres citoyens. Pour cela, il pioche dans différents récits, peut aller jusqu'au journalisme d'investigation et procède à un tri des événements et des idées qui nous rend intelligibles, par exemple, des phénomènes aussi éloignés de nous que le fondamentalisme hindou (l'Inde) ou bouddhiste (Myanmar).

Son choix, ici, de comparer les différents radicalismes religieux a le mérite de décentrer le point de vue des médias qui, trop obsessionnellement focalisés sur l'islam radical, perdent de vue les autres types d'extrémisme religieux qui nous menacent – à présent et dans l'avenir – et dont il fait le décompte des dégâts humains et matériels qu'ils ont causés.

On peut par ailleurs contester son point de vue sur le passage du fondamentalisme au radicalisme, ou encore sa description des fondamentalismes : en effet, peut-on comparer le fondamentalisme chrétien à son équivalent musulman ? N'y a-t-il pas une spécificité musulmane, ne serait-ce qu'en raison des trajectoires de chacune des deux religions – et notamment leurs différents degrés de sécularisation, celle de la première vieille de plus d'un demi-millénaire, celle de la seconde à peine centenaire ? Ne doit-on pas aussi noter que le christianisme, au moins en Europe et aux États-Unis, a été la religion des dominants (des colonisateurs, des impérialistes), l'islam étant depuis le XIXe siècle la religion des colonisés et des dominés ?

Pierre Conesa n'est pas insensible à ces arguments, mais il privilégie une autre perspective, qui a sa légitimité : opérant une coupe transversale dans les radicalismes religieux, il tente de comprendre leurs ressemblances, ce qui les unit étant, à ses yeux, plus significatif que ce qui les différencie.

Dans cette entreprise de comparaison, l'une des richesses de ce livre est qu'il couvre un nombre important de radicalismes habituellement étudiés par de multiples chercheurs exclusivement concentrés sur leur spécialité. Or la concomitance de la montée de ces radicalismes est troublante et leur simultanéité ne saurait relever du pur hasard. Cela pose la question des conditions de leur émergence dans un monde de plus en plus unifié par le capitalisme transnational et de plus en plus divisé par les incompatibilités religieuses et les identités « en chien de faïence », jadis moins clivantes. L'exemple du Pakistan est symptomatique : il y a quelques décennies, les chiites et les sunnites se mariaient assez souvent entre eux, vivaient dans des quartiers où il n'y avait pas de dissensions majeures. De nos jours, les chiites y sont tués en grand nombre par les sunnites fondamentalistes ou radicalisés. On pourrait multiplier les exemples, et le livre en fournit à foison. Certes, il ne s'agit pas d'affirmer qu'avant c'était le paradis et aujourd'hui, l'enfer. Mais on ne saurait non plus méconnaître le fait que les dissensions se multiplient à mesure que le monde s'unifie au sein d'un marché de plus en plus globalisé. Les fanatismes y incarnent l'expression d'identités en crise dans un environnement qui lamine les solidarités et retire aux individus leurs protections coutumières tout en les laissant seuls face à leur triste sort. L'intolérance religieuse des fondamentalismes modernes, analysée avec brio par Pierre Conesa, est beaucoup plus exacerbée que dans les années 1970 et cela ne saurait se comprendre sans référence au nouvel ordre mondial qui s'instaure sous nos yeux. Conesa a raison de souligner que « la dimension religieuse violente de la nouvelle géopolitique » doit être prise en compte et tout au long de son travail il pointe du doigt les multiples dimensions de cette intolérance. Sa démonstration que le religieux radical instrumentalise le politique et non l'inverse prête à débat. On pourrait lui objecter que cette inversion du religieux est elle-même une conséquence des conditions politiques et économiques du monde nouveau, qui brise les formes traditionnelles de solidarité en ne leur substituant que le néant des forces impersonnelles du marché et d'une politique sans contenu utopique ni capacité à mobiliser les sociétés vers une nouvelle convivialité. N'empêche : la force de ce livre réside dans sa description des fondamentalismes au cœur de notre monde, où le local et le global se rejoignent dans une intolérance qui ne craint pas de se traduire immédiatement en violence sacralisée par ses adeptes.

Conesa souligne à juste titre les homologies entre ces religiosités intolérantes qui se rejoignent dans une théologie plus ou moins semblable sinon identique : un esprit anti-Lumières, une vision antilaïque, une conception du genre qui dénie l'égalité entre l'homme et la femme, l'adhésion des diasporas ou des convertis à ce type de credo accroissant au passage leur violence. Affirmant son credo laïque, Conesa pense que les forces démocratiques doivent intégrer le facteur religieux dans leur lutte contre le fanatisme religieux. En cela, on ne saurait que lui donner raison. Cependant, demeure la question de savoir pourquoi le religieux présente tant d'attrait dans le monde actuel, pourquoi, faute de repères et de structure politique appropriée, c'est lui qui capte les questions sociales. Par ailleurs, les totalitarismes laïques (sécularisés), que ce soit le communisme, le fascisme ou le nazisme, n'étaient pas moins dangereux que ceux qui se réclament de nos jours du religieux, abrahamique ou non. Les multiples crises sociales et religieuses dans notre monde sont « totales » dans le sens de Mauss, comme le relève Conesa. Dès lors, se mobiliser contre elles au nom des Lumières et de la laïcité démocratique serait nécessaire mais insuffisant. Notre monde injuste, avec une concentration des richesses sans précédent au sein d'une oligarchie de plus en plus réduite en nombre (les vingt-cinq premières fortunes aux États-Unis possèdent autant de richesses que 56 % de la population américaine, soit un total de 178 millions de personnes), mais aussi la crise des classes moyennes, le sentiment d'impuissance des pauvres et des couches sociales les plus défavorisées poussent les individus vers des populismes dont l'intolérance religieuse incarne l'un des versants. Conesa a raison de dénoncer l'emprise de la religiosité radicalisée sur un nombre grandissant de sociétés et surtout, son succès dans les masses de plus en plus fanatisées, mais il faut noter que les conditions politiques et économiques de l'irruption de ce type de religiosité font tout autant partie de l'étude des sciences sociales. Ce livre s'intéresse au premier volet plutôt qu'au second, et c'est déjà beaucoup. Mêlant l'ironie à la description de la violence au nom du sacré, il permet de prendre la mesure des périls qui menacent notre monde où le populisme, au nom de la religion, se mêle à une logique de victimisation pour remettre en cause les acquis fragiles de la démocratie, même en Occident.

Avec Dieu, on ne discute pas est un baromètre pour mesurer la crise de notre temps et surtout révéler le danger qui nous guette : pas seulement l'islamisme radical qui fait la une des médias, mais aussi la radicalisation religieuse englobant les monothéismes, l'hindouisme, le bouddhisme et les divers sectarismes. Le panorama dressé rend possible un regard synoptique sur de nombreux phénomènes que la presse dissocie souvent et que Pierre Conesa réussit à réunir dans cet essai pour nous sensibiliser au danger global qui nous guette non seulement aujourd'hui, mais dans les années à venir.

Introduction

Le 7 octobre 2001, Ben Laden revendiquait au nom d'Allah les attentats du 11 septembre contre le World Trade Center. Deux célèbres téléprédicateurs évangéliques américains, Jerry Falwell et Pat Robertson, virent dans ces attaques la preuve que « New York, la nouvelle Babylone dépravée, avait été punie par Dieu* » et que l'islam reprenait « le rôle démoniaque » de l'ex-URSS. Puis, quelques années plus tard, ils justifièrent la guerre d'Irak contre Saddam Hussein (90 000 morts irakiens environ) comme un *remake* biblique du combat contre le nouveau « Nabuchodonosor » dont la disparition est indispensable au retour du Messie inscrit dans l'Ancien Testament. Quelques mois plus tôt, en mars 2001, les talibans avaient ordonné la destruction au canon des bouddhas géants de la vallée de Bamiyan, autrefois grand centre monastique dans lequel le pèlerin bouddhiste chinois Xuanzang avait « compté plus de dix monastères et plus de mille moines[1] » avant les invasions arabes. La stupeur fut immense chez les bouddhistes de la planète, jusqu'au Myanmar. C'est là qu'en 2002 le moine Wirathu, leader

* Pas par Allah dans leur tête, mais par le Bon Dieu ! *Toutes les notes en bas de page sont de l'auteur.*

radical du bouddhisme theravada, la plus conservatrice des quatre écoles du bouddhisme, est condamné à vingt-cinq ans de prison après la mort de 11 musulmans dans l'incendie volontaire d'une mosquée. En Israël, le rabbin Yitzhak Shilat déclare publiquement : « Puisque le roi David était là avant le grand-père de Marouane Barghouti (le dirigeant du Hamas) [...], que Moïse a sorti le peuple d'Israël d'Égypte avant que Mohamed quitte La Mecque pour Médine… il n'y a aucune raison au monde pour qu'Israël renonce à la souveraineté sur la terre d'Israël occidentale (la Cisjordanie)[2]. » En Inde, le 27 février 2002 à Godhra, dans l'est du Gujarat, 57 hindous, dont 25 femmes et 14 enfants, périssent brûlés vifs dans le train revenant d'Ayodhya, où un temple dédié à Ram allait prendre la place de la mosquée Babri Masjid détruite dix ans plus tôt par des militants hindouistes. Dans les émeutes qui s'ensuivirent 2 000 personnes, essentiellement musulmanes, périrent. De 1970 à 2002, le Gujarat avait connu 443 émeutes entre hindous et musulmans.

On a là, en un peu moins d'un an, quelques manifestations violentes de divers radicalismes religieux en différents endroits de la planète. La « confessionnalisation » des relations internationales prend de plus en plus une tonalité radicale. Le but de cet essai est de démontrer que le concept de « radicalisation » et la « guerre globale contre le terrorisme » ont dans le monde occidental été essentiellement employés à expliquer les dérives salafistes de l'islam, sans jamais le mettre en lien avec d'autres postures religieuses radicales. C'est devenu le concept central des politiques antiterroristes et plus largement la lentille déformante à travers laquelle l'islam et les communautés musulmanes sont perçus par les responsables politiques, conseillers, experts, universitaires, psychologues, entrepreneurs politiques…

Pourtant personne ne traite de la même façon les néo-évangéliques américains, ni a fortiori les juifs radicaux. Les bouddhistes et hindouistes du BJP (Bharatiya Janata Party) étant les derniers arrivés sur le marché de la radicalisation sont à peine dignes d'intérêt et surtout pas bases de comparaison. L'objet de ce livre n'est pas de comprendre le « besoin de Dieu » analysé par de grands philosophes et psychanalystes, mais comment on est passé du retour du religieux au fondamentalisme, puis aujourd'hui aux radicalismes qui dessinent la nouvelle géopolitique et sous-tendent nombre des crises violentes actuelles. Si les ressemblances sont nombreuses, chacun a son propre agenda et tous ne visent pas un objectif planétaire, tous n'espèrent pas un retour messianique, et donc la géopolitique des conflits qu'ils génèrent est différente. Il ne s'agit pas de réduire la multiplicité des causes de crise qui en général expliquent une explosion sociale ou une action violente, mais de se concentrer sur une causalité assez nouvelle, puisque beaucoup des Atlas, « Bilans géopolitiques annuels » et autres « État du monde » ont longtemps ignoré des formes de radicalisations religieuses lointaines, qu'elles soient américaines ou asiatiques, ou n'abordaient la question bouddhiste qu'à travers le seul et médiatique cas du Tibet qui ne représente que 3 % des croyants, alors que la crise des Rohingyas allait connaître un nouveau paroxysme. Plutôt que le retour du religieux, c'est la radicalisation qui suscite notre intérêt en termes géopolitiques, car ces mouvements sont devenus des moteurs à explosion des relations internationales et de la mondialisation dont ils incarnent la contestation la plus active.

La montée des violences religieuses dans le monde est incontestable. Dans la liste des organisations terroristes du département d'État américain, on ne relevait en 1980 aucun mouvement de nature religieuse ; en 1998, la moitié des 30 plus dangereux groupes l'était ; en 2004, ce sont les deux tiers ; en 2008, il y en a encore 26 sur 45. En 2017, il ne reste que 66 groupes dans la liste dont 50 sont islamistes. Et cette liste exclut bien évidemment les groupes religieux proprement américains qui ont plusieurs fois mené des actions violentes contre des cliniques pratiquant l'avortement, des agressions racistes et antisémites, des attentats comme celui d'Oklahoma City le 19 avril 1995* ou celui des Jeux olympiques d'Atlanta en 1996. Après l'assassinat du Dr David Gunn en mars 1993, 32 pasteurs, prêtres et dirigeants d'Opération Rescue affirmèrent dans une pétition publiée dans le *Detroit Free Press* de janvier 1995 que le meurtre de médecins avorteurs était justifié. Le rôle des leaders évangéliques interpelle quand ils légitiment toute action répressive de Tsahal ou justifient la politique militariste de Washington.

Nombre de caractéristiques différencient ces radicalismes (monothéisme *vs* polythéisme, religion ou philosophie religieuse, poids de la hiérarchie religieuse, structuration politique ou pas, rapport à un territoire ou ambition planétaire…). L'étude des radicalismes religieux dans les espaces monothéistes nous a amené à quelques conclusions rapides mais peu probantes sur l'intolérance consubstantielle au principe de l'article 1 du Dieu unique**. L'analyse du philosophe iranien Daryush Shayegan sur l'hindouisme qu'il oppose au radicalisme musulman, vantant une tolérance « qui est dans l'esprit même de l'hindouisme » une grande tradition « porteuse d'aucune orthodoxie[3] », ni pape, ni Mecque, ni Bible, ni Coran, est un peu irénique. Le même raisonnement a été tenu sur le bouddhisme. Mais les radicalismes hindouiste et bouddhiste nés dès le

* 168 morts dont 19 enfants.

** En fait il y a plusieurs dieux uniques.

milieu du XIXe siècle démontrent que le phénomène pouvait être identique dans des cultures polythéistes. Il nous faut donc reprendre le fil de l'histoire politico-religieuse et revoir nos logiciels d'explication. Certains sociologues qui se sont surtout intéressés au radicalisme musulman insistent sur la stigmatisation, l'humiliation aux formes sournoises de rejet et d'exclusion dont le radical est l'objet. Ce constat est incontestablement exact pour analyser les trajectoires de certains djihadistes vivant dans des pays occidentaux. Dès qu'on s'intéresse à d'autres formes de radicalisme religieux, notamment ceux qui sont en position de pouvoir comme les radicalismes juif, islamiste, hindouiste ou évangélique, la sociologie du recrutement apparaît totalement différente. Les propos tenus dans le *Los Angeles Times* (16 octobre 2003) par le général William G. « Jerry » Boykin, ancien des Delta Forces, chrétien évangélique nommé en 2003 sous-secrétaire d'État à la Défense pour le renseignement, pourraient sortir de la bouche de n'importe quel islamiste djihadiste : « L'ennemi est un type qui s'appelle Satan. [...] Nous (sommes) l'armée de Dieu, dans la maison de Dieu.... (et à propos de la Somalie) je savais que mon Dieu était plus grand que le leur, je savais que mon Dieu est un vrai Dieu alors que le leur est une idole. » Il peut donc y avoir des radicaux millionnaires (comme les téléprédicateurs quelle que soit leur religion), des enfants de classes moyennes en voie d'intégration ou de paupérisation (Grande-Bretagne ou Inde) ou des déshérités. Le facteur socio-économique ne peut suffire à expliquer la généralisation planétaire du phénomène de violence radicale, pas plus que l'explication psychanalytique. Le phénomène est donc à prendre comme une totalité géopolitique et non comme une somme de processus différents.

La similitude des constructions idéologiques y conduit. Les idéologies radicales sont d'abord une reconstruction mythifiée du passé qui explique la force de conviction du « Reviens » et non du « Deviens », créant une confusion volontaire entre mémoire mythique et histoire longue. Le projet radical, né d'une lecture théologique revisitée d'événements traumatiques (invasion, occupation, massacres…), d'une relecture littérale des textes fondateurs et de la lamentation répétitive d'un idéal blessé, est dorénavant associé à celui de l'espérance eschatologique. Comme le remarque Marcel Gauchet, le fondamentalisme est typique d'une réaction contre le monde moderne, son individualisme, l'extraordinaire corruption des élites, la libération des mœurs, l'hyper-individualisme et la civilisation du « *cool, fun, sex and enjoy* », auquel il faudrait ajouter « *money* », bref la « civilisation du vide » ! L'identitaire est devenu une valeur cardinale. Mais c'est aussi une réaction aux événements internationaux comme Jean-François Colosimo le diagnostique : « À défaite militaire, regain de sacralité[4]. »

A émergé un phénomène géopolitique majeur de nature à bouleverser la géographie des nations, à banaliser des formes de violence pas seulement terroristes, à créer des formes d'identité supranationales violentes dépassant les « nationalismes religieux », et enfin à nier la compétence régulatrice des organisations internationales… À la différence de livres collectifs ou conférences qui juxtaposent des papiers spécialisés insistant sur les spécificités de chacun, cet essai privilégie le comparatisme, méthode peu acceptée dans l'air du temps. La recherche privilégie les monographies spécialisées qui aboutissent à des analyses micro-sociales concluant au fait qu'il ne faut pas généraliser. Pourtant, c'est la seule façon de montrer la concomitance des évolutions qui exclut l'idée d'un « radicalisme premier » qui serait responsable de tout. La parcellisation de la recherche et les blocages idéologiques occidentaux font que rarement la problématique de la radicalisation religieuse a été appliquée à l'identique pour étudier en parallèle les évangéliques américains et les radicaux juifs qui ne se différencient dans leur violence que par la forme. Dans les radicalismes de domination, comme c'est le cas en Israël, en Inde ou au Myanmar, les facteurs politiques internes ou géopolitiques peuvent prendre une place très importante dans la naissance du processus. Le débat sur la « régression féconde » (Burgat[5]) posée pour expliquer l'émergence de l'islam politique perd une partie de son sens, si on étudie en parallèle les radicalismes juif ou néo-évangélique qui ne sont pas des révoltes mais au contraire des fondements théologiques d'actions impérialistes, et/ou les radicaux bouddhistes ou hindouistes qui mènent pogroms et épurations ethniques. Il n'est pas certain que ces régressions soient « fécondes » et seulement limitées à l'islam.

Commençons par un flash-back historique (premier chapitre) destiné à montrer le parallélisme et la concomitance des évolutions religieuses confrontées à la révolution scientifique surtout darwinienne et à la colonisation qui ont présidé aux grands radicalismes actuels. Leurs étonnantes « renaissances » sont le résultat d'un double mouvement. Le premier est le constat d'échec des idéologies occidentales. La perte de confiance dans le « progrès », la laïcité radicale violente des régimes nazi et communiste ou la philosophie des droits de l'homme à travers un constant double standard appliqué par les colonisateurs et les impérialismes divers expliquent la perte générale d'influence de la modernité occidentale. Le progrès est devenu coupable surtout quand il apporte avec lui la corruption et la violence militaire. Ces nouveaux totalitarismes présentent les caractéristiques que Raymond Aron avait relevées dans leurs grands homologues laïques qu'il qualifiait de « religions politiques » : culte du leader-gourou ; dénonciation des dirigeants corrompus ; promesse d'un avenir meilleur et radieux avec ici l'assurance du paradis ; le Parti comme Église avec ses grand-messes de Nuremberg à la place Tian'anmen ; ses rituels de masse et ses cathédrales ; la préparation idéologique des enfants autour de credo simplistes et répétitifs ; le culte des martyrs ; la réécriture de l'Histoire autour de la cause, du peuple ou de la race et enfin la lutte contre des « ennemis intérieurs ou extérieurs » diabolisés… Ce fond d'écran de l'histoire occidentale depuis le nazisme jusqu'à la disparition du communisme clôt le cycle de notre domination intellectuelle. L'écrivain Kamel Daoud résume ainsi : « Le paradigme est l'échec du nationalisme, du socialisme, du communisme de toutes les utopies chez nous au Sud », échecs auxquels les diverses interventions militaires occidentales ont ajouté l'humiliation. Dans ces lendemains qui déchantent, le radicalisme religieux associant, dans un cocktail détonant, une foi, un peuple et une terre, offre une réponse en kit.

Les « théosophies radicales », étudiées ensuite (deuxième chapitre), sont enracinées dans le temps long et se sont toutes construites autour d'une mythologie historique, une « mytho-histoire » qui tient lieu de vérité. C'est une réécriture du passé à partir des textes religieux associés à un martyrologue, un « néo-lacrymalisme » rappelant massacres subis et oppressions passées. Les grandes religions contestées dans leur fondement idéologique se sont radicalisées en cherchant à reconstruire une identité collective exclusive, opposée au processus de mondialisation, à peser sur le politique parfois par une violence sanctifiée. Ces radicalisations ont atteint des pays démocratiques dominants et/ou des pays homogènes ou multiethniques sous régime démocratique ou autoritaire. Face au présent traumatique, la «promesse de l'Apocalypse» ou l'annonce du «grand remplacement», tsunami démographique qui ferait disparaître la religion, la perspective de la reconquête purgative de la «terre sacrée» et du retour aux temps passés idéalisés, offrent une réponse simple et un guide pratique de tous les moments. La religiosité est donc devenue un fait identitaire, associé à un complexe victimaire et une anxiété identitaire menacée par l'Autre qu'il faut combattre.

Le postulat simple de la nouvelle «théopolitique» est : «Avec Dieu, on ne discute pas!» (troisième chapitre). L'accès au pouvoir se fait par le haut ou par le bas, mais toujours pour appliquer la règle divine aux Autres en les excluant de l'espace politique, en refusant la loi des hommes et l'universalisme, la science et ses progrès quand ils contredisent les textes sacrés. La géopolitique rêvée des radicaux est reconstruite sur des clichés culturels. L'oumma (la communauté solidaire des croyants) est proclamée comme fondement de l'identité et de la solidarité musulmanes, alors que, plus que n'importe quel autre ensemble religieux, elle est déchirée par des massacres interculturels. Le peuple juif a été désigné par Dieu, mais personne ne sait d'où sont sortis les Falachas, juifs d'Éthiopie qui ont exigé le «droit au retour», tandis que pour eux c'était un aller simple et non pas un retour en Israël, où ils sont bien mal traités. La non-violence n'a jamais été une pratique traditionnelle, ni une caractéristique du bouddhisme tibétain. C'est une reconstruction de l'Histoire à partir de l'image bien pensée du dalaï-lama actuel, lauréat du prix Nobel de la paix. Aucun de ses prédécesseurs ne l'avait jamais mentionnée. Le concept de «non-violence» est «naturalisé» tibétain dans les années 1960, dupliqué du concept gandhien d'*ahimsa*, vertu d'abstinence de la violence à l'encontre de tout être vivant. Côté indien, le même principe appliqué par Gandhi à la stratégie de résistance anticoloniale a donné à l'Inde le définitif trophée du «pays de la non-violence», alors qu'il a une histoire mouvementée de guerres internationales, d'interventions étrangères et de violences religieuses et refuse l'action onusienne. Concernant les catholiques, enfin, il ne faut pas oublier que le plus vieux conflit du continent reste la crise irlandaise entre protestants et «papistes».

Un nouvel internationalisme religieux est né. Dorénavant, les diplomaties religieuses (quatrième chapitre) sont devenues une variable importante des relations internationales. Ce peuvent être des diplomaties publiques (Arabie saoudite, Qatar...) ou privées (envois de missionnaires évangéliques...). Les diasporas, nouvelles cibles et nouveaux acteurs, vivant parfois mal leur double identité, contribuent à propager et amplifier le retour identitaire agressif.

Chaque radicalisme légitime sa propre violence contre l'Autre (cinquième chapitre), en la rendant sanctifiante pour son auteur. Les contraintes peuvent être légales, sous forme d'interdictions diverses imposées (alimentaires, comportementales, matrimoniales...) ou de contrôles (naissance), matérielles par la destruction de lieux de culte ou des lieux de mémoire. Elles sont aussi violentes par les pogroms sur les minorités, les attaques terroristes «défensives», les épurations ethniques (chiites irakiens ou pakistanais), les massacres collectifs (chrétiens d'Orient, Rohingyas...). Il faut bien évidemment inclure dans cette analyse le «militarisme messianique» d'État qui, à l'aide d'armées régulières, tue plus que le terrorisme. Chaque radicalisme a sa carte du monde et sa géopolitique rêvée qui combine souvenirs historiques, terre sacrée, prosélytisme, conversion forcée, conquêtes territoriales ou expulsion. Le paysage planétaire est donc aujourd'hui ponctué par des « guerres religieuses » et aussi par des « guerres des religions » (« croisade » de Bush contre djihad de Ben Laden ; interventions occidentales contre Daech et terrorismes en retour).

Ultime remarque : si je n'ai pas traité du radicalisme chiite né de la révolution islamique en Iran, c'est parce qu'il a été suffisamment étudié et dénoncé. En ce sens, il ne présente pas des caractéristiques comparables à ceux étudiés ici, ce qui ne le rend pas moins coupable, intolérant et millénariste que les autres radicalismes.

1

Qui est mort, Dieu ou Nietzsche ?

Pourtant Nietzsche nous l'avait garanti : « Dieu est mort ! Dieu reste mort ! Et c'est nous qui l'avons tué[1] ! » Une fois de plus, nous, Européens, avons regardé le monde à notre image. Dans le profond basculement du XIXe au XXe siècle, effectivement Dieu paraissait mort et enterré, sans fleurs ni couronnes. Après Stuart Mill, Weber, Auguste Comte, Durkheim, Marx, Nietzsche, Feuerbach, Schopenhauer, Freud et d'autres, s'annonçait une nouvelle ère postreligieuse portée par l'avance indépassable du progrès et de la raison scientifique, de la laïcisation définitive des mœurs, des idées et de la politique sur le divin. Mais Nietzsche n'est pas seul coupable, Darwin avec l'origine des espèces remettait en question toutes les mythologies fondatrices. Les officiers des troupes coloniales voient les religions indigènes soit comme une preuve de retard civilisationnel, soit comme un facteur de résistances qui doivent régresser. Au XIXe siècle, on se demande si une politique religieuse ne serait pas utile pour les grandes conquêtes coloniales. L'ordre missionnaire des Pères blancs est fondé en 1868 par le cardinal Lavigerie en pleine conquête de l'Algérie, puis du Gabon et de Madagascar. Le colonialisme britannique a plutôt instrumentalisé les réalités religieuses, pratiquant le *Divide and Rule* (diviser pour régner) en particulier dans les Indes[2]. En 1909, le British Raj (gouvernance britannique) accorda un électorat séparé aux musulmans (25 % de la population environ) qui demandaient en plus la parité électorale avec les hindouistes. Lord Curzon, le gouverneur général, instaura également la partition du Bengale en 1905 en deux entités politiques sur des critères religieux (musulmans/hindous) abrogée en 1922 à la suite des manifestations du Congrès national indien. Mais les militants hindouistes estimaient que la politique de conversion menée par les missionnaires britanniques et le prosélytisme des musulmans leur volaient des ouailles. La France aussi fit du cousu main : en 1870, le décret Crémieux accorda la nationalité française aux juifs algériens qui étaient la plus basse des catégories sociales précoloniales.

Nous, Occidentaux, n'avons pas davantage prêté attention au bouillonnement religieux que notre impérialisme colonisateur suscitait en retour dans les grandes aires de la planète ; ni à la profonde déstabilisation que les découvertes scientifiques et en particulier le darwinisme provoquaient sur les mythologies originelles de toutes les religions. Nous n'avons même pas cherché à comprendre la profonde imprégnation religieuse de la société américaine qui était notre enfant puis devint notre modèle. Pourquoi d'ailleurs aurait-il fallu s'y intéresser ? Les guerres de Religion internationales étaient, pour nous, terminées depuis les traités de Westphalie en 1648, qui concluent la dernière des guerres de Religion en Europe (la guerre de Trente ans). La menace « mahométane » avait vécu ses dernières heures avec la défaite des Ottomans devant Vienne en 1683. La foi dans le progrès scientifique et la colonisation de la planète devait planifier l'avenir universel autour du christianisme, religion de « civilisation avancée ». Le fait religieux était devenu peu à peu un facteur négligeable des recherches académiques. Une enquête[3] portant sur quatre grandes revues de relations internationales a montré que, sur les 1 600 articles publiés entre 1980 et 1999, seuls 6 retenaient la religion comme élément signifiant des relations internationales. À la fin de la guerre froide comme compétition entre deux idéologies séculières, on conclut avec un certain angélisme que la démocratie libérale de marché mettait un terme à l'histoire universelle comme l'annonçait Fukuyama[4], traduit en une vingtaine de langues étrangères. En réponse, *Le Choc des civilisations* de Samuel Huntington[5] affirmait que les conflits à venir opposeraient plusieurs blocs culturels essentiellement définis par leur identité religieuse, mais il voyait unilatéralement l'islam et le confucianisme comme menaçants, méthode idéologique classique de fabrication de l'ennemi : « Le problème central pour l'Occident n'est pas le fondamentalisme islamique. C'est l'islam, civilisation différente dont les représentants sont convaincus de la supériorité de leur culture et obsédés par l'infériorité de leur puissance[6]. »

En réalité, le bouillonnement religieux n'avait jamais cessé. Qui aurait relevé que Mohamed Abd al-Wahhab (1703-1792), le fondateur du wahhabisme saoudien et donc du salafisme qui a aujourd'hui envahi la planète, était un contemporain de Voltaire (1694-1778) ? Ou que le rabbin Rav haCohen Kook (1865-1935), inspirateur du « Bloc de la foi » opposé à toute rétrocession de terre aux Palestiniens, était le contemporain d'un autre juif, Sigmund Freud, qui voyait dans la religion une névrose de la petite enfance ? Cent cinquante millions de personnes pratiquent aujourd'hui une religion qui n'existait pas il y a un siècle et demi : mormons, 10 millions ; témoins de Jéhovah, 6 millions ; pentecôtistes depuis 1906, 30 millions ; bahaïs, 10 millions… Si on y ajoute les

Églises protestantes chrétiennes, on tourne autour de 300 millions d'individus. La genèse des radicalismes religieux a pourtant suivi des momentums parallèles. En 1924, dans son livre *Hindutva: Who is a Hindu*[7], Vinayak Damodar Savarkar formalise l'Hindutva, concept basique du fondamentalisme hindouiste qui veut exclure toutes les autres religions du sous-continent. Hassan al-Banna fonde les Frères musulmans en 1928. Aux États-Unis, le Réveil d'Azusa Street, en 1906, est une réaction contre l'arrivée massive de migrants catholiques et donne naissance au pentecôtisme qui compte aujourd'hui 280 millions de pratiquants. En 1918, le rabbin Abraham Isaac haCohen Kook, père fondateur du sionisme religieux, crée le mouvement Deguel Yeroushalaïm (l'étendard de Jérusalem), autour d'un postulat théologique : « L'appartenance du peuple d'Israël à sa terre découle d'une source divine. »

Le politologue Jean-François Bayart pose un constat applicable en l'espèce : les faits politiques n'existent pas en tant que tels, mais font l'objet d'une interprétation en fonction des « schèmes cognitifs, émotionnels, symboliques » propres à chacun. Le fait religieux est d'autant plus complexe qu'il intervient au croisement de plusieurs domaines, mythologique (psychologie de masse identitaire, mythe fondateur), sociologique (statut social), idéologique (laïcité, liberté de conscience), historique (temps long et victimisation), culturel (identité nationale ou supranationale) et enfin et surtout conflictuel (terrorisme, invasion, violence épurative et sanctifiante). Chaque culture a une relation complexe avec ce qui lui sert à défendre son identité ou à légitimer une violence. Exclure totalement la dimension religieuse en parlant d'« instrumentalisation par le politique » est insuffisant. Ce sont plutôt les mouvances fondamentalistes qui dorénavant influencent la politique, la contestent, voire la combattent, avec comme seul projet politique prédéfini l'application stricte de leurs textes fondateurs. Peu des mouvements radicaux se sont structurés en tant que partis politiques sauf peut-être le BJP indien et les Frères musulmans lors des révolutions arabes. Le 9 novembre 1989, le jour même où les Occidentaux fêtent la chute du mur de Berlin et la victoire « définitive » de la démocratie, en Inde – la plus grande démocratie du monde –, 300 000 personnes réunies par les radicaux hindouistes posent la première pierre du futur temple de Shiva devant la mosquée d'Ayodhya qu'ils veulent détruire, rouvrant ainsi les portes d'une guerre religieuse dont 170 millions de musulmans deviennent la cible. La même année, à la suite de l'arrestation de sept de ses étudiants qui ont assassiné une jeune Palestinienne, le rabbin américano-israélien Yitzhak Ginsburg affirme que « le sang juif et le sang des goys [non-juifs] ne sont pas les mêmes » et conclut que « tuer n'est pas un crime si les victimes ne sont pas juives[8] ». En Algérie, Ali Belhadj, numéro 2 du Front islamique du salut, répète à l'envi dans les meetings préparatoires aux élections : « Si le peuple vote contre la loi de Dieu, cela n'est rien d'autre qu'un blasphème. [...] Il faut tuer ces mécréants pour la bonne raison qu'ils veulent substituer leur autorité à celle de Dieu[9] », après avoir expliqué que les sécheresses qui venaient de frapper l'Algérie étaient le résultat de la mixité, de la permissivité sexuelle et de la télévision. Bilan des sept années du conflit : 200 000 morts et disparus, 30 000 soldats tués et des dizaines de milliers de blessés. La guerre aurait coûté plus de 20 milliards de dollars à l'État algérien.

Marquons la différence entre « Église », « fondamentalisme » et « radicalisme ». Au début du XXe siècle, Max Weber et Ernst Troeltsch définissent l'« Église » comme les institutions du salut qui participent à la culture de leur société et dialoguent avec l'État, passent des compromis avec le monde, prônent des exigences religieuses et morales minimales. D'un autre côté, ce qu'on appelle à l'époque la « secte » désigne des rassemblements volontaires d'individus ayant fait explicitement le choix d'adhésion, critiques, voire dénonciateurs à l'égard des États et de la culture dominante, plutôt en rupture avec le monde, recrutant sur la culpabilité, exigeant de leurs membres un engagement religieux et moral élevé, visible et vérifiable, prétendant à la perfection absolue pouvant conduire à la mort de soi-même ou des Autres. Françoise Champion et Martine Cohen retiennent deux caractéristiques des sectes : une « certitude affichée ou voulant absolument s'imposer à tous comme seule vérité, et surtout un fonctionnement collectif qui entrave lourdement la liberté personnelle des membres du groupe[10] ». Il faudrait y ajouter le prosélytisme d'autant plus actif que la secte vit comme une communauté assiégée qui prétend libérer le monde. En France, pays de tradition catholique, la Miviludes* recensait en 2012 500 groupes sectaires, 500 000 adeptes et 60 000 à 80 000 enfants élevés dans un contexte sectaire. Le fondamentalisme et le radicalisme religieux ont adopté nombre de leurs techniques. Le terme de « fondamentalisme », si souvent employé pour l'islam, est apparu la première fois aux États-Unis lors des réunions de la Niagara Bible Conference (1878-1897) et il prit son essor en milieu protestant américain en réaction contre l'invasion des immigrants catholiques romains (mangeurs d'ail : *garlic eaters*) venus des pays latins d'Europe. On trouve dans l'engagement fondamentaliste un certain nombre de comportements et modalités d'adhésion détectés à propos de la floraison sectaire, identifiée par

* Mission interministérielle de vigilance et de lutte contre les dérives sectaires.

le quadrilatère de David Bebbington[11] conçu à partir du cas des évangéliques américains (et britanniques) : critère premier, l'appartenance religieuse est démonstrative et exclusive d'autres croyances et même d'autres formes de pratique. Croire, c'est montrer qu'on croit ! Second critère, la « renaissance » : on naît dans une religion mais on « entre » volontairement dans le fondamentalisme. Le phénomène des *reborn* est identique chez les évangéliques d'outre-Atlantique et chez les radicaux musulmans. La dénonciation de l'« Axe du mal » version George W. Bush (*reborn Christian*) fait miroir à la vision fantasmatique de l'oumma selon Ben Laden (*reborn Muslim*). Chez les juifs hassidiques ultra-orthodoxes, on parle des *techouva* (retours). La relation devient alors directe avec Dieu, parfois en inventant des « langues » qui excluent les « interceptions » que le Diable pourrait faire, les pentecôtistes appellent cela « parler en langues ». Le lien direct avec Dieu exclut toute forme de hiérarchie religieuse stratifiée et les mouvements radicaux sont des cellules indépendantes acéphales mais sous l'autorité d'un gourou à la différence des cultes « à église », ce qui rend leur analyse complexe et difficile. Souvent minoritaires – aux États-Unis comme en Israël, ils ne compteraient que pour 10 % de la population –, ils exercent une influence disproportionnée par leur insistance sur la religion « juste ». Troisième dimension : le caractère sacré, voire incréé, c'est-à-dire écrit directement par Dieu, des textes fondateurs interdit toute réflexion critique et toute relecture modernisatrice de la parole divine, exclusive et sans erreur, donc indiscutable. Cette prééminence aveugle des « textes » sacrés est étonnante, car ni Moïse, ni Jésus, ni Mahomet, ni Siddhartha Gautama (Bouddha) n'ont écrit la moindre ligne de leur vivant. La Torah a été formalisée non pas au XIIIe siècle av. J.-C. à l'époque de Moïse, mais entre le VIIe et le début du IVe siècle av. J.-C. Les quatre Évangiles du christianisme datent de la fin du Ier siècle, de même les 13 Épîtres de saint Paul (qui n'a pas connu le Christ). Les orthodoxes y ajoutent la tradition des Pères de l'Église et les catholiques le dogme de l'infaillibilité pontificale. Bouddha, qui aurait vécu deux mille cinq cents ans av. J.-C., n'a pas plus écrit le canon bouddhique transcrit quelques centaines d'années après sa mort (Ier siècle av. J.-C.). Le Tripitaka fait 15 000 pages (sept fois la Bible), le texte du Grand Véhicule 100 000 pages, soit deux fois moins que celui du bouddhisme tibétain. La première recension du Coran fut faite par Abou Bakr après la bataille d'Al-Yamamah en 632, dans le cadre des guerres contre l'apostasie de Musaylima, prophète autoproclamé (déjà !). Cinq ou six autres versions suivirent puis le texte fut fixé dans sa forme définitive (sans voyelles ni ponctuation) au VIIIe siècle sous le troisième calife Othman, soit cent quarante ans environ après la mort du Prophète. Les musulmans y ajoutent les *hadith* (dits du Prophète), formalisés au VIIIe siècle. Au IXe siècle, sept versions différentes, la plupart iraniennes, surgiront. Bref, pour des textes considérés par les fondamentalistes et radicaux en tout genre comme nés directement de la parole divine, les dieux ont bégayé et les scribes ont corrigé, beaucoup et tardivement, non sans quelques intentions politiques. Cela n'ébranle en rien la foi des fondamentalistes dans le lien direct avec leur Dieu. Laissons de côté le problème de la traduction du texte originel en langue vernaculaire : chaque confession chrétienne a sa propre version (30 disponibles en français) avec des ajouts comme les livres de Judith, de Tobie, les deux livres des Maccabées, la Sagesse, l'Ecclésiastique et Baruch. Les livres d'Esther ou de Daniel ne font pas partie de la Bible hébraïque.

Les règles de vie quotidienne régies par la lecture la plus littérale des textes saints font de la « pureté » une obsession, ce qui se traduit par quantité d'interdictions comportementales, sociales, vestimentaires, sexuelles et alimentaires. La soumission de la femme, toujours en position inférieure, est un leitmotiv collectif : interdiction du mariage mixte, répudiation, viol toléré des femmes des Autres… L'éducation des enfants doit les préserver du Mal environnant qui impose la rupture avec l'ancien monde, y compris la famille. Le prosélytisme *urbi et orbi* est le quatrième critère. Les évangéliques veulent porter la bonne nouvelle (évangile) comme les salafistes leur version de l'islam. L'entrée en politique prend des formes variées. Les Frères musulmans, organisés comme les néo-évangéliques, influencent ; les radicaux hindouistes structurent le BJP et les juifs radicaux cherchent à guider de plus en plus le processus politique. Les Frères musulmans emportent toutes les élections suivant les Printemps arabes et Trump est élu en 2016 grâce au vote de 81 % des évangéliques blancs.

Aujourd'hui, les diplomaties religieuses publiques comme privées, appuyées sur le développement des moyens de communication, sont de nouvelles composantes de la vie internationale expliquant leur influence mondialisée. Les miracles des télécommunications ont depuis longtemps enterré le modeste messager Gabriel. Les retransmissions des Jeux olympiques et des Coupes du monde de football ne sont qu'épisodiques ; les sermons des téléprédicateurs sont devenus quotidiens. Les radicalismes dénient à la communauté internationale toute légitimité à intervenir. La mondialisation des diasporas, à cheval sur plusieurs cultures, crée une situation nouvelle dans la diffusion des idées radicales. Elles sont devenues une cible facile à atteindre grâce aux moyens modernes et jouent un rôle d'écho amplificateur.

La fatwa lancée en 1988 par l'ayatollah Khomeiny depuis Téhéran contre *Les Versets sataniques* de Salman Rushdie était d'application planétaire. Sans l'avoir jamais lu, l'Inde, l'Afrique du Sud, le Pakistan, l'Arabie saoudite, l'Égypte, la Somalie, le Bangladesh, le Soudan, la Tunisie, la Malaisie, l'Indonésie et enfin le Qatar interdirent l'ouvrage. Les traducteurs italien, turc, japonais et norvégien du livre furent ciblés par des attentats. Salman Rushdie fut visé par une vingtaine de tentatives d'assassinat. Mais comme le dit, irrité, Ishtiaq Ahmed, porte-parole du Conseil des mosquées de Bradford (Grande-Bretagne) : « C'était un livre très épais avec en plus une couverture cartonnée. C'était compliqué de le faire brûler avec une simple allumette[12]. » On retrouve le même phénomène d'écho international dans l'enchaînement des attentats des suprémacistes blancs : attaques de Christchurch (Nouvelle-Zélande) par un Australien, Brenton Tarrant, admirateur du Norvégien Anders Breivik (qui le 22 juillet 2011 assassina 77 jeunes et fit 155 blessés dont 51 morts et 49 blessés musulmans), suivies par les attaques à Colombo contre des églises catholiques qui font 359 morts et 500 blessés. Le groupe salafiste National Tawheed Jamaath fondé par Zahran Hashim s'était jusque-là attaqué à des mosquées soufies et à des statues de Bouddha. Sur son site de propagande, l'organisation État islamique revendiqua l'attaque comme une revanche de Christchurch. Tout cela est suivi d'une attaque de la synagogue de Poway en Californie par un autre suprémaciste, John Earnest, qui se déclare antisémite et islamophobe, inspiré par Brenton Tarrant et Robert Bowers, l'auteur de l'attentat contre la synagogue de Pittsburgh. Par ailleurs, il revendique un incendie volontaire contre une mosquée de Californie une semaine après les attaques de Christchurch.

Un exemple de propagation internationale de la violence religieuse (ici l'extrême droite suprémaciste)

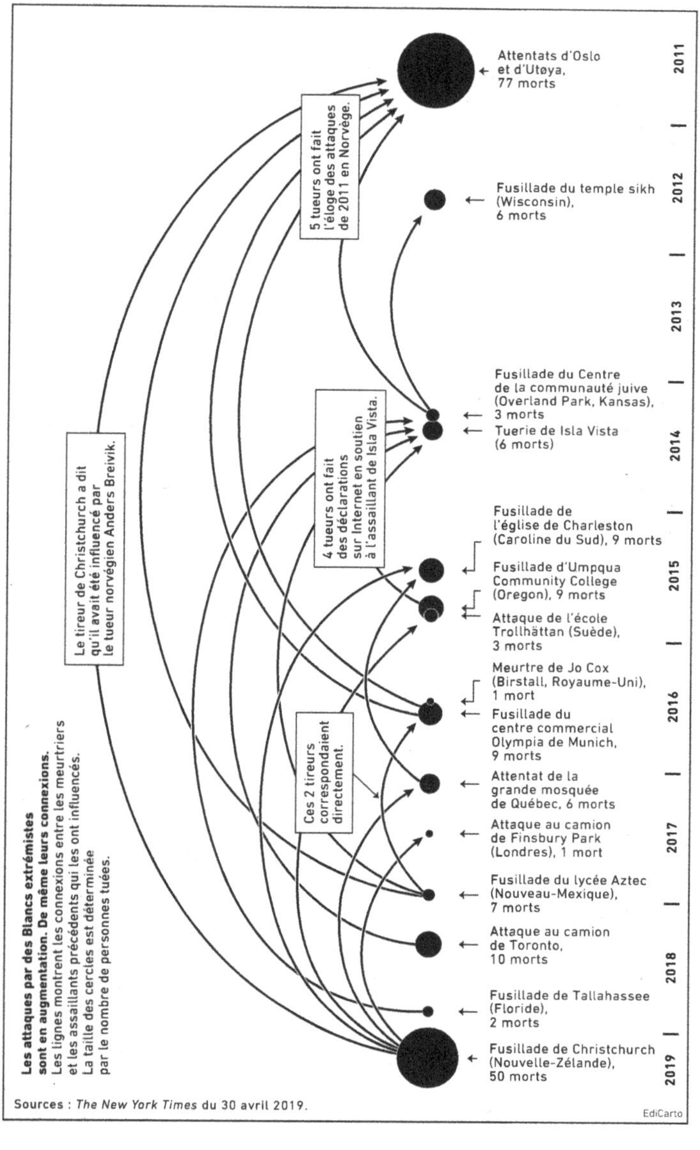

Sources : *The New York Times* du 30 avril 2019.

Le radicalisme ajoute au processus du fondamentalisme la légitimation religieuse de la violence qui exclut l'Autre, aussi bien par des mesures réglementaires que par la violence physique individuelle ou collective. La radicalisation est définie par Farhad Khosrokhavar comme « le processus par lequel un individu ou un groupe adopte une forme violente d'action directement liée à une idéologie extrémiste (à contenu religieux dans notre cas) qui conteste l'ordre établi[13] ». Les fondamentalistes, qu'ils soient mormons, témoins de Jéhovah ou amish, n'ont pas d'ambition géopolitique et excluent la violence, ce qui n'est pas le cas des néo-évangéliques, des radicaux juifs, des bouddhistes du Myanmar et du Sri Lanka, des hindouistes du BJP ou a fortiori des salafistes. Le radical cherche à supprimer tous les lieux de mémoire de l'Autre pour finalement le supprimer ou l'expulser par nettoyage ethnique.

Ces idéologies sont les nouveaux totalitarismes marquant la frontière étanche avec les Autres, la « culture de l'enclave », selon l'expression de Gabriel Almond[14]. Leurs règles religieuses nient nombre des grands acquis de la philosophie des Lumières comme l'universalisme, l'égalité entre les êtres et les sexes, la liberté de conscience, la liberté d'expression et de conversion, l'esprit critique et le doute… Le radicalisme religieux s'appuie sur le triptyque : une foi, un peuple, une terre, redéfinit le vocabulaire, la discipline stricte de quotidienneté, la grammaire, l'imaginaire des conflits et la légitimation de la violence. Le champ politique comme espace de négociations s'en trouve quasi exclu. La loi divine qui prévaut sur la loi humaine impose une géopolitique historique mythique qui doit modifier l'actuel état du monde. La violence labellisée « religieuse » par les gourous du radicalisme est sainte, voire sanctifiante et elle n'est pas que « terroriste ». Certains radicalismes au pouvoir (néo-évangéliques américains, radicalisme juif) légitiment un « militarisme messianique » d'État pratiquant guerres, bombardements et conquêtes. Ces radicalismes sont plus friands de l'invasion militaire et du bombardement à 5 000 mètres d'altitude que du martyre individuel. D'autres radicalismes (hindouiste ou bouddhiste) préfèrent des purifications ethniques par des pogroms, avec ou sans l'aide de l'armée. Enfin, les salafistes djihadistes, plus adeptes du terrorisme, ont tenté de créer un État qui combine exécutions de masse de chiites, yézidis ou chrétiens ; terrorisme ; attentats suicide ; viols collectifs ; destruction de lieux de culte et suppression des frontières… Tous ces phénomènes doivent faire l'objet de la même analyse parce que chacun veut imposer une géopolitique mythique. Il y a beaucoup en commun entre le militant juif ultra-orthodoxe qui puise dans le messianisme biblique sa revendication en faveur du « Grand Israël » ; le salafiste qui rêve d'un retour aux premiers temps idéalisés de l'islam planétaire allant de l'Andalousie à l'Inde ; le protestant évangélique radical qui légitime l'agression guerrière contre Saddam, le « nouveau Nabuchodonosor », ou les radicalismes hindouiste et bouddhiste qui veulent purifier un espace dont ils définissent eux-mêmes les limites. Les crises évoquées dans cette étude ont des causes multiples, mais négliger les fondements religieux qui en constituent une caractéristique – comme le fait Georges Corm dans son livre *Pour une lecture profane des conflits*[15] – serait une erreur d'analyse. Alain Dieckhoff dans son article intitulé « La mobilisation du religieux dans le conflit israélo-arabe[16] » conclut que l'identification religieuse est initialement neutre et ne produit des effets que dans certains contextes historiques, lorsqu'elle se trouve mobilisée politiquement par des acteurs. Elle peut alors donner naissance à des

« nationalismes religieux ». Max Weber rappelait que les religions ont « leurs logiques intrinsèques[17] » qu'il faut prendre en compte. Il faut plutôt aujourd'hui considérer que ce sont fondamentalisme et radicalisme qui instrumentalisent le politique et en interdisent l'accès aux Autres.

Les radicaux détestent par-dessus tout les hommes de paix et de tolérance : Sadate et Rabin, signataires des accords d'Oslo, assassinés par les radicaux de leur propre religion ; la journaliste indienne Gauri Lankesh[18], connue pour ses prises de position en faveur du sécularisme contre les extrémismes religieux de tous bords, assassinée le 5 septembre 2017 ; Ko Ni, conseiller juridique musulman qui avait rendu possible l'accession au pouvoir d'Aung San Suu Kyi, l'actuelle Premier ministre du Myanmar dont la Constitution interdisait la candidature à la présidence, assassiné le 30 janvier 2017 ; le gouverneur du Pendjab, Salman Taseer, qui avait publiquement défendu Asia Bibi, la jeune chrétienne condamnée à mort au Pakistan pour blasphème, assassiné le 4 janvier 2011, comme le ministre fédéral des Minorités religieuses Shahbaz Bhatti, de confession catholique, qui avait lui aussi publiquement soutenu la jeune femme et appelé à un amendement de la loi sur le blasphème, à son tour assassiné le 2 mars, par des hommes se réclamant d'une mouvance islamiste.

Afin de ne pas faire de cette étude un pensum, nous avons choisi selon les chapitres de privilégier davantage certaines formes de radicalisme religieux moins connues des lecteurs occidentaux comme le bouddhisme ou l'hindouisme. Nous avons aussi décidé de traiter le néo-évangélisme américain comme une forme de radicalisme tant il a accompagné l'unilatéralisme militarisé du pays depuis la présidence Carter. Enfin, le radicalisme juif structuré autour de certaines formes politiques comme le Bloc de la foi (Goush Emounim), montre qu'il peut profondément infecter une démocratie extrêmement vivace. L'avenir nous réserve peut-être d'autres surprises dans des aires religieuses encore peu vérolées par la violence religieuse. Il faut repenser le rôle de la religion dans les relations internationales. La laïcisation croissante des sociétés européennes qui ont bâti la paix sociale sur la liberté de conscience les met-elle en état de gérer ce phénomène de radicalismes qui tous contestent l'apport des Lumières ? Les grandes cultures religieuses se sont vu imposer la philosophie des Lumières à coups de canon par la domination coloniale, le racisme, les massacres, la ségrégation, le pillage et finalement les guerres mondiales. Si une partie des élites locales colonisées a adhéré à la modernité que les dominants symbolisaient, faut-il s'étonner que des élites indigènes n'aient pas totalement accepté des valeurs qui légitimaient leur propre humiliation et la laïcisation qui se cachait derrière la tolérance à géométrie variable des Occidentaux ? Seul le retour à la tradition, essentiellement religieuse, a prétendu résister à la puissance idéologique de l'Occident de l'époque. Dans le contexte de l'accélération du progrès scientifique et technique et sur fond de dénonciation de la conquête militaire de la planète par la colonisation, les réformateurs/messies/gourous furent nombreux. Les religions furent aussi appelées à l'aide par tous durant les guerres mondiales. « Ceux qui prendront part à la guerre sainte pour le bonheur et le salut des Croyants et en reviendront vivants jouiront du bonheur ; quant à ceux qui y trouveront la mort, ils auront droit au titre de martyrs[19] », avait lancé le sultan Mehmed V depuis Istanbul, le 14 novembre 1914, jour de l'entrée en guerre de son pays dans le premier conflit mondial. Son appel au djihad eut un maigre impact, car il s'agissait d'un appel à faire la guerre sainte contre les chrétiens, mais pas tous : pas les Allemands, ni les Autrichiens. Pendant la Seconde Guerre mondiale[20], Hitler souhaita rallier l'islam à l'Allemagne. Avec l'aide de Mohammed Amin al-Husseini, grand mufti de Jérusalem, très opposé à l'arrivée des migrants juifs, qui fut chargé de recruter des musulmans. Le seul résultat fut la première division Waffen-SS non germanique composée de Bosniaques. Les musulmans étant littéralement qualifiés de «racialement inférieurs» dans *Mein Kampf*, Hitler déclara que ceux de Bosnie étaient des «Aryens purs», et que le mufti était «aryen d'honneur». Pendant la guerre froide, la religion fut l'objet d'une double instrumentalisation : le communisme naissant se voulait à la fois le défenseur de la laïcité et des peuples colonisés à l'international. Le premier Congrès des peuples d'Orient à Bakou, en 1920, fut un grand succès, mais à l'intérieur du pays, la lutte antireligieuse fut d'une grande violence : entre 1927 et 1940, le nombre d'églises orthodoxes dans la République russe chuta de 29 500 à moins de 500. Des 20 000 mosquées en Asie centrale en 1917, il en restait moins de 4 000 en 1935. Dans la décennie 90, il en restait moins de 60 en Ouzbékistan qui concentrait la moitié de la population musulmane des anciennes Républiques. L'invasion de l'Afghanistan marque l'acte de décès des collusions de l'URSS avec le monde arabo-musulman immédiatement concrétisé par la déception de l'Armée rouge, obligée de retirer rapidement ses contingents de musulmans venus d'Asie centrale. Ainsi se clôt un siècle d'athéisme militant antimusulman dans l'ensemble des pays communistes.

Le soutien aux religions comme barrage à l'athéisme communiste fut une politique officielle américaine pendant la guerre froide. Leo Strauss (1899-1973), le penseur du conservatisme américain, se demandait[21] s'il ne valait pas mieux revenir à des législations de type religieuses, parce qu'il attribuait tous les malheurs du monde à la laïcité et à la Révolution française, responsables selon lui des deux guerres mondiales. L'extension des idées socialistes dans les rangs de la jeunesse arabe dans les années 1950-1960 était suffisante pour inquiéter les dirigeants occidentaux. La stratégie américaine soutint donc les Frères musulmans contre Nasser[22], les religieux chiites contre le gouvernement Mossadegh en Iran et le wahhabisme contre l'Armée rouge en Afghanistan[23] : remarquable clairvoyance stratégique. Dès 1947, dans la presse ultra-conservatrice et anticommuniste de Randolph Hearst, le prédicateur baptiste Billy Graham déclare que « le communisme est une religion inspirée, conduite et incitée par le Diable qui a déclaré la guerre à Dieu tout-puissant ». Avec la peur de l'Apocalypse nucléaire en arrière-fond, s'amorce le quatrième réveil religieux de l'Amérique. Billy Graham, considéré comme le « grand prêtre » de cette religion civile, appelle la bénédiction divine sur les élus de la nation, sur ses institutions et sur ses objectifs. En 1953, sur sa suggestion, le président Eisenhower institue un « breakfast de prière » qui réunit à la Maison-Blanche les leaders évangéliques et les personnages les plus puissants du pays. Graham soutint le vice-président Nixon contre le catholique John F. Kennedy.

Les religions jouèrent un rôle important dans la formation des nationalismes anticoloniaux, comme ressource mobilisable pour les luttes de libération : le bouddhisme à des degrés divers en Indochine[24], l'islam dans les nationalismes algérien et pakistanais, l'hindouisme en Inde, etc. La hiérarchie des races en vogue à l'époque se légitimait aussi par une hiérarchie des religions : le christianisme, religion des peuples civilisés, dépassait les religions orientales qu'on découvrait à peine (bouddhisme, confucianisme, hindouisme), l'islam par tradition historique était l'ennemi à combattre et, tout en bas, les religions « fétichistes », cible première des missionnaires. La conversion à la religion du colonisateur était souvent le meilleur moyen de renverser la hiérarchie sociale antécoloniale en Afrique, en Inde... Les discours des religieux colonisés étaient socialement réactionnaires mais politiquement révolutionnaires et anticolonialistes. Ils devinrent, après les indépendances, le ferment de la contestation de l'ordre social et des nouveaux pouvoirs indépendants autoritaires. L'indépendance a été l'occasion de règlements de comptes entre communautés qui avaient ou pas coopéré avec les colonisateurs[25]. Les nouveaux régimes ont donc alterné instrumentalisation et répression. Tous les nouveaux régimes indépendants en difficulté devant les contestations sociales de gauche de la décennie 1970-1980 ont encouragé la religion comme moyen du contrôle social. La déception des promesses des indépendances et la corruption des nouvelles élites s'avérèrent des thèmes particulièrement efficaces de propagande religieuse. La justice des hommes ne parvenant pas à éradiquer ces maux, la justice divine serait seule en mesure de le faire, si on rendait aux normes religieuses leur ancienne importance. Les actions caritatives des associations musulmanes, notamment lors des grandes catastrophes (tremblements de terre au Cachemire pakistanais en 2005 puis 2015 ; inondations en Égypte et en Algérie...) démontrèrent l'incapacité des régimes et furent le ferment d'une stratégie prosélyte de conversion[26]. L'Algérie est un cas d'école. Le FLN dans sa politique d'arabisation de l'enseignement accueillit des coopérants des autres pays arabes, beaucoup étant des Frères musulmans dont ne voulaient plus leurs propres pays. Au pouvoir depuis plus de vingt-cinq ans, le parti unique lutta contre les influences de gauche en encourageant les mouvements islamistes notamment dans les universités. Les mosquées devenant les seuls espaces de liberté de parole et de débat, il en sortit le Front islamique du salut (FIS), les Groupes islamiques armés (GIA) puis le Groupe salafiste pour la prédication et le combat (GSPC). Il en fut de même dans beaucoup de pays nouvellement indépendants rapidement gouvernés par des dictateurs nationalistes qui cherchèrent à capter la légitimité religieuse et réduisirent d'autant la laïcité : Codes de la famille en Algérie (1984) ; en Égypte article 96F du Code pénal : interdiction de la conversion : peine de mort ; lois contre la conversion ou l'apostasie en Afghanistan ; vague qui atteignit l'Algérie, l'Arabie saoudite, le Bangladesh, le Brunei, les Émirats arabes unis, l'Érythrée, l'Indonésie, l'Iran, la Jordanie, le Koweït, la Libye, la Malaisie, les Maldives, le Maroc, la Mauritanie, le Nigeria, Oman, l'Ouganda, le Pakistan, le Soudan, la Somalie, le Tadjikistan et le Yémen. Nasser, à la suite d'une tentative d'attentat en 1954, interdit puis condamna à mort certains leaders des Frères musulmans dont Sayyed Qotb, le penseur de la violence exécuté en 1966. La Syrie et l'Irak aujourd'hui détruits échappaient alors à cette liste. Seule la Tunisie survit à cette vague religieuse avec la Constitution de 2014.

Lors de l'indépendance du Myanmar (ex-Birmanie) en 1947, 135 minorités ethniques étaient identifiées à partir de données datant de la colonisation, mais ne furent jamais incluses dans la Constitution. À la suite d'un coup d'État, la junte militaire qui gouverna le pays de 1988 à 2011 appliqua la politique xénophobe du général Ne Win de la « voie birmane vers le socialisme », mélange de nationalisme, de marxisme et de syncrétisme religieux bouddhiste devenu religion d'État dans la seconde Constitution en 1974. Le régime encouragea par la force la conversion des minorités ethniques dans le cadre de campagnes d'assimilation. Des insurrections chrétienne et musulmane éclatèrent. Les Rohingyas, minorité musulmane de la région de Rakhine près du Bangladesh, la plus persécutée, perdirent la citoyenneté birmane par la loi de 1982 qui définissait trois catégories : les citoyens qui appartiennent à une « race indigène », ont un grand-parent d'une « race indigène » ou ont vécu au Myanmar britannique avant 1942 ; les citoyens associés, qui ont acquis la citoyenneté lors de l'indépendance en 1948 ; les citoyens naturalisés, installés au Myanmar avant le 4 janvier 1948 et qui ont demandé la citoyenneté après 1982. Les autres, dont les Rohingyas, mais aussi Chinois, Indiens et Népalais deviennent des apatrides. Au Sri Lanka, une partie des Tamouls issus des ouvriers importés par les colons britanniques du sud de l'Inde au XIXe siècle pour travailler sur les plantations sont considérés comme une communauté distincte des Tamouls sri-lankais du Nord et de l'Est. Dès 1949, ils deviennent la cible principale du nationalisme cinghalais. Le *Ceylon Citizenship Act* (loi sur la citoyenneté) de 1948 exclut 700 000 Tamouls et en fait des apatrides. Le corps électoral tamoul a alors chuté de 33 % à 20 %, rendant impossible toute opposition efficace contre les politiques nationalistes ; 300 000 Tamouls repartirent en Inde. En 1956, le Premier ministre S. W. R. D. Bandaranaike impose le cinghalais comme unique langue officielle du pays, fermant la fonction publique aux Tamouls, aux Indiens musulmans (Moors) et en exclut les membres de ces communautés qui en faisaient déjà partie. Mais l'accord Bandaranaike-Chelvanayakam signé en juillet 1957 entre leaders des deux communautés rétablit partiellement le tamoul comme langue d'usage. Cette tentative de paix est interrompue par un moine bouddhiste,

Talduwe Somarama Thero, lequel, sous l'influence de Mapitigama Buddharakkitha, le chef d'un des plus importants temples bouddhistes du Sri Lanka, assassine le Premier ministre le 25 septembre 1959. La guerre civilo-religieuse de vingt-cinq ans qui s'ensuivit fit entre 80000 et 100000 morts. En 2005, une loi accorda la citoyenneté aux Tamouls de religion hindoue qui ne constituent plus que 5 % de la population du pays. L'île connaît une montée de l'extrémisme bouddhiste depuis quelques années, étroitement liée au mouvement similaire au Myanmar. La milice radicale Sinhala Jathika Balamuluwa (Force nationale cinghalaise), longtemps confidentielle, tint sa première conférence publique en 2016 en se prétendant apolitique, mais a mené une campagne d'inscriptions racistes *Sinhala* (cinghalais) sur les portes et murs de maisons de musulmans. Aujourd'hui les chrétiens sont devenus également une cible collatérale.

Après mai 1968, sous l'influence de Wilhelm Reich, de Herbert Marcuse et du Dr Spock, il était « interdit d'interdire ». Le fondamentalisme est à l'opposé strict de cette philosophie avec comme postulat : « Tout ce qui n'est pas strictement autorisé est formellement interdit. » Nous vivons donc « un anti-Mai 68 », selon l'expression de Farhad Khosrokhavar. La mondialisation impose une adaptation et un changement continus, alors que le fondamentalisme religieux crée une fixité rassurante. Du « *Sex, Drugs and Rock'n'Roll* » des seventies, on est passé au « *No future* » des eighties, puis au « *Enjoy, cool, fun, and money* » des nineties. La société de la jouissance immédiate et sans entraves n'emporte aucune spiritualité ou ambition autre que : « Enrichissez-vous ! » Dans *Critique de la raison politique*[27], en 1981, Régis Debray avançait l'idée qu'il n'y a pas de cohésion sans un point de transcendance qui est toujours un point de fuite logé en avant ou en arrière, un âge d'or ou un millénarisme, un horizon d'attente. Toute organisation politique implique un mythe fondateur. La mondialisation techno-économique produit surtout la balkanisation politico-culturelle. On prétendait que, quand tous les gars du monde auraient un ordinateur, ils se donneraient la main dans le village global, et que cela marquerait la fin des idéologies ! Debray affirmait le contraire : que plus le monde se resserrerait, plus il susciterait des différences parce que l'uniformatisation technique créerait un tel vide d'appartenance, une telle perte de repères identitaires avec la prolifération de l'interchangeable que chacun aurait envie d'affirmer sa différence. La mondialisation poussée à l'extrême a produit ce retour fantasmatique autour de marqueurs identitaires que la religion, plus ancienne que les idéologies, procure mieux que d'autres. En somme, le retour de l'archaïsme est inscrit dans la mondialisation galopante : « Plus vous mettez de Coca-Cola dans un pays, plus vous récolterez d'ayatollahs[28]. » Beaucoup des jeunes partis en Syrie rejoindre les rangs de Daech semblent d'abord avoir été les victimes des idéologies de la jouissance rapide, accessible éventuellement par la criminalité. Les débats sur le transhumanisme qui prétend abolir toute limite – les différences sexuelles, les nouveaux droits, l'égalité et la tolérance pour tous, l'abolition du risque… – installent progressivement une image de l'homme-Dieu contre laquelle les fondamentalistes s'insurgent[29]. En mai 1968, un étudiant avait écrit sur un mur parisien : « Dieu est mort, signé Marx », et en dessous : « Marx est mort, signé Dieu. » Faut-il aujourd'hui constater que Voltaire et Diderot sont morts tués par Abd al-Wahhab, Vinayak Damodar Savarkar, Ashin Wirathu ou le rabbin Meir Kahane ? Si c'est le cas, une longue période d'obscurantisme s'annonce.

Les prémices sectaires : gourous, internationalisme, violence…

Le marché des biens du salut a donc été en pleine effervescence dans chacune des grandes aires religieuses aux XIXe et XXe siècles, à commencer par les États-Unis. Le protestantisme nord-américain est un volcan religieux en perpétuelle activité. Au Québec seul, Richard Bergeron a recensé plus de 300 sectes et n'a pu en étudier qu'une centaine[30]. Aujourd'hui encore, 90 % des Américains disent croire en un Dieu. Le renouveau religieux s'est fait autour de trois nouveautés : des téléprédicateurs, une internationalisation croissante de la communauté et enfin une appétence certaine pour la violence.

Les puritains du XVIIIe siècle, persuadés que Dieu avait signé un pacte avec l'Amérique, avaient « américanisé » Dieu[31] et interprétaient toute réussite terrestre comme volonté divine. N'acceptant pour autorité que la Bible, ils s'opposaient de fait à l'Église anglicane, émanation de la puissance colonisatrice anglaise, puisqu'ils refusaient toute intercession religieuse. Ce principe est resté à la base des religions baptiste et pentecôtiste. Le premier prédicateur prônant un « Grand Réveil » fut George Whitefield (1714-1770) qui venait d'Angleterre et prêcha devant des foules de 8 000 personnes durant six semaines dans d'immenses fêtes, mi-spectacles mi-offices religieux, appelées *revival*. Des *camp meetings* (conventions) drainent encore aujourd'hui des foules considérables vers les églises des télévangélistes, lieux d'extravagances où les fidèles, sous l'emprise de la musique et du verbe, entrent dans de véritables transes. Les Américains ont de l'avance en tout : *megachurches* et émissions religieuses de radio dès les années 1930, films et talk-shows religieux à la télévision à partir des années 1950. Les télévangélistes entrent dans les foyers américains mais aussi en Amérique latine et en Afrique avec des produits dérivés locaux. Cette culture de masse a contribué à faire de certains pasteurs et télévangélistes évangéliques ou fondamentalistes des figures quasi incontournables de la scène politique et médiatique américaine : Billy Graham, son fils Franklin, Jerry Falwell et Pat Robertson, proches des fondamentalistes, Richard Land, président de la Ethics & Religious Liberty Commission de la Southern Baptist Convention (SBC), le pasteur Rick Warren, mais aussi Ralph Reed, Gary Bauer, James Dobson. Ted Haggard et Benny Hinn, le prédicateur de la bien nommée « doctrine de la prospérité », sont des personnalités politiques qui comptent.

Le téléprédicateur existe aussi en Arabie saoudite et dans les États du Golfe, au Pakistan ou en Égypte avec des pics d'audience très forts lors du ramadan. Le cheikh égyptien Mohamed Metwali Chaarawi (1911-1998) fut le pionnier. Diplômé de l'université islamique du Caire, il participe à des rassemblements anticolonialistes. Il fait partie des enseignants Frères musulmans dont Nasser se débarrasse en les envoyant dans les nouveaux pays arabes indépendants. Il devient immensément populaire dès 1970 grâce à l'émission hebdomadaire *Nour ala Nour*, le premier talk-show sur l'islam produit dans le pays, prônant l'adoption de normes rigoristes : contre la greffe d'organes parce que les humains n'ont pas la propriété de leur corps qui appartient à Dieu ; pour l'excision et le refus que les femmes occupent des postes importants au gouvernement, soient juges en raison du caractère incomplet de leur foi et de leur esprit, et évidemment pour les attaques dénonciatrices contre des intellectuels égyptiens. Il se vantait en 1997 de n'avoir lu que le

Coran. En 1998, un million de personnes assistent à son enterrement. Amr Khaled, élu en 2006 par le *New York Times* et *Time Magazine* le téléprédicateur musulman le plus célèbre et le plus influent du monde, est une « rock star de l'islam ». Charismatique, il lance en 1998 son premier talk-show télévisé en arabe littéral sur la chaîne saoudienne Iqraa et atteint des records d'audience. Inquiété par les autorités politiques et religieuses qui redoutent sa popularité, il s'installe à Londres d'où il prêche à travers les réseaux satellitaires. Youssef al-Qaradawi, lui, fait son émission *La Charia et la vie*, diffusée en direct sur Al Jazeera, suivie par des millions de téléspectateurs pendant deux heures, où il traite toutes sortes de sujets, depuis la finance islamique jusqu'à la sexualité. Il dispense aussi ses fatwas sur les sites islamonline.net et alqaradawi.net. Les 130 ouvrages qu'il a signés laissent penser qu'il a quelques « nègres ». Dans *Le Licite et l'illicite en islam*[32], un des livres les plus vendus dans le monde musulman après le Coran, il explique que l'homme, seigneur de la maison, peut « corriger sa femme, tout en évitant de la frapper durement et en épargnant son visage » ; que l'homosexualité est une perversion de la nature, un « péché répugnant d'êtres nocifs qui conduisent à la perte de l'humanité ». En janvier 2009, il déclarait sur Al Jazeera : « Tout au long de l'Histoire, Allah a imposé [aux juifs] des personnes qui les puniraient de leur corruption. Le dernier châtiment a été administré par Hitler. [...] C'était un châtiment divin. Si Allah veut, la prochaine fois, ce sera par la main des musulmans. » Quelques années plus tôt, il avait fait cette prédiction : « L'islam va retourner en Europe, comme un conquérant et un vainqueur, après en avoir été expulsé à deux reprises. [...] Cette fois-ci, la conquête ne se fera pas par l'épée, mais par le prosélytisme et l'idéologie. » Al-Qaradawi présidait le Conseil européen de la fatwa et de la recherche (CEFR) à Dublin, instance théologique qui se donne pour objectif de fournir aux musulmans d'Europe une base juridique minimale pour vivre leur foi. Le Saoudien Al-Qarni, très populaire par ses émissions télévisées, aurait, lui, qualifié les juifs de « frères des singes et des porcs ». Son compatriote Abdallah Basfar, imam d'une mosquée de Djedda et récitateur du Coran, aurait légitimé « de battre son épouse si elle n'obéit pas à son mari ». Quant à Al-Hijazi, prédicateur salafiste d'Égypte, il a appelé sur une chaîne de télévision à « dévorer les juifs avec [les] dents ». Quatre de ces prédicateurs musulmans ont été interdits d'entrée sur le territoire français en 2012. Le ton de ces discours haineux n'est pas différent de celui de Pat Robertson : « Le peuple musulman, les Arabes, furent ceux qui capturèrent les Africains, les réduisirent à l'esclavage, et les envoyèrent en Amérique. Pourquoi les Américains devraient-ils embrasser la religion des esclavagistes ? [...] Vous vous dites, que se passe-t-il : nous accueillons dans notre société et donnons des droits à des gens qui persécutent les chrétiens partout dans le monde. C'est assez ! » On se demande qui a inspiré le Muslim Ban de Trump, qui interdit de visa les ressortissants d'un certain nombre de pays musulmans (mais pas l'Arabie saoudite).

Le leader est au-dessus des lois humaines. Le gourou est doté de pouvoirs quasi magiques. Nombre de leaders religieux sont amnistiés par leurs ouailles bien que condamnés par la justice. Les scandales – malversations, népotisme et agressions sexuelles – qui ont éclaboussé des dirigeants évangéliques n'ont pas entraîné la désaffection massive de fidèles. Cho Yonggi, pasteur de l'Église évangélique du Yoido fondée en 1958, a été condamné en 2014 à trois ans de prison et cinq de probation plus 4 millions de dollars d'amende pour abus de confiance et corruption. Mais, comme dit Hyun-mi, un adepte : « Le pasteur s'est repenti, Dieu pardonne ! » Le révérend Henderson est un franc soutien du président Trump. Et les frasques du président ? « Les meilleurs d'entre nous sont des pécheurs sauvés par la grâce de Dieu, répond le révérend. Et de toute façon, on a besoin d'un commandant en chef, pas d'un pasteur en chef[33] ! » On retrouve la même attitude chez les soutiens évangéliques de Trump en dépit de sa vie sexuelle compliquée, deux fois divorcé, qui parle des femmes comme de bétail sexuel, mais a « bon fond » pour certains de ses électeurs[34]. Wayne Grudem, théologien évangélique conservateur reconnu, publiait avant les élections un article expliquant que le magnat américain avait des « failles », mais que voter pour lui restait un choix moralement bon. Après les révélations de Trump se vantant de tripoter des femmes sans leur consentement, Grudem a retiré son article. Avant d'en publier un troisième où il dit qu'il trouve les deux candidats moralement mauvais, mais que devant le choix qui s'offre à lui, il préfère Trump.

Phénomène pittoresque dans les années 1970, les rabbins « mekoubal », aux pouvoirs prétendument divins, ont fait fortune et acquis une influence inquiétante dans la société israélienne. Les rabbins guérisseurs mekoubal comme Yosef Pinto ou Yaakov Israel Ifergan (qui guérit par imposition des mains), ou le père fondateur Israel Abouhatsira (alias Baba Sali qui guérissait par le regard) sont considérés par la justice israélienne comme des escrocs : eux aussi échappent à l'impôt régulièrement ou irrégulièrement. Eliezer Berland, « rosh yeshiva » (chef de la yeshiva) Nechamat Zion, bénéficiait comme d'autres *Admor* (maîtres) d'un traitement de faveur dans les aéroports et l'embarquement – idem pour les moines bouddhistes au Myanmar… Accusé par des disciples de harcèlement sexuel, il a fui Israël en 2012, voyageant de pays en pays pour éviter son extradition. Ses partisans ont exprimé leur colère face à un reportage télévisé racontant sa vie. La personne qui a révélé l'histoire aux médias a été violemment agressée. Il a finalement été renvoyé en Israël où il a avoué avoir commis le viol. En 2016, déclaré coupable par le tribunal de Jérusalem après avoir reconnu deux chefs d'actes indécents et un assaut, il a été condamné à dix-huit mois d'emprisonnement. Berland a alors joué la contrition : « Je suis prêt à accepter n'importe quelle punition dans le monde, y compris me brûler et me lapider, car c'est la loi de la Torah. La punition qui m'a été infligée était peut-être trop légère et je suis prêt à accepter une punition plus sévère. »

La révolution des immenses lieux de culte, les *megachurches*, est également née aux États-Unis dans les années 1980, associée au développement de la télévision par câble et satellite, aujourd'hui d'Internet. Ces méga-églises qui permettent de grandes manifestations de masse sont une étape avant d'investir le terrain politique, le terrain éducatif (bibliothèques, garderies, gymnases, cafétérias), la culture (avec des parcs thématiques comme l'Heritage USA à Fort Mill, en Caroline du Sud, parc aquatique à thème chrétien américain et complexe résidentiel, construits par le télévangéliste Jim Bakker). Le collège biblique de Jimmy Swaggart faisait, à son apogée dans les années 1980, des émissions télévisées transmises à plus de 3 000 stations et systèmes de câblodistribution chaque semaine. En Amérique du Nord, on compte plus de 1 668 méga-églises. Sur son site Web, le Leadership Network dresse un répertoire de ces méga-églises évangéliques dans le monde (hors Canada et États-Unis) : il en compte plus de 270. La ville de Séoul à elle seule compte 17 *megachurches*. Dans certaines, plus de 10 000 personnes se rassemblent en même temps, ce sont des *gigachurches*. En terre musulmane, excepté celles de La Mecque et de Médine, 3 mosquées dépassent les 120 000 places : celle d'Alger, construite en 2018, celle de Jakarta et celle d'Islamabad.

Les nouvelles prédications religieuses s'appuient largement sur les nouveaux moyens de communication

Le cas indien est intéressant. En 2010, pour la première fois, Arvind Gupta, ancien de la Silicon Valley, jusque-là peu impliqué dans les élections générales de 2009, constate que la cellule informatique du BJP a été démantelée. Il présente un plan à la direction du parti sur ce qui devrait être fait en utilisant la technologie (données, numérique, médias sociaux) et il se concentre sur :

– L'obtention d'autant de données que possible – données tirées d'enquêtes, d'élections passées, d'appartenances à des partis, de donateurs et de volontaires. Informations réunies en un seul endroit.

– La sensibilisation aux thèses du parti à travers les médias sociaux et tous supports.

Le BJP était le seul parti indien à écouter les gens sur les réseaux. En 2016, la journaliste Swati Chaturvedi, dans *I Am a Troll. Inside the Secret World of the BJP's Digital Army*[35], décrit pour la première fois les campagnes orchestrées par les membres du BJP qui ne reculent devant rien. Ce sont les Arvind Gupta, entraînés comme des chefs de meute, ils attaquent violemment tous ceux qui osent critiquer Narendra Modi, le chef du parti aujourd'hui Premier ministre. « Nous sommes en train de normaliser la haine », s'indigne un député indien en brandissant au Parlement l'ouvrage devenu best-seller – publié d'abord en anglais, il a ensuite été traduit en hindi et en marathi, langue vernaculaire du Maharashtra.

Le BJP est le premier parti à mettre en place une passerelle de paiement en ligne pour accepter les frais d'adhésion au parti (5 roupies) et les dons.

Aux États-Unis, plus de 200 chaînes de télévision diffusent des programmes religieux entre Armageddon et flammes de l'enfer. Depuis les années 1990, les chaînes des télévangélistes américains implantent progressivement des antennes locales en Europe. Le groupe le plus important serait le Christian Broadcasting Network (CBN) : 4 chaînes de télévision câblées, 30 stations de radio reçues par 20 millions de foyers : émission du matin, *700 Club*, interviews du pasteur Billy Graham, de Falwell, Oral Roberts, et celles, très appréciées, de M. Robert Schuller, depuis sa cathédrale de verre* de Californie.

Au Moyen-Orient, l'étude de l'université Northwestern au Qatar[36] souligne que le nombre de chaînes musulmanes gratuites religieuses dans la région est passé de 50 en 2011 à 75 en 2014. Les chaînes sunnites sont de loin les plus nombreuses : 43 en 2011, 55 en 2014, selon le rapport de 2016. « Cette augmentation reflète la politique sectaire [...] qui submerge la région depuis une dizaine d'années, depuis l'invasion américaine de l'Irak en 2003 et la confessionnalisation de la politique irakienne », conclut Khaled Hroub, spécialiste des médias arabes. « La cause de ce phénomène est une mauvaise politique et le recours au discours religieux dans les rivalités politiques... Avec l'intensification des rivalités irano-saoudiennes ces dernières années de nombreuses [...] chaînes ont commencé à mêler le discours politique

* En faillite, la cathédrale a été revendue aux autorités catholiques.

au religieux… Elles sont toutes tombées dans un cercle vicieux […] dans lequel calomnier l'autre est devenu la norme», ajoute-t-il. Selon lui, les chaînes religieuses – surtout basées en Irak, au Liban, en Arabie saoudite et en Égypte – sont contrôlées par des organismes étatiques ou semi-étatiques.

Au Pakistan, une ordonnance d'octobre 2016 de la Pakistan Electronic Media Regulatory Authority a déclaré illégales 11 chaînes de télévision chrétiennes ourdoues émettant au Pakistan par câble ou sur Internet gérées par des groupes chrétiens protestants que sont Isaac TV, Gawahi TV, God Bless TV, Barkat TV, Praise TV, Zindagi TV, Shine TV, Jesus TV, Healing TV et Khushkhabari TV ainsi que la Catholic TV, chaîne catholique diocésaine de Lahore.

Le national-hindouisme, de son côté, a beaucoup plus usé de films de Bollywood que de publications[37]. Dans *Politics After Television*[38], Arvind Rajagopal, professeur à la New York University, fait une chronique de la montée du sentiment nationaliste hindou entre 1987 et 1989, en analysant les relations de la série sur le *Ramayana* et le *Mahabharata* et la montée du sentiment hindouiste. Entre 1957 et 2010, plus de 127 films reprennent les thèmes de la mythologie traditionnelle hindoue[39]. À partir de 2002 commence ce qu'on appelle la «*saffron terror*» contre les non-hindous (ne pas confondre avec le même terme utilisé pour qualifier la terreur bouddhiste).

La propagande par Internet de l'État islamique quant à elle reprend toutes les techniques des téléprédicateurs mais en les utilisant pour valoriser les individus combattants qui l'ont rallié[40].

Les gagnants de la radicalisation : la théologie de la prospérité

« Dieu aime les pauvres et aide les riches. »
Histoire juive

Le premier amendement de la Constitution des États-Unis définit la séparation de l'Église et de l'État qui ni ne s'opposera à la création de religions, ni n'en favorisera ou n'en créera lui-même. De cet amendement découle un avantage fiscal : les revenus du culte ne sont pas imposables. Il s'agit bien des dons et non de tous les revenus comme les ventes de livres, de cassettes, de recettes de cuisine, conseils alimentaires et autres crayons, bonbons ou badges à l'effigie du prédicateur. Le fisc peine à contrôler l'Église « électronique », et presque toutes ses activités sont exemptes d'impôts, y compris les récoltes de fonds. Le prédicateur qui a les plus gros revenus serait donc celui qui convaincrait qu'il a le contact direct avec Dieu. Chacun a ses produits dérivés : prêches enregistrés, sites Web, vidéos chocs, images de guerres et de massacres associées à des prises de vue assez semblables aux jeux vidéo, tous médias et messages adaptés à la génération d'Internet et du clip, pour répondre à des questions comportementales quotidiennes, attirer vers le recrutement ou pour annoncer la fin du monde… Dans les années 1970 et 1980, la montée du christianisme évangélique a permis à des télévangélistes de devenir propriétaires de leur propre chaîne. Ils ont conceptualisé la « théologie de la prospérité » qui prône que la richesse vient de Dieu et qu'il faut donner (au prédicateur) afin que les bienfaits retombent du ciel. Kenneth et Gloria Copeland (couple de télévangélistes proches du mouvement charismatique) professent explicitement que

« donner de l'argent à leurs œuvres apportera une bénédiction de Dieu » et que leur jet privé permet de mieux servir Dieu. Dans sa tribune du *Monde* « Le règne universel des escrocs de Dieu », Jean-Pierre Langellier raconte l'épisode suivant : « Un diplôme. Un beau diplôme doré portant la signature du "Seigneur Jésus-Christ". C'est tout ce qui reste à Edson Luiz de Melo, après treize ans d'appartenance à l'Église universelle du royaume de Dieu, la plus puissante Église évangélique du Brésil. La citation qui orne le parchemin s'ouvre sur un verset biblique du livre de Malachie : "Apportez intégralement la dîme au trésor, pour qu'il y ait de la nourriture chez moi. Et mettez-moi à l'épreuve pour voir si je n'ouvrirai pas en votre faveur les écluses du ciel et ne répandrai pas en votre faveur la bénédiction en surabondance." Béni, Edson l'a été, mais il n'a jamais vu s'ouvrir pour lui les écluses du ciel. Que de dîmes a-t-il pourtant apportées au trésor de Dieu ! Sans cesse, de plus en plus, et sous toutes les formes : l'essentiel de son salaire – et jusqu'au treizième mois, des chèques antidatés, des tickets restaurant, des titres de transport, le produit de la vente d'un terrain[41]. » La protection divine abandonnerait-elle enfin les pasteurs affairistes de l'Universelle qui s'enrichissent depuis longtemps sur le dos de millions de fidèles crédules, souvent pauvres ? Pour la première fois le 11 août 2009, le parquet de l'État de São Paulo a inculpé le fondateur et patron de l'Église, l'« évêque » Edir Macedo, soixante-quatre ans, et neuf autres dirigeants accusés d'association de malfaiteurs et de blanchiment d'argent. Dans le sud du pays, Macedo doit répondre de plusieurs autres crimes : tromperie idéologique, usage de faux documents, recours à des hommes de paille. On est incontestablement sorti de la « théologie de la Libération » que propageaient des prêtres dissidents sud-américains, combattue par le Vatican.

Les 10 plus grosses fortunes du Christ business[42]

Benny Hinn, inventeur de la théologie de la prospérité, a déclaré en 1997 à CNN que ses revenus annuels étaient de 1 million de dollars. Un porte-parole de son ministère a précisé qu'il percevait 60 millions de dollars par an, en dons. Il a fait une collecte de 30 millions de dollars pour construire un centre de cure mondial qui n'a jamais vu le jour. Sa dernière idée a été d'inviter ses fidèles à donner 1 000 dollars à son ministère : « 1 000 » parce que Salomon a offert 1 000 animaux à Dieu. Le pasteur affirme que lorsqu'il a lui-même donné 1 000 dollars, il a obtenu des résultats très rapides, des miracles se sont produits. La chaîne NBC a demandé à Benny Hinn de fournir la confirmation de 56 cas de guérison dont il se vantait dans des vidéos. Ses conseillers apportèrent des références pour 5 cas seulement qu'ils décrivirent comme « des miracles irréfutables et médicalement prouvés ». Quand l'équipe de Dateline NBC fit une recherche, elle découvrit qu'un seul pouvait fournir un dossier médical, et encore, le médecin expert soupçonnait la femme de ne jamais avoir eu la maladie de Lou Gehring dont elle croyait avoir été guérie[43].

Joyce Meyer, seule femme de la liste, elle aussi adepte de la théologie de la prospérité. Les revenus de son ministère atteignent les 90 millions de dollars annuellement. Elle vit dans une maison estimée à 2 millions de dollars, possède un avion de 10 millions de dollars et elle a été « enquêtée » dans une affaire de blanchiment d'argent. Elle affirme que tout ce qu'elle possède vient directement de Dieu. Fortune personnelle estimée à 25 millions de dollars. Sous le coup d'une procédure d'enquête de la part du sénateur Grassley pour des revenus non déclarés.

Rick Warren, pasteur de l'église Saddleback à Lake Forest (Californie), a décidé de rendre à l'église, en 2005, l'équivalent de vingt-cinq années de salaires perçus, pour vivre uniquement des revenus de ses livres. Warren a déclaré avec sa femme qu'ils donneraient désormais la dîme à l'envers, c'est-à-dire 90 % de leurs revenus à l'église pour vivre avec les 10 % restants.

Max Lucado, un des plus grands écrivains chrétiens. Il affirme ne pas percevoir de salaire de son église à San Antonio (Texas), car il a déjà vendu près de 65 millions d'exemplaires de ses livres à travers le monde.

Franklin Graham, son ministère pastoral a affirmé lui verser 1,2 million de dollars de salaire annuel. En 2008, suite aux critiques, il a accepté de réduire son salaire. Sa fortune est estimée à 25 millions de dollars.

Ed Young, selon la chaîne WFAA-TV de Dallas, le pasteur possède un jet privé et vit dans une maison de 4000 m^2 d'une valeur de 1,5 million de dollars. Il reçoit un salaire annuel de 240000 dollars de l'église Fellowship, en dehors de ses revenus commerciaux.

John Hagee, pasteur de l'église de Cornestone (San Antonio, Texas), est le P.-D.G. de Global Evangelical Television. Grand défenseur d'Israël qui, dans son livre *Jerusalem Count Down: a Warning to the World*, prédit l'invasion d'Israël par les Russes et les États islamiques qui seront alors détruits par Dieu. Il perçoit un salaire de l'église de 300000 dollars par an. Il est aussi partie prenante d'une organisation dont il reçoit 1 million de dollars par an. Il est impliqué dans divers scandales financiers et pour finir il a annoncé son divorce. Fortune estimée à 5 millions de dollars seulement. Selon lui, « Dieu avait envoyé Hitler pour aider le peuple juif à gagner la Terre promise » et le cyclone Katrina (1200 morts) était une punition divine de La Nouvelle-Orléans pour avoir accueilli une marche homosexuelle.

Joel Osteen, leader de l'église de Lakewood, Houston (45000 membres), il est considéré comme l'un des pasteurs les plus riches du pays (fortune estimée à 40 millions de dollars). Après avoir laissé tomber son salaire annuel de 200000 dollars, il a pour revenus la vente de livres et de vidéos. Il vit actuellement avec son épouse dans une villa évaluée à 10,5 millions de dollars.

Creflo A. Dollar, fondateur de l'une des plus grandes Églises américaines, World Changers Church International, présentateur de programmes télé, directeur d'une maison de disques. Un reportage du *NYT* a dévoilé sa fortune : Rolls-Royce, jet privé, villa d'une valeur de 1 million de dollars à Atlanta et un appartement d'une valeur de 2,5 millions de dollars à New York. Il a reçu un don de 7 millions de dollars de l'ex-boxeur Evander Holyfield.

Kenneth Copeland, sa fortune est estimée à 70 millions de dollars. Il possède un ranch avec une piste d'atterrissage et une villa d'une valeur de 6 millions de dollars. Il possède 2 avions dont l'un d'une valeur de 17,5 millions de dollars.

Le magazine *Fortune* a classé les 10 plus riches téléprédicateurs américains et parvient à des chiffres différents :

1. Kenneth Copeland : 760 millions de dollars
2. Pat Robertson : 100 millions de dollars
3. Benny Hinn : 42 millions de dollars
4. Joel Osteen : 40 millions de dollars
5. Creflo Dollar : 27 millions de dollars
6. Billy Graham : 25 millions de dollars
7. Rick Warren : 25 millions de dollars
8. Bishop T. D. Jakes : 18 millions de dollars
9. Juanita Bynum : 10 millions de dollars
10. Joyce Meyer : 8 millions de dollars

Les prédicateurs musulmans, comme leurs homologues américains ou juifs et bouddhistes, tirent le meilleur parti financier de leur notoriété. Amr Khaled, le prédicateur égyptien copiant précisément ses collègues évangéliques américains, appelle les musulmans à sortir de la pauvreté, affirmant qu'un bon musulman est un musulman riche, version islamique de la théologie de la prospérité.

Les revenus des grands téléprédicateurs musulmans ne font malheureusement pas partie des cibles des magazines *Forbes* ou *Fortune*. Chaque chaîne satellitaire islamiste a son télécoraniste star particulièrement important pendant le ramadan. Le télécoranisme est un énorme business.

Le théologien saoudien Mohamed al-Arifi (quarante-six ans) prêche depuis des années un conservatisme sectaire dans la pure tradition wahhabite. Né en 1970, c'est un docteur de la loi coranique, enseignant à la King Saud University de Riyad. Avec son sourire hollywoodien, il a gagné sa popularité auprès des jeunes musulmans et musulmanes. Il anime des dizaines d'émissions sur plusieurs chaînes satellitaires et revendique plus de 21,4 millions d'abonnés sur Twitter et 25 millions sur Facebook ; premier compte saoudien, premier compte religieux du monde et quatre-vingt-sixième mondial, tous tweetos confondus. Entre autres, il justifie le droit pour les maris de battre leurs femmes.

Aid al-Qarni (19 millions d'abonnés sur Twitter environ), né en 1959, est un théologien relativement modéré au vu du contexte saoudien. En délicatesse avec le pouvoir, il a ainsi été emprisonné plusieurs années et s'est également vu notifier une interdiction de prêcher pendant dix ans. Il milite pour des réformes dans le royaume saoudien, notamment afin que les femmes puissent travailler et conduire. Il a été un des membres du mouvement contestataire de la Sahwa qui avait critiqué le régime après la guerre du Golfe. Il est interdit d'entrée en France.

Salman al-Ouda (14,2 millions d'abonnés) a lui aussi été mis en prison en Arabie saoudite pour avoir réclamé des réformes. Réputé proche des Frères musulmans, il anime le site Islamtoday.

Ahmad al-Shugairi jouit d'une grande exposition médiatique en Arabie saoudite à travers de nombreuses émissions de télévision religieuses. Cet homme d'origine modeste dispose de 18 millions d'abonnés sur Twitter.

Mishari Rashid al-Afasy, âgé de quarante-deux ans, a environ 14 millions d'ouailles sur ce même réseau social. Ce Koweïtien est un récitateur du Coran (qu'il a mémorisé intégralement) bien connu du monde arabe, et un expert en *nasheeds*, psalmodies traditionnelles islamiques.

Les 10 rabbins les plus riches d'Israël sont selon le *Times of Israel* du 10 juin 2012 :
1 Rabbi Pinchas Abuhatzeira – 1 300 000 000 NIS* (355 millions de dollars)
2. Rabbi David Abuhatzeira – 750 000 000 NIS (190 millions de dollars)
3. Rabbi Yaakov Aryeh Alter – 350 000 000 NIS
4. Rabbi Yissachar Dov Rokeaḥ – 180 000 000 NIS
5. Rabbi Nir Ben Artzi – 100 000 000 NIS
6. Rabbi Yaakov Ifargin – 75 000 000 NIS
7. Rabbi Yeshayahu Pinto – 75 000 000 NIS
8. Rabbi Baruch Abuhatzeira – 50 000 000 NIS
9. Rabbi Reuven Elbaz – 40 000 000 NIS
10. Rabbi Yoram Abargil – 35 000 000 NIS

La fondation du rabbin mekoubal Yosef Pinto aux prétendus pouvoirs guérisseurs s'étend en Europe de l'Est, aux États-Unis, et notamment à Manhattan où elle a acheté des biens immobiliers. Il habite une villa de 1 000 m² à Ashdod. Inquiet des investigations du FBI, il a tenté de convaincre des gradés de la police israélienne (valise de billets à l'appui) de le tenir informé des progrès de l'enquête américaine.

Le bouddhisme semble moins atteint par le phénomène, car théoriquement les moines ne possèdent rien en propre. Cependant Ram Bahadur Bomjan, Népalais de vingt-huit ans, surnommé le « Buddha Boy », accède à la célébrité en 2005 en se prétendant la réincarnation du Bouddha. Il est l'objet d'une enquête de la police népalaise depuis que l'on a constaté que quatre de ses disciples avaient disparu. Il avait précédemment été accusé de viol.

* New israeli shekel.

Le bonze thaïlandais Wiraphon Sukphon est apparu en une de la presse en 2013 dans un jet privé, portant des lunettes de soleil d'aviateur et un sac Louis Vuitton. En février 2017, les policiers avaient assiégé le temple de la mégasecte de Dhammakaya à Bangkok pendant des semaines dans le but de l'appréhender, il a fui aux États-Unis d'où il a été renvoyé après avoir été accusé d'avoir violé un mineur et volé des donateurs qui lui avaient donné de l'argent pour construire la plus grande image du Bouddha émeraude au monde. Une autre enquête a révélé que Wiraphon possédait des voitures de luxe et plusieurs comptes bancaires évalués à environ 700 000 dollars. Il a été reconnu coupable de blanchiment d'argent, de fraude et de violation de la loi sur la criminalité informatique pour avoir collecté des fonds en ligne, selon le tribunal de Bangkok. Wiraphon a également été contraint de restituer plus de 861 700 dollars à 29 donateurs. Le bonze du temple Golden Mount à Bangkok s'est finalement rendu à la police après la découverte de 4 millions de dollars sur des comptes bancaires à son nom. La police enquête également pour savoir si des millions de dollars sous le contrôle du Bureau national du bouddhisme ont été mal utilisés. Wiraphon Sukphon a été condamné par un tribunal de Bangkok à cent quatorze ans de prison. Heureusement qu'il croit à la vie éternelle.

Le *Myanmar Now*[44], quotidien en ligne, estime la fortune de l'organisation bouddhiste BBS à plusieurs millions de dollars et mentionne certains businessmen richissimes proches de la junte militaire comme des mécènes importants et discrets.

L'Inde aussi produit à jet continu de nouveaux gourous : Rajneesh Chandra Mohan Jain dans les années 1960 sous le nom d'Acharya Rajneesh, puis dans les années 1970 et 1980 sous celui de Bhagwan Shree Rajneesh et enfin sous le nom d'Osho, fut surnommé « le Maître des Maîtres », tandis que d'autres ne voyaient en lui qu'un charlatan. Swami Muktananda – autre gourou dont le nom est l'adjonction de *mukti* (délivrance) et *ananda* (béatitude) – dit que c'est lors d'une rencontre avec Osho à qui il trouvait un air stupide qu'il aurait décidé de devenir gourou : « Si cet homme a pu devenir un leader spirituel renommé, pourquoi pas moi[45] ? » Nirmala Srivastava, femme gourou concurrente, a répété en maintes occasions que tous les « avatars » (qui se prétendent incarnation d'une divinité sur Terre) en Inde seraient des imposteurs. La Miviludes considère le culte créé par Swami Muktananda comme une secte. La mode dont la spiritualité indienne a bénéficié des années 1960 à 1980 a permis l'ouverture de nombreux ashrams en Occident. L'International Society for Krishna Consciousness (Hare Krishna en Europe) est elle aussi classée comme secte[46]. En 2005, ses dirigeants ont accepté les termes d'un compromis de 9,5 millions de dollars pour clore un long scandale de viols de 535 anciens élèves durant les années 1970 et 1980 par des adultes exerçant dans leurs écoles. En Californie, la Société Internationale pour la conscience d'Hare Krishna a demandé sa mise en faillite.

L'internationalisation était déjà dans le phénomène sectaire : la Soka Gakkai japonaise comptait à son apogée 5 millions d'adhérents sur 192 pays ; la secte Moon, fondée en 1954, 180 000 adhérents dans 130 pays ; l'Église de scientologie compterait 12 millions d'adeptes dans le monde. Les radicalismes ont repris le flambeau et n'ont cessé d'élargir le cercle international des adeptes[47]. Le cas le plus significatif est certainement Daech qui a réussi à mobiliser 20 à 25 000 combattants étrangers venant de plus d'une centaine de pays en Syrie et en Irak.

Certaines sectes avaient basculé dans des contraintes physiques contre les adeptes ou même des violences contre les Autres souvent pour anticiper l'Apocalypse.

La secte Aum Shinrikyo (Vérité suprême d'Aum), implantée au Japon et en Russie, était fondée sur une idéologie syncrétique bouddhiste avec des emprunts au christianisme et à l'hindouisme plus une pincée de Nostradamus. Son discours antisémite expliquait que le Japon avait été attaqué par les États-Unis poussés par le lobby juif qui souhaitait l'entrée en guerre pour sauver leurs coreligionnaires d'Europe. Bénéficiant du statut d'association religieuse, elle commit un certain nombre de crimes contre des juges, des policiers ou d'anciens adeptes ayant fui entre 1989 et 1995. C'est l'attaque au gaz sarin dans le métro de Tokyo en mars 1995 (12 morts et plus de 5 500 blessés), destinée à accélérer la venue de l'Apocalypse, qui en révéla la véritable nature.

La violence pouvait aussi être tournée contre les propres membres d'une secte, par exemple le suicide collectif du gourou Jim Jones, de l'ordre du Temple du Peuple – 908 morts le 18 novembre 1978 –, ou les 76 morts davidiens de la ferme de Waco (Texas) en 1993…

Du fondamentalisme au radicalisme

Sur ce terreau d'une grande vitalité, les radicalisations religieuses actuelles ont creusé leurs racines. La technique de recrutement est éprouvée : détection, séduction, culpabilisation, menaces, mobilisation et chasse en meute autour de la cible, promesse d'un salut élitiste sur Terre et garantie d'accès au paradis. Sur le terrain comportemental, le groupe sectaire contrôle ses membres passés régulièrement au crible de la fidélité, exacerbe la peur de l'exclusion et impose la rupture avec l'Autre. L'organisation soumet l'adepte à l'autorité intangible d'un imam/gourou et impose des ruptures multiples avec les relations antérieures – y compris familiales –, bannit les inclinations et conceptions propres. Le monde environnant est discrédité, voire diabolisé par l'imminence annoncée de la fin du monde. Le groupe privilégie les actes aux connaissances théologiques, souvent faibles et littérales. L'enseignement, tout particulièrement celui des enfants, est prioritaire.

L'affirmation religieuse est donc aujourd'hui un phénomène planétaire en réaction contre la « modernité ». La légitimité des idéologies politiques occidentales a été critiquée comme celle des grandes idéologies contestatrices laïques, laissant le champ libre aux idéologues de la radicalisation religieuse. Il y a bien eu « islamisation » de la radicalité, comme il y a eu également « bouddhisation », « judaïsation », « hindouisation » et même « évangélisation » dans les conceptions religieuses américaines. La religion comme fondement de plus en plus exclusif de la légitimité sociale et politique s'est progressivement imposée. Les dénonciations de la corruption des dirigeants, les actions de solidarité active et l'exigence des règles morales en ont fait des mouvements à cheval sur les classes sociales les plus pauvres et les classes moyennes[48] – ce qui n'exclut pas que les leaders soient des privilégiés richissimes. Alors que le mouvement altermondialiste se veut universaliste, la plupart des fondamentalismes sont antimondialistes et entendent opposer d'autres modèles. Tous les aspects de la vie – le mariage, l'éducation, les relations sexuelles, la place de la femme, les acquis scientifiques et les règles séculières – sont ramenés au crible de la religion et ne sont plus admis comme bases de la morale. Le monde est binaire : la souillure appelle une purification perpétuelle et si nécessaire vengeresse. L'Autre n'existe pas et, s'il ne peut être converti, il ne peut prétendre à exister, car il résisterait à la volonté divine : il doit être supprimé pour la bonne marche du cosmos.

2

La théosophie radicale : on ne change pas ce que Dieu a décidé (il y a quelques millénaires)

« Mais que foutait Dieu, avant la Création ? »
Samuel Beckett

Les théories de la radicalisation se formalisent toutes au XIXe siècle et au début du XXe

L'évolution américaine est symbolique. Les « Réveils » sont des moments de retour de religiosité qui ponctuent l'histoire américaine depuis John Wesley (1703-1791), le calviniste Jonathan Edwards (1703-1758), ou George Whitefield (1714-1770), venu d'Angleterre aux États-Unis pour commencer ses grands voyages. Le succès des positions progressistes au sein même du protestantisme et le recul général de la religion les effraient. Les « Grands Réveils » (*Revivals*), c'est-à-dire le « retour à l'essentiel » (1730-1740, 1820-1830, 1880-1900, plus un quatrième Grand Réveil en 1960-1970), sont une réaction contre la libération des mœurs, le féminisme (la contraception, l'avortement, l'homosexualité…), puis les manifestations contre la guerre du Vietnam. Au début des années 1900, un groupe de théologiens conservateurs se plaignait que les dirigeants des presbytériens, des baptistes, des méthodistes et des épiscopaliens s'éloignent des principes fondamentaux de l'Église en se compromettant avec la science moderne, la culture populaire et le libéralisme. Cette réaction religieuse est nommée

« fondamentalisme » en 1920, par un journaliste baptiste du *Watchman Examiner* à partir de petits ouvrages publiés entre 1910 et 1915 intitulés *The Fundamentals: A Testimony to the Truth* (les fondamentaux : un témoignage pour la vérité). Les prédicateurs itinérants, qui parlent devant des foules de plus en plus importantes (parce que l'accès aux églises leur est parfois refusé), insistent sur la pratique personnelle : la lecture de la Bible, les prières, les dévotions, et le prosélytisme individuel. La « conversion » devient synonyme de nouvelle naissance et de transformation qui rendent l'individu responsable de ses choix, débarrassé des autorités religieuses devant Dieu. Certains prétendent avoir contact directement avec le Saint-Esprit, convaincus que Satan se mêle de la politique mondiale et favorise le péché et les conflits. La National Association of Evangelicals est fondée en 1942. Billy Graham se qualifie lui-même d'« évangélique ». Les sondages varient, mais au sens large, les évangéliques constitueraient environ 25 à 30 % de la population des États-Unis, soit 70 à 80 millions de personnes adeptes du pentecôtisme et 510 millions d'adhérents des différents mouvements dans le monde grâce à une diplomatie religieuse active (voir le quatrième chapitre : « Le nouvel internationalisme »). Alister McGrath, dans *Evangelicalism and the Future of Christianity*[1], définit les protestants évangéliques autour d'un « noyau de convictions dominantes ancrées dans les Écritures transposables dans tous les radicalismes » :

1. L'autorité suprême des « Écritures » comme source increéée de guide pratique pour une vie chrétienne ou croyance absolue. La pensée libérale est condamnée comme modernité critique des textes*.

* Les astronautes Armstrong et Aldrin furent poursuivis pendant des décennies par des intégristes qui refusaient de croire à leur alunissage.

2. La conversion personnelle comme signe de nouvelle appartenance.

3. La rupture : « L'Appel divin le plus important est la séparation », déclare A. C. Gaebelein au cours de la Conférence prophétique biblique en 1914 ; les fondateurs d'Agudath Israel à Katowice en 1912 font de même contre les juifs libéraux, et en 1928 Hassan al-Banna aussi, contre les régimes arabes.

4. Le prosélytisme individuel.

5. L'importance de la communauté religieuse (chrétienne, oumma, hindustan…) et de la Terre donnée par Dieu pour atteindre la maturité spirituelle ou la parousie[2].

6. La Majesté de l'envoyé divin : Jésus-Christ, Mahomet, ou Bouddha…, mais les messies autoproclamés ont depuis été nombreux.

Le judaïsme a de tous temps été gros producteur de prédicateurs messianiques autoproclamés. Exemple : Moïse Sofer (1762-1839), rabbin allemand, est un des premiers zélateurs de l'ultra-orthodoxie pour qui « toute innovation est interdite par la Torah ». Il mène entre 1817 et 1821 la guerre contre les Neologs et la Haskallah de Moses Mendelssohn (1729-1786), courant proche des Lumières né en Hongrie, partisan de la Réforme et d'une lecture moderniste de la tradition. D'autres « messies » fleurissent : Sabbataï Tsevi (1626-1676), accepté comme le Messie par un certain nombre de juifs, donne naissance à la secte turque des sabbatéens ; des disciples du Rabbi Loubavitch, Menachem Mendel Schneerson, croyaient qu'il était le Messie, et encore récemment, Abraham Albert Bitton revendique ce titre très convoité.

Harcelé par un journaliste qui lui demandait de jurer sur la Bible qu'il avait bien posé le pied sur la Lune, Armstrong s'en débarrassa en disant qu'il ne pouvait pas jurer sur cette Bible qui n'était pas la « vraie Bible ». Aldrin, excédé, régla la question par un coup de poing dans le nez, autre manière de monter vers les étoiles !

Dans l'espace religieux juif, le hassidisme fondé par Israël ben Eliezer (1698-1760) est une réaction contre la modernité, l'assimilation et l'intégration. Les courants ultra-orthodoxes tentent une rejudaïsation « par le bas », mais la hiérarchie rabbinique les regarde comme une secte à combattre et lance excommunications, dénonciations, etc. Comme dans d'autres radicalismes, une frontière est tracée entre « orthodoxes » et « libéraux », évidemment qualifiés de « non-juifs ». Après l'affaire Dreyfus, Theodor Herzl conclut dans *L'État des Juifs*, publié en 1896[3], à l'impossibilité de l'assimilation, mais refuse un régime théocratique. Au premier Congrès juif mondial de 1937, deux conceptions s'opposent : Ben Gourion, dans la lignée de Herzl, veut que l'État d'Israël soit une démocratie classique, alors que les sionistes religieux influencés par le rabbin allemand Tzvi Hirsch Kalicher (mort en 1874) puis par Abraham Isaac haCohen Kook (1865-1935) considèrent le sionisme comme une hérésie démoniaque qui anticiperait la volonté divine. Mais certains finiront par penser que la création d'un foyer juif permettra à la loi religieuse, la Halaka, de triompher des lois laïques.

Le monde musulman lui aussi connaît sa réaction antimoderniste, mais sous une forme assez particulière dans la péninsule arabique. Abd al-Wahhab (1703-1792), né dans la région intérieure du Najd jamais colonisée, considère que l'islam s'est perverti à travers l'Histoire, dans les villes, dans l'Empire ottoman et au contact d'autres cultures. Dans le *Livre du monothéisme*[4], il veut revenir à la pratique du temps des compagnons du Prophète (les *salafs*), rejette toutes les autres écoles juridiques de l'islam, détruit tombes, mausolées, stèles et toute forme de culte des saints, arrachant même des arbres… Rejetée comme secte par les grands oulémas, sa doctrine est à l'origine du salafisme-wahhabisme répandu aujourd'hui sur la planète. Au même moment, dans l'islam, naît le courant réformiste de la *Nahda* (renaissance) dont les promoteurs sont l'Afghan Jamal Eddine al-Afghani (1838-1897), l'Égyptien Mohamed Abduh (1849-1905) – tous deux exilés à Paris – et le Syrien Rachid Rida (1865-1935), inquiets de la faiblesse des sociétés musulmanes face aux avancées coloniales. Le réformisme (*Islah*) est un renouveau théologique et éthique par retour aux fondamentaux religieux. L'ordre des Frères musulmans fondé par Hassan al-Banna en 1928 incarne la forme la plus organisée de ce courant de pensée et se structure à l'image des partis autoritaires de l'époque (le guide, l'idéologie, les sections, la milice...). L'autre fondateur, lui aussi égyptien, Sayyid Qotb (1906-1966), écrit en prison ses livres anticolonialistes (*Signes de piste*[5]) et théorise le recours à la violence contre les régimes politiques arabes « hérétiques » ne respectant pas la souveraineté absolue de Dieu. Ces penseurs sont des contemporains des Syriens Michel Aflak (1910-1989) et Salah ad-Din al-Bitar (1912-1980) qui fondent ensemble le premier Parti socialiste de la résurrection arabe, laïque et progressiste, qui triomphera dans un certain nombre de pays indépendants (Égypte, Syrie, Libye, Irak, Algérie...).

L'Inde coloniale, pour sa part, vit naître deux mouvements religieux fondamentalistes et antagonistes, l'hindouiste et le musulman. Les Indiens eux-mêmes adoraient un ou plusieurs des millions de dieux du panthéon. L'identité commune va se cristalliser contre les invasions musulmanes à partir du sultanat de Delhi au XIe siècle et culmine avec l'Empire moghol, au XVIe siècle, qui détruit des temples au nom de la lutte contre l'idolâtrie. L'empereur Aurangzeb, musulman pratiquant, impose une taxe aux non-musulmans. Ram Mohan Roy (1772-1833), « un des pères de la renaissance indienne », va présenter l'hindouisme comme un monothéisme où tous les dieux se confondent en Brahma et veut le purifier de ses scories accumulées au cours du temps. Sous l'autorité du Veda, des Upanishad et des Brahma Sutra, il condamne l'idolâtrie. Il invente un « âge d'or védique » et reprend chez les orientalistes européens l'idée que l'Himalaya aurait été la première terre émergée après le Déluge, donnant naissance au peuple originel, les Aryens (terme tiré des Veda), source de toutes les religions. La politisation hindouiste est née parmi des membres de hautes castes des milieux anglicisés de la colonisation au milieu du XIXe siècle avec des tentatives de réforme des mœurs et de lutte contre l'enseignement des missionnaires chrétiens. En 1857, la révolte des cipayes*, brutalement réprimée, échoua mais ouvrit le débat. Des mouvements comme l'Arya Samaj (la Noble Société), fondé en 1875, reprirent le mythe de la grande civilisation védique victime des invasions successives et de ses propres divisions. Son manifeste, le Satyarth Prakash (ou Illumination du Vrai Sens), attaque à la fois des sectes hindouistes et les religions étrangères et prétend que l'hindouisme issu des textes sacrés du brahmanisme formalisés entre 1500 et 500 av. J.-C. (bien avant les religions du Livre) est antérieur à toutes les autres religions[6]. Le sentiment patriotique s'appuie sur l'identité hindouiste en réaction à l'occupation

* En 1857 et 1859, la révolte des cipayes débute autour de la rumeur selon laquelle les nouvelles réserves de poudre pour charger les fusils à arracher avec les dents étaient faites de graisses animales (de vache selon les uns, de porc selon les autres), révoltant les troupes indigènes, hindoues et musulmanes. Les slogans étaient : « Din, Din » (Religion, religion), « Khun, Khun » (Sang, sang), « Maro Feringhi Ko » (Tuez les Européens), Swadharm (Religion), « Swadesh » (Mon pays), « Swarajya » (Liberté), « Har, Har, Mahadev » (Victoire pour Shiva). La répression fit entre quelques centaines de milliers et quelques millions de morts. Les Britanniques étaient convaincus que les musulmans étaient les initiateurs de la révolte.

britannique, à l'extension de l'islam et au prosélytisme chrétien. L'Hindutva (indianité ou hindouïté), idéologie politique du Bharatiya Janata Party (Parti du peuple indien), parti de l'actuel Premier ministre Modi, est théorisée par Vinayak Damodar Savarkar (1883-1966). Étudiant en Angleterre, il publie *The Indian War of Independence* (1909)[7] qui prône l'action armée pour l'indépendance en rappelant le soulèvement cipaye. Condamné à cinquante ans de prison, remis en liberté en 1921, il publie *Essentials of Hindutva* en 1923[8], où il définit l'hindouïté comme un attachement à la terre plus que comme une doctrine religieuse : sont « hindous » ceux dont la religion est indigène à l'Inde : les bouddhistes, les jaïns et les sikhs. Les invasions aryenne, perse, grecque, parthe, scythe, arabe, moghole, portugaise, britannique, française et japonaise auraient opprimé les hindous sur leur propre terre. Le colonialisme britannique et même la pensée socialiste et marxiste les auraient rendus « faibles ». L'Inde doit s'identifier à l'héritage culturel lié à l'hindouisme. En 1923, Savarkar critique le Parti du Congrès qui accepte la partition du Pakistan et considère que l'expression politique des autres religions doit rester dans le domaine privé. En Inde, le *secularism* de la Constitution indienne de 1948 (articles 15, 25, 26 et 30 semblables au premier amendement américain) garantit le « libre exercice » de toute religion et la gestion juridique des affaires par chaque communauté, supposant que la loyauté des citoyens envers l'État supplanterait l'allégeance à la *Community*. Les minorités religieuses sont protégées (musulmans, chrétiens, sikhs, bouddhistes et jaïns), ont le droit d'avoir des écoles confessionnelles subventionnées et de faire du prosélytisme. Savarkar a critiqué sévèrement la laïcité indienne (*secularism*) qui crée des normes différentes pour les hindous, les musulmans et les chrétiens, dans un système « séparés-mais-égaux ».

L'État devrait d'abord protéger les hindous sur leur propre territoire et, selon lui, un Code civil uniforme supprimerait les dérogations spéciales prévues pour les minorités. Dans une démocratie laïque, cela n'a pas de sens de permettre aux musulmans d'avoir plusieurs épouses tout en l'interdisant aux hindous, de recevoir une aide pour leur pèlerinage à La Mecque et rien aux autres. Dès les années 1950, un projet de Code civil unique circulait, allant à l'encontre des exigences directement issues de la charia. En 1974, la Cour suprême affirme que le *secularism* correspond plus à un « aider à vivre » qu'à un « laisser vivre », introduisant ainsi une approche critique de ce qu'avaient pensé les pères fondateurs. En 1978, l'affaire Shah Bano/Ahmed Khan illustre ce conflit récurrent et provoque le scandale : appliquant le Code général, la Cour suprême condamne un mari musulman à payer une pension alimentaire à son épouse répudiée en dépit de la liberté que lui donne le Coran de ne pas le faire. La décision est contestée par les autorités musulmanes qui la considèrent comme contraire à la charia. Rajiv Gandhi fait alors voter une loi qui exempte les musulmans uniquement de payer des pensions alimentaires. L'assassin de Gandhi, Nathuram Godse, était membre du Rashtriya Swayamsevak Sangh (RSS), formation radicale paramilitaire née en 1925, organisée sur le modèle des Chemises noires fascistes. L'assassin est aujourd'hui encore vénéré comme un « saint » par les disciples du RSS qui lui ont construit un temple, comme Baruch Goldstein, l'assassin de la tuerie de la mosquée d'Hébron, dont la tombe fait l'objet d'un culte des radicaux juifs.

L'autre mouvement religieux natif de l'Inde est le revivalisme musulman. La Djama'at al-tabligh (Association pour la prédication) fondée en 1927 par Muhammad Ilyas al-Kandhlawi (1885-1944). Convaincu d'enseigner l'« islam authentique », il veut réislamiser les musulmans indiens du sous-continent, puis les diasporas musulmanes. Le mouvement est pacifique et apolitique. Comme les autres revivalismes, il développe le prosélytisme individuel (la *al-jawla*, la tournée), prônant des principes simples fondés sur une interprétation littéraliste du Coran : la profession de foi, la prière, la reconnaissance de Dieu, l'intention sincère et le respect du musulman. Le Pakistanais Sayyid Abul ala Maududi (1903-1979), fondateur en 1940 du parti Jamaat-e-Islami, souhaitait pour sa part la fondation d'un État islamique basé sur la charia qui s'étendrait progressivement à tout le sous-continent. Il critique la Ligue musulmane qui veut fonder un État pour les musulmans, alors que lui veut un État musulman. Il est le premier au XXe siècle à prôner le recours au djihad autour d'un mouvement d'avant-garde islamiste, se différenciant ainsi du Tabligh. Son influence fut très étendue et, selon certains chercheurs, Hassan al-Banna et Sayyid Qotb, fondateurs des Frères musulmans l'auraient lu[9], peut-être aussi Abdullah Azzam, le maître à penser de Ben Laden, qui le premier définit le djihad guerrier comme obligation individuelle, et même Khomeiny qui l'aurait rencontré en 1963 et aurait ultérieurement traduit ses travaux. Jinnah, le fondateur du Pakistan, était également un partisan convaincu de la « laïcité » : « Le Pakistan ne sera pas un État théocratique que dirigeraient des prêtres investis d'une mission divine » (février 1948). Il est fortement critiqué par Maududi qui dénonce le « parti de païens » qu'est la Ligue musulmane. La partition d'indépendance n'a pas résolu les problèmes, puisque Pakistan, Inde et Bangladesh ont tous trois connu une dérive religieuse radicale après épuisement des partis issus de l'indépendance : Parti du Congrès, Ligue musulmane (1906) et ligue Awami.

Le bouddhisme, pour sa part, présenté comme une idolâtrie démoniaque par les sectes méthodistes et baptistes britanniques, se régénéra à leur contact. Au Sri Lanka, le royaume de Kandy, dernier État indépendant de l'île, signe avec les Britanniques une convention de protectorat en 1815 (transformé en annexion en 1817), qui reconnaissait au bouddhisme une forme de patronage sur le concordat. Les protestants obtinrent du gouvernement colonial qu'il retire ce droit au bouddhisme. Des moines comme Gunananda Thera (1823-1890), qui avait arraché le drapeau britannique avant même la signature du traité, affrontèrent les missionnaires chrétiens dans des controverses publiques définissant ainsi un « bouddhisme de combat ». Le laïc Anagarika Dharmapala (1864-1933) affirma que le bouddhisme, exposé aux attaques du christianisme après avoir été la victime de l'hindouisme et de l'islam, avait connu un âge d'or perdu. Sa restauration supposait que le peuple élu, les Cinghalais « aryens », par opposition aux Tamouls « dravidiens », se libère de la domination étrangère. Le Myanmar bouddhiste fut, plus que d'autres, victime de la colonisation britannique et de la guerre. Les flux migratoires incessants à l'intérieur de l'espace colonial britannique alimentaient les rivalités entre les différents groupes ethniques. L'administration coloniale sépara le pays en deux zones de statut différent, la zone dite « ministérielle » pour la majorité des Bamars (population majoritaire), et les « zones frontières » dans lesquelles les minorités ethniques jouissaient de droits différents. Durant la Seconde Guerre mondiale, chacun tenta l'indépendance avec ses propres alliances : les nationalistes bamars luttèrent contre l'occupant britannique en s'alliant aux Japonais (avant de basculer du côté anglais peu avant la fin de la guerre) ; les minorités, dont les musulmans, soutinrent l'effort de guerre anglais par opposition aux Bamars. Les frontières nationales n'ont été fixées qu'à la fin de la colonisation britannique.

La fin de la décennie 70 marque un basculement religieux. La révolution islamique le 4 novembre 1979 à Téhéran marque le triomphe de l'opposition religieuse à l'impérialisme occidental face auquel les régimes laïques ont échoué : le chiisme prend ainsi la tête de l'islam révolutionnaire. La même année, le président égyptien Sadate reconnaît l'existence de l'État d'Israël, fin du cycle du socialisme arabe moribond depuis la guerre des Six-Jours; l'Armée rouge envahit l'Afghanistan et l'URSS y perd son image de pays protecteur des peuples musulmans opprimés, née avec le congrès de Bakou; le Pakistan du général Zia-ul-Haq, qui entend instaurer un «État islamique», prend les six ordonnances Hudood qui islamisent le droit pénal : interdiction des relations hors mariage et adultères, flagellations, amputations ou lapidations. En Arabie, les radicaux, élèves du grand mufti Ibn Baz, occupent la grande mosquée de La Mecque, contestant la dynastie Saoud qui doit faire appel à ses oulémas et au GIGN pour libérer ce lieu saint de l'islam; en Amérique Jerry Falwell crée la Moral Majority autour des valeurs conservatrices : famille, créationnisme, lutte contre l'avortement. En Inde, les émeutes de Jamshedpur et Roorkela (1978-79) provoquées par le RSS font une centaine de morts, massacre d'une effroyable banalité appelé à se répéter. Après l'opération militaire Naga Min (Roi des Dragons, 1978), 200000 réfugiés au Bangladesh sont autorisés à retourner au Myanmar. Dacca refuse toute assistance : 12000 réfugiés meurent de faim durant cet exode. La junte militaire birmane n'a accepté de les rapatrier qu'à condition qu'ils s'installent dans les *townships* de Buthidaung et Maungdaw, à la frontière du Bangladesh, car ils n'ont pas de papiers –

depuis 1983 les Rohingyas sont devenus des apatrides. Le régime politico-théocratique saoudien aide Zbigniew Brzezinski, conseiller du président Jimmy Carter, à organiser la mobilisation religieuse contre l'URSS en Afghanistan, tout en diabolisant le régime issu de la révolution khomeiniste. L'idée que Riyad puisse mener sa propre politique religieuse, en créant des madrasas wahhabites au Pakistan – qui plus tard donnèrent naissance aux talibans (étudiants en religion) –, n'effleurait pas les stratèges de Washington. Puis les régimes laïques d'Irak, de Syrie et de Libye, certes dirigés par des dictateurs, furent un à un détruits par des interventions militaires occidentales avec l'aide de l'Arabie saoudite, usine idéologique de Daech et d'Al-Qaïda. On préféra combattre le socialisme arabe parce que « socialiste », et l'Iran chiite, tout en soutenant l'Arabie saoudite salafiste. Le *moudjahid* (martyr) remplace le *fidaï* (résistant). Al-Zawahiri, inspirateur de Ben Laden, publie *Le Front islamique mondial contre les juifs et les croisés*[10] qui annonce élargir son combat à l'échelle planétaire. Il réalise la synthèse du salafisme (Ben Laden) et des Frères qotbistes en faisant du djihad une obligation individuelle et non plus collective validée par les docteurs de la foi.

L'analyse en parallèle des radicalisations qui semblent atteindre les grandes religions monothéistes ou polythéistes est un défi, mais c'est la seule manière de détecter les lignes de force d'une évolution planétaire aussi importante que la mondialisation économique. La religion fut un des volets croissants des relations internationales tant du côté des puissances que des peuples conquis ou des contestataires de l'ordre mondial. Elle offre un certain nombre de services assez irremplaçables énoncés par Boris Cyrulnik dans *Psychothérapie de Dieu*[11] pour comprendre la résilience des croyances religieuses. Mais cela n'explique pas la généralisation de la radicalisation actuelle. Ce durcissement s'est installé de façon assez concomitante et avec des postulats idéologiques et politiques assez comparables, même si l'objectif final et les formes de la violence diffèrent. Dans tous, le processus premier est la reconstruction historique d'un passé mythique et lointain à partir d'un choc traumatique, souvent une crise contemporaine. Celui-ci, imprégné de victimisation et d'esprit de vengeance, s'inscrit dans le temps long qui permet de proposer une idéologie heuristique comme solution à tout. Le futur est donc un retour au passé lointain. François Hartog[12] analyse le rapport au temps tout au long du XXe siècle. Si le siècle a d'abord été futuriste avec le progrès comme unique horizon temporel, il est aujourd'hui devenu présentiste, l'avenir a cédé du terrain au présent qui prend de plus en plus de place. Le présent est devenu l'horizon sans futur et sans passé. Il génère, au jour le jour, le passé et le futur dont il a besoin et valorise l'immédiat. Analyse que partage Régis Debray dans *L'Angle mort*[13]. À propos du terrorisme suicidaire qualifié de nihiliste, il écrit : « Les nihilistes, c'est nous qui avons exclu la mort et le paradis de nos sociétés, nous qui ne pensons plus notre futur mais seulement notre présent ! Le présent n'est le préambule de rien[14]. » Les radicalismes sont une philosophie du *Reviens*. L'offre du « religieux à la carte » des sectes de la décennie 1970-1980 semble aujourd'hui dépassée par l'offre globale des fondamentalismes et des radicalismes ancrés dans chaque culture religieuse.

Le révisionnisme historique

Les penseurs des radicalismes sont des pratiquants assidus de l'historicisme dénoncé par Karl Popper. En attribuant des qualités particulières à leur peuple ou à leur religion, ils ne retiennent que certains faits et excluent les autres. L'assemblage hétéroclite d'événements passés, parfois très anciens, vient conforter la théorie du complot caché, destiné à faire disparaître le groupe.

Purushottam Nagesh Oak (1917- 2007)
et le révisionnisme historique hindouiste

Soucieux de rectifier des « versions biaisées et déformées de l'histoire de l'Inde produites par les envahisseurs et les colonisateurs », Oak écrivit plusieurs livres et articles et fonda un Institute for Rewriting Indian History (Institut de réécriture de l'histoire de l'Inde) en 1964. Selon lui, les historiens laïques et marxistes de l'indépendance auraient fabriqué des versions idéalisées du passé de l'Inde hors de son contenu védique. Oak, associant des sonorités sanscrites à des termes religieux non sanscrits, fait du Vatican un *vatika* (ermitage), de l'*islam* (= *ishalayam*) le « temple de Dieu » et enfin naturalise Abraham comme un avatar étymologique de Brahma. Sur cette base, Oak conclut que le christianisme et l'islam sont des distorsions des croyances « védiques ». Le Taj Mahal, comme tous les bâtiments religieux construits pendant l'occupation musulmane de l'Inde, aurait été construit au prix de destructions de temples hindous. La suite avec la destruction de la mosquée d'Ayodhya.

Le radicalisme hindouiste est né comme une réaction empruntant ses armes à l'Autre. Les hindouistes prônent, par exemple, l'édification de temples « universels » pour rivaliser avec les mosquées. V. D. Savarkar, pour surmonter la division et la dispersion des Indiens, invente l'hindouïté « comme une communauté ethnique possédant un territoire », revendique le sanscrit et l'hindi, la langue qui s'en rapproche le plus comme langue nationale (mais pas l'ourdou plutôt employé par les musulmans). Lorsque la télévision, dans les années 1980, a diffusé en hindi le *Mahabharata* et le *Ramayana* en feuilleton, les rues étaient vides. Un des passages les plus célèbres, la *Bhagavad-Gita*, évoque le moment où Krishna, un des avatars les plus connus de Vishnu, parle au guerrier Arjuna : « Arjuna ne veut pas tuer, ses mains tremblent, mais Krishna lui dit que son appartenance à la caste des guerriers justifie la violence et lui ordonne de se battre. » La manipulation de quelques symboles simples par les hindouistes a suscité des dérives. On manifeste et on se bat au nom de Rama, un des avatars de Vishnu, comme Krishna héros principal du *Ramayana*, « prince vaillant sans peur et sans reproche ». Les nationalistes adorent aussi Hanuman, le dieu de l'armée des singes, symbole de la force, allié de Rama. Le débat sur l'Hindu Kush est ce qu'on fait de mieux en la matière[15]. Le discours du BJP s'articule autour de la bataille de Talikota (1565) et du massacre de Vijayanagara au XVIe siècle par Hussain Nizam Shah. Vijayanagara était le dernier grand royaume hindou après neuf siècles de conquête musulmane, et ne fut vaincu que par la trahison de deux officiers musulmans. « Pendant cinq mois les musulmans s'employèrent à tout détruire… Les scènes de massacre et d'horreur, disent les contemporains, dépassèrent tout ce que l'esprit peut imaginer et il ne resta plus de la prospère cité que quelques ruines fumantes[16]. » L'Hindu Kush (ou Hindi Kush selon les auteurs) est donc ainsi le nom du « génocide » commis dans le sous-continent durant près de mille ans après l'arrivée de l'islam en 711. Le bilan humain dressé par les propagandistes hindouistes serait de 80 à 100 millions d'Indiens entre les XIe et XVIe siècles, et serait ainsi le premier holocauste de l'Histoire perpétré par Mahmoud de Ghazni et Muhammad Ghuri, qui mena seize campagnes dans le sous-continent. Les sultans Bahmani, qui gouvernaient en Inde centrale, se seraient fixé l'objectif de massacrer 100000 hindous par an et semblent s'y être tenus, explique le spécialiste de l'Inde François Gautier[17]. Aurangzeb (1658-1707), réputé comme le plus sanguinaire des Moghols, focalise la haine des hindous militants qui lui attribuent des destructions systématiques de temples et des conversions forcées. Il fit construire une énorme mosquée sur le plus important temple de Bénarès et aurait ordonné la destruction de tous les temples en Inde dont le Kashi Vishvanath, un des plus sacrés, celui de Krishna à Mathura ; le temple de Somnath au Gujarat ou le temple Treka-ka-Thakur à Ayodhya, remplacés par des mosquées. « Ahmed Khan fit savoir à Sa Majesté que 2000 hindous furent exécutés parce qu'ils continuaient leurs abominations religieuses », rapporte une chronique de l'époque. Le gourou sikh Tegh Bahadur fut décapité parce qu'il protestait contre les conversions forcées. Et même le propre frère de l'empereur, Dara Shikoh, aurait été exécuté pour s'être intéressé à la religion hindoue. Le sujet fit débat dans l'Inde indépendante. Des hommes politiques marxistes dont Nehru, voulant favoriser la coexistence religieuse dans le pays, auraient préféré masquer la gravité des cicatrices de l'occupation musulmane. Le mouvement Hindutva commença à élargir son audience parmi la classe moyenne hindoue après 1989, année de l'exil forcé de 350000 kashmiri hindous (les *pandits kashmiri*) sous la pression des indépendantistes islamistes, encouragés par la défaite soviétique en Afghanistan. En août 2019, le gouvernement Modi a aboli le statut spécial du Cachemire et depuis les *pandit kashmiri* demandent à rentrer chez eux et à récupéer leurs biens.

Le mythe de la perversion du message divin, de la dépossession et de l'humiliation permanente fondements du mytho-récit* n'est pas une exclusivité des radicalismes religieux qui y ont trouvé un argumentaire précieux. « Les ruisseaux de sang deviennent des torrents dans le discours, une escarmouche frontalière est métamorphosée en massacres d'innocents », constate le sociologue Jean-Michel Chaumont dans *La Concurrence des victimes*[18]. « Le statut de victime est d'autant plus recherché ou invoqué qu'il ouvre à des rétributions de natures diverses – morales et symboliques, mais aussi parfois matérielles, surtout dans les grandes démocraties », écrit de son côté la sociologue Sandrine Lefranc[19]. Dans les discours radicaux, les conflits sont reformulés en termes mytho-religieux binaires qui regardent le monde environnant comme un champ de bataille entre forces du bien et forces du mal. En 1996, le prédicateur américain Billy Graham, recevant la médaille d'or du Congrès des États-Unis, déclarait : « Alors que nous faisons face au nouveau millénaire, je crois que l'Amérique s'est engagée depuis longtemps sur une mauvaise voie. Nous devons changer de route… et revenir en arrière. Nous devons nous repentir et consacrer nos vies à Dieu et aux principes qui ont rendu cette nation glorieuse[20]… » Les théoriciens de la radicalisation ont reconstruit des systèmes mytho-historiques complets préparant à légitimer la

* En Iran, pays qui jouit d'une importante histoire préislamique, la Révolution fit prévaloir l'islam (40 % des cours) dans l'enseignement de l'histoire et aussi l'arabe. Un gros travail de réécriture des manuels scolaires fut entrepris : 82 millions de manuels détruits et 636 millions modifiés. Pour la langue, devant les difficultés, les autorités s'en sortirent en affirmant que le persan moderne avait beaucoup intégré des mots arabes et on laissa tomber la langue étrangère pour rester au persan !

violence vengeresse. La théologie messianique n'existe pas dans toutes les religions, mais le monde actuel est toujours décrit comme une source permanente de perversion. Peu importe la réalité historique, c'est la reconstruction mythique et l'intégration du récit dans une théorie d'ensemble, avec sa version complotiste (le Diable ou les hommes), qui fait sens. Le fil est souvent identique : une bataille perdue conclue par un massacre qui ouvre une longue période d'obscurantisme, une idéalisation du temps des origines, l'amnésie forcée de l'identité, puis la réhabilitation passant par la purification, c'est-à-dire la libération, violente si nécessaire. Le mythe reconstitué a plus d'impact que les travaux d'historiens dont les chiffres varient. Richard Eaton[21], historien de l'Inde, estime que quelque 80 temples hindous auraient été démolis entre 1192 et 1760 (15 sous le règne d'Aurangzeb), contre les 60 000 démolitions avancées par les nationalistes hindous. Les historiens professionnels sont aussi plus modérés. Dans *Communalism and the Writing of Indian History* (1986)[22], Romila Thapar, Harbans Mukhia et Bipan Chandra, professeurs de la Jawaharlal-Nehru University de New Delhi, préfèrent expliquer les massacres par un conflit de classes : « Les musulmans libérèrent les castes défavorisées en leur donnant accès à l'islam. » L'historienne Romila Thapar écrit, dans son *Histoire de l'Inde* : « La supposée intolérance d'Aurangzeb n'est rien d'autre qu'une légende hostile basée sur quelques actes épars, comme l'érection d'une mosquée sur un temple à Bénarès[23]. » Elle s'appuie aussi sur les massacres commis en Afghanistan sur les populations qui auraient donné son nom à l'Hindu Kush (le massacre des hindous[24]), explication reprise d'Ibn Battuta, le célèbre voyageur marocain, dans ses récits de voyages. Il n'y aurait donc jamais eu de génocide commis par les musulmans. D'autres nombreux historiens, tels Alain Daniélou, Will Durant, Sit Aram Goel, ou Koenraad Elst, affirment le contraire, parfois sur des recensements différents. Le professeur K. S. Lal, dans *Growth of Muslim Population in Medieval India (A.D. 1000-1800)*[25], estime quant à lui que, entre 1000 et 1525, 80 millions d'hindous auraient été tués directement et indirectement (famines et autres calamités naturelles, guerres). Deux millions seraient morts pendant l'invasion de Mahmoud de Ghazni. L'*Encyclopædia Britannica*[26] mentionne que, en décembre 1398, Timur Lane a ordonné l'exécution d'au moins 50 000 captifs avant la bataille pour Delhi. Plus tard, l'empereur moghol Akbar a ordonné le massacre d'environ 30 000 hindous en février 1568 après la bataille pour Chitod. Ces deux massacres « d'un jour » servent comme point de référence pour estimer la totalité de l'ampleur du génocide. Pour l'historien indien Sit Aram Goel : « S'il y a nationalisme hindou… il résulte de dix siècles de soumission peureuse, abjecte, absolue, aux persécutions musulmanes. Gandhi ne nous a-t-il pas appelés des couards » quand on lui parlait de nationalisme hindou ? Dans son article « Le négationnisme en Inde[27] », l'indianiste Koenraad Elst conclut en relevant le mécanisme intellectuel historique vengeur constaté dans tous les radicalismes : « Ne prendre par exemple qu'Ayodhya (mosquée construite sur un ancien temple) pour en faire les fondations du "fanatisme" hindou, c'est non seulement ne percevoir qu'un tout petit bout de l'iceberg, mais c'est aussi un mensonge flagrant. »

Le mythe des origines constitue une autre ressource qui sert aussi bien pour le passé que pour le futur. Le déclin présent affirmé par tous les fondamentalistes s'expliquerait par l'oubli du temps béni des origines. Les musulmans se retrouvent avec les premiers compagnons du Prophète, les *salafs*, supposés avoir parfaitement et intégralement compris le message divin. Le fondamentalisme chrétien présuppose que les Pères de l'Église étaient d'accord sur toutes les questions théologiques et éthiques et que la théologie n'a changé qu'en se pervertissant. Selon les évangéliques, les Pères fondateurs n'auraient pas eu besoin des « conciles œcuméniques » papistes pour élaborer un consensus. Les évangéliques américains ont enrichi le mythe d'un qualificatif nationaliste, l'« américanisation de Dieu », comparant la fuite d'Égypte à celle des Pères fondateurs ; Babylone la dépravée à New York ; le papisme à l'antéchrist contre le camp du Bien, etc. L'*homo americanus* est un *homo religiosus*. Les États-Unis étant une société qui se construit sans mémoire (pas de ministère de l'Éducation nationale, pas de récit national si ce n'est celui que propose Hollywood[28]), les évangéliques vont directement à un passé biblique lointain dans le temps et dans l'espace et vivent l'Apocalypse comme un « présentisme ». « *United States is a perpetually renewed historical virginity* » (les États-Unis ont une virginité historique perpétuellement et continuellement renouvelée), dit le politologue Stanley Hoffmann. L'eschatologie évangélique américaine[29], développée par le pasteur anglican John Nelson Darby au XIXe siècle, prétendait que le retour des juifs sur la terre de leurs ancêtres était la condition préalable à celui du Christ sur Terre, qui permettra l'enlèvement des chrétiens (*Rapture*) vers les cieux, la conversion des juifs, et le rétablissement du Millenium. Les références sont tirées des Apocalypses de Daniel et de Jean chez les fondamentalistes de la *Bible Belt*. Cette théorie de la fin des temps a été rendue très populaire au travers de la littérature apocalyptique comme *The Late Great Planet Earth* du pasteur Hal Lindsey (1970) et la série des seize romans *Left Behind* ou *Les Survivants de l'apocalypse* en français[30], publiée entre 1995 et 2007 par Tim LaHaye et Jerry Jenkins puis déclinée en films, *musicals*, bandes dessinées et jeux vidéo. Le livre et ses onze suites vendus à plus de 42 millions d'exemplaires définissent l'image que beaucoup de gens – croyants comme non croyants – ont maintenant de la façon dont le monde finira. 36 % des Américains croient qu'Israël est en train de réaliser la prophétie biblique sur le retour de Jésus et ce chiffre grimpe à 63 % parmi les protestants évangéliques. L'Apocalypse se lit comme un script de la fin des temps avec une bataille finale entre Dieu et Satan sur les plaines de l'Armageddon, situées au Moyen-Orient. Le compte à rebours aurait commencé. À la fin des temps, l'Antéchrist, un agent de Satan, apparaîtra comme un véritable leader politique mondial qui trompera les chrétiens, en établissant un gouvernement collectif (l'ONU et l'Union européenne) et une religion mondiale (l'islam). Les vrais croyants doivent lui résister pour protéger leur âme et rejeter la « marque de la bête » représentée par le nombre 666 que certains croient détecter dans les codes-barres des supermarchés, les codes de sécurité du papier monnaie, les logiciels ou les minuscules puces implantables. Ils doivent combattre le mal cosmique dans le monde séculier par la persuasion morale, l'activisme politique, la confrontation, et parfois même la violence. Selon l'auteur du livre, la Bible énonce la liste des nations qui s'allieraient avec l'Antéchrist contre la volonté de Dieu et d'Israël : la Russie et ses alliés, la Chine avec d'autres nations d'Extrême-Orient, l'Égypte associée à d'autres pays du Moyen-Orient et enfin les pays de l'Union européenne. Les *Hal Lindsey Reports* sont accessibles sur le Net, pour passer les longues soirées entre amis[31].

Le Sri Lanka[32] a un long passé bouddhique depuis son introduction au IIIe siècle av. J.- C. L'île fut, autour de l'an 1000, complètement intégrée au royaume tamoul hindouiste des Chola dont ne survécut avec le temps qu'une petite principauté tamoule autour de Jaffna jusqu'à la prise de la ville par les Portugais en 1619. Les Hollandais, puis les Britanniques en 1796, introduisent le catholicisme. Au regard des préceptes de non-violence prêchés par le Bouddha, la justification de la violence apparaît dans la casuistique élaborée dans l'île dès le premier millénaire du bouddhisme dans une chronique monastique (VIe s. de l'ère chrétienne) qui exonère de toute faute celui qui transgresse les préceptes pour la défense de la doctrine menacée. Selon la tradition theravada, les moines ont pour fonction de méditer et de diffuser la doctrine du Bouddha, mais à partir des années 1940 se développe un courant de pensée qui recommande leur engagement dans le siècle. Au cours des années 1960, les jeunes moines, jusque-là formés dans des séminaires, entrent à l'université et ils y partagent avec les jeunes laïcs une culture politique radicale combinant marxisme et bouddhisme et rejoignant le Janatha Vimukthi Peramuna (JVP, Front de libération du peuple) sur des positions antitamoules et xénophobes. Le secrétaire général de l'organisation BBS (Bodu Bala Sena), le moine Galagoda Aththe Gnanasara, l'affirme : « Ce pays appartient aux Cinghalais, et ce sont les Cinghalais qui ont bâti sa civilisation, sa culture et ses colonies. Les Blancs ont créé tous les problèmes... Seuls les moines peuvent sauver la race cinghalaise... Notre pays est un pays cinghalais et nous en sommes la police non officielle. » Selon lui, les musulmans auraient appliqué des méthodes « shylockiennes » (l'usurier juif du *Marchand de Venise* qui veut le sang de son débiteur). Une version « révisionniste » de l'Histoire est célébrée dans les films, les livres, les programmes télévisés et les journaux publics. « Regardez ce que les musulmans ont fait en Indonésie, c'était un pays bouddhiste à la base.

Aujourd'hui, tous nos sites sont rasés au profit des mosquées. Nous ne pouvons laisser cela se produire ici ! » dit un manifestant du BBS.

De leur côté, les élites tamoules n'ont commencé à s'intéresser à leur histoire[33] qu'au cours du XIXe siècle. Un siècle avant, à la demande d'un gouverneur hollandais, la *Yalpana Vaipava Malai* (la chronique des événements de Jaffna) fut transcrite à partir de récits oraux et de manuscrits traduits en anglais. Mis à égalité avec les chroniques cinghalaises, le texte est devenu une référence. Mais c'est à partir des années 1920 que l'histoire tamoule a été écrite à des fins politiques, dans un contexte de réformes britanniques visant à instaurer une représentation communautaire. Apparaissent alors des articles laudatifs sur les grands personnages de l'Eelam Tamoul. En réponse aux historiens nationalistes cinghalais naît l'affirmation que les Tamouls ont été les premiers habitants du Sri Lanka, que leur civilisation était la plus grande et qu'elle avait inspiré les autres cultures. « Les Tamouls ont été les premiers propriétaires de toute l'île. Ce n'est qu'à partir du VIe siècle avant Jésus-Christ et à cause d'événements politiques que la patrie tamoule se limita au nord et à l'est de l'île. Ce fut l'Eelam Tamoul… région administrée par les Tamouls à l'arrivée des Européens », écrit Subramania Irassarattiname, historien nationaliste, dans le petit livre *Eelam tamoul. Le pays et le gouvernement jusqu'à 1977*, édité par la Fédération des associations tamoules de France[34]. Les premiers habitants tamouls de l'île sont évidemment dépeints comme des personnages héroïques, très cultivés et d'un haut niveau de civilisation. À l'appui de sa thèse, l'auteur affirme que les deux peuples parlaient initialement la même langue et que le cinghalais « n'existe réellement en tant que tel que depuis le Ier siècle de notre ère ». Les Cinghalais seraient des Dravidiens (ancêtres des Tamouls) ralliés aux Aryens lorsque ceux-ci ont envahi l'île. Les traits typiques de la production historique eelamiste sont tous là : le royaume de Jaffna comme État tamoul indépendant ; les différences linguistiques, culturelles, raciales et religieuses irréductibles entre Tamouls et Cinghalais menaçants… Cette thématique emprunte au registre victimaire contemporain typique des histoires alternatives que portent tous les radicalismes.

Dans le monde arabo-musulman, le traumatisme au-delà de la fin de l'Empire ottoman fut l'abolition du califat par les députés turcs, le 3 mars 1924. L'empire, l'un des rares États musulmans restés indépendants durant la colonisation, héritier d'un califat à prétention universelle, jouissait encore d'un grand prestige, par son étendue territoriale européenne, africaine et asiatique. Le *Dar al-Islam* atteignait l'Europe danubienne et balkanique, contrôlait les lieux saints de l'islam et représentait l'orthodoxie sunnite face aux Safavides chiites d'Iran. Le titre de calife s'était beaucoup déprécié depuis la destruction du califat abbasside par les Moghols en 1258 qui, depuis, disputaient le titre au sultan ottoman. Mais après la grande révolte des cipayes de 1857, les Britanniques avaient mis fin à l'institution moghole. Quand la puissance ottomane déclina, le sultan comprit le prestige qu'il pourrait tirer du titre. Dans ses *Mémoires*[35], Messali Hadj, le père du nationalisme algérien, fondateur de l'Étoile nord-africaine, évoque l'état d'esprit du milieu religieux de Tlemcen, qui dans les années 1908-1912 croyait encore à une intervention du sultan ottoman, alors que la conscription devenait obligatoire pour tous les musulmans algériens. La disparition d'un facteur de mobilisation contre la domination coloniale européenne consacre l'émergence d'une conception laïque et nationale du pouvoir dans le monde musulman qui triomphera pendant quelques décennies. Mustafa Kemal n'était plus que le chef d'un État laïque turc. Les musulmans indiens, fragilisés par la domination politique anglaise et le poids de la majorité hindoue, étaient aussi sensibles aux faiblesses de l'Empire ottoman et leur solidarité se manifestait dans un certain nombre de journaux et d'actions concrètes (levée de fonds, aide médicale lors des guerres balkaniques). Lors de l'entrée en guerre de l'Empire ottoman aux côtés de l'Allemagne et de l'Autriche-Hongrie (novembre 1914), le sultan Mehmed V lança un appel à la guerre sainte contre les puissances de l'Entente qui n'eut aucun effet : de nombreux musulmans étaient mobilisés dans les forces de l'Entente et les provinces arabes elles-mêmes en profitèrent contre l'Empire ottoman. En Inde, de manière beaucoup plus organisée, avec l'appui de grands oulémas réformistes d'Inde du Nord à travers le « Mouvement pour le califat » qui se développa de 1919 à 1922 autour d'Abul Kalam Azad (1888-1958), se constitua une association politique contre la Grande-Bretagne, accusée de malmener l'islam. Ces sentiments de solidarité islamique étaient encouragés par Mustafa Kemal lui-même, que la propagande présentait comme le défenseur de l'islam et du califat. Des photomontages le représentaient accompagné de Saladin en personne. En septembre 1921, après sa victoire contre les Grecs, la Grande Assemblée nationale de Turquie lui décerna le titre de *ghazi*, « combattant de la foi ». En septembre 1922, lors de la prise de Smyrne, ultime étape de la guerre de libération de l'Anatolie, des scènes de liesse se produisirent à Tlemcen, tandis qu'à Alep apparaissaient les chromos-souvenirs de la victoire. Idem lors de la signature du traité de Lausanne, qui crée la Turquie dans ses frontières actuelles : une « nuit de fête », comme en témoigne dans ses

Mémoires l'émir Adil Arslan (1888-1954), d'une illustre famille druze du Liban, nationaliste arabe et adversaire du mandat français[36].

Le califat restait le symbole du lien entre État et charia. C'est pourquoi les oulémas d'Al-Azhar réagirent contre la décision d'abolition de la Grande Assemblée nationale du 3 mars 1924, qui n'avait rien de religieux, lançant l'idée d'un califat arabe. Lorsque l'Assemblée turque mit fin au sultanat, Muhammad Rashid Rida (1865-1935) rouvrit le débat sous le titre *Le Khalifat ou l'Imâmat suprême*[37], proposant une refonte complète de l'institution d'où pourrait sortir le futur calife qui veillerait à adapter la charia aux conditions nouvelles de la vie, une sorte de législateur, un *mujtahid*, fonction réservée jusqu'alors aux oulémas. L'ouvrage fait date parce qu'il introduit la notion d'État islamique et attache moins d'importance à l'unité politique de l'oumma autour du calife qu'à la charia. À l'opposé, l'Égyptien Ali Abd al-Raziq (1888-1966), ouléma formé à Al-Azhar, juge dans un tribunal islamique, disciple lui aussi de la pensée réformiste de Muhammad Abduh, publie en 1925 *L'Islam et les fondements du pouvoir*[38]. Rien dans les sources du droit, Coran, Sunna ou la recherche du consensus de la communauté, ne fait du califat une obligation doctrinale. Muhammad n'était pas un roi et n'accomplit jamais qu'une mission religieuse, même lorsqu'il était amené à agir comme chef temporel, car l'islam est un message de Dieu et non un système de gouvernement, une religion et non un État. Le califat n'est qu'une institution séculière qui a parfois créé le despotisme. Il se livre à un examen critique du temps des quatre premiers successeurs du Prophète, les « califes bien guidés ». Abou Bakr, élu à la mort de Mahomet, était avant tout le chef d'un État arabe en formation qui ne pouvait exercer qu'une autorité politique. Les califes ultérieurs usurpèrent le titre de « successeurs du Prophète ». Pour Abd al-Raziq, il n'existe donc pas de modèle islamique d'État et de gouvernement. « Rien n'empêche les musulmans d'édifier leur État et leur système de gouvernement sur la base des dernières créations de la raison humaine et sur la base des systèmes dont la solidité a été prouvée, ceux que l'expérience des nations a désignés comme étant parmi les meilleurs. » Le livre déclencha une tempête. Abd al-Raziq passa en jugement devant ses pairs, une première. Exclu du corps des oulémas, il perdit son poste de juge, l'affaire provoqua une crise ministérielle, les libéraux du gouvernement égyptien démissionnant pour ne pas appliquer la sentence prononcée, au nom du principe de la liberté d'expression et parce qu'ils craignaient une restauration califale qui pourrait profiter au roi Fouad. Le Congrès du Caire en mai 1926, pour définir les règles du califat et décider d'élire ou non un nouveau calife se solda par un constat d'échec.

Dans la péninsule arabique, l'émir Hussein, allié des Anglais, trahi, ne survit pas politiquement et c'est Ibn Saoud, l'émir des wahhabites, qui en septembre 1924 prit le contrôle des lieux saints de l'islam. Deux ans après, le 7 juin 1926, s'ouvrit à La Mecque le Congrès du monde musulman convoqué par le nouveau souverain, théoriquement limité aux questions pratiques relatives à l'organisation du pèlerinage et à l'entretien des lieux saints. Le congrès musulman était destiné à rassurer les croyants qui jugeaient hérétiques les wahhabites, destructeurs de mausolées et intolérants à l'égard des autres rites, qui plus est dirigés par des Saoud sans aucune filiation tribale par rapport au Prophète. Soixante-quinze représentants répondirent à l'invitation dont une délégation représentant la Turquie nouvelle et une le Mouvement indien pour le califat. Mais la vacance de l'institution libéra les ambitions des monarques musulmans. La question du rapport entre islam et politique devint centrale pour les croyants. Pour les uns, ce rapport était étroit et reposait sur la charia qui répondait à tous les besoins du monde moderne. Pour d'autres, c'était l'occasion d'un examen critique approfondi des fondements de la religion. On comprend mieux le coup de génie qu'a représenté l'annonce du rétablissement inattendu du califat par Abou Bakr al-Baghdadi en 2014, ce que Ben Laden n'avait jamais osé faire. On comprend aussi la terreur qui s'est emparée du monarque saoudien concurrencé par le nouveau calife sur le terrain religieux.

Il fut un temps où presque toute l'Asie était bouddhiste. Les Huns détruisirent plusieurs lieux d'enseignement supérieur au Vᵉ siècle apr. J.- C. Vinrent ensuite les invasions islamiques et la destruction de Nava Vihara, Ujjain, Valabhi et autres universités bouddhiques à partir du début du VIIIᵉ siècle, suivies de la destruction de plusieurs milliers de monastères en Afghanistan, dans la vallée de Swat, au Pakistan, etc. L'expansion du bouddhisme était achevée depuis environ un millier d'années quand les conquérants musulmans les chassèrent d'Afghanistan et du nord-ouest de l'Inde. Malgré la conversion des Moghols et autres peuples d'Asie du Nord et d'Asie centrale, le bouddhisme perdit son influence. En Inde même, il avait totalement disparu vers l'an 1500 avec les conquérants musulmans au XIIᵉ siècle et les quelques petits groupes restants s'assimilaient de plus en plus à l'hindouisme. Puis fut perdu le Turkestan oriental (Xinjiang) au profit de l'islam qui se répandit aussi en Malaisie et en Indonésie et au début du XVIIᵉ siècle pratiquement dans tout Java. Avec la colonisation, les nouveaux ennemis du bouddhisme furent les missions chrétiennes au Sri Lanka, Vietnam, Cambodge et autres pays de l'Asie du Sud-Est, où des milliers de monastères bouddhistes furent détruits et des terres saisies de force au Myanmar, au Bangladesh et en Assam. Au Sri Lanka, les Portugais arrivés au début du XVIe siècle contraignirent toute la population côtière à embrasser le catholicisme ; les Hollandais, idem, mais le protestantisme, et ils persécutèrent non seulement les bouddhistes et les hindous, mais aussi les catholiques. Pendant la première phase de la domination britannique, la conversion au christianisme donnait accès à toute une série de privilèges et l'on vit se constituer une nouvelle élite qui adapta ses valeurs et son mode de vie à ceux des nouveaux dirigeants. Mais le bouddhisme sri-lankais avait été revivifié par le contact avec le Myanmar et la Thaïlande. Les élites chrétiennes pensèrent que les bouddhistes n'étaient pas éduqués et pourraient donc être facilement vaincus en cinq débats. Dans celui de Panaduran, le dernier, s'affrontèrent Migettuwatte Gunananda Thera et le père David de Silva, représentant l'un le Rankoth Viharaya et l'autre l'Église méthodiste. L'impact phénoménal du débat fut à l'origine du revivalisme bouddhique dans l'île. Sur le plan international, le rédacteur en chef du journal *Ceylon Times*, John Cooper, en publia un résumé tiré à des milliers d'exemplaires, puis fut également édité aux États-Unis en 1878 un livre intitulé *Buddhism and Christianity Face to Face*[39], de J. M. Peebles. Le mouvement revivaliste bouddhiste se structura avec la création de la Société pour la propagation du bouddhisme à Kotahena et la création en 1862 de la presse bouddhiste : *Lankaloka* (1861) et *Lankopakara* (1862). Avec la montée du nationalisme bouddhiste moderne, la vieille mytho-histoire religieuse du *Mahavamsa* (la Grande Chronique), poème épique écrit au Ve siècle relatant l'histoire des rois de Ceylan du Ve siècle av. J.-C. au IIIe siècle apr. J.-C., fit ressurgir le mythe du Vijaya (arc divin) :

Bouddha, après trois visites, aurait finalement désigné l'île comme dépositaire du bouddhisme. Véritables « fils du sol », les rois étaient missionnés à cette fin. L'écrivain Anagarika Dharmapala (1864-1933), hostile à tout ce qui était non cinghalais et non bouddhiste, s'affirma comme le maître à penser de ces théories. Pour lui, les Cinghalais sont des Aryens supérieurs sur le plan racial tandis que les Tamouls dravidiens sont inférieurs et ennemis mortels du Sri Lanka depuis près de deux mille ans. Il se sert du récit mythologique contre les minorités tamoules, musulmanes et autres religions en général. Le combat du roi Dutthagamani (ou Dutugemunu), qui a régné de 161 à 137 av. J.-C. et avait renversé l'usurpateur tamoul Elara du royaume Chola, aurait ainsi sauvé le bouddhisme. Neil DeVotta, professeur de sciences politiques à l'université de Wake Forest, considère que la mytho-histoire du *Mahavamsa* sert à déshumaniser les non-bouddhistes, rendant leur persécution théologiquement juste, démarche justificatrice que l'on retrouve dans tous les radicalismes. La première émeute entre bouddhistes et catholiques du Sri Lanka moderne éclata en 1883. À l'indépendance, les élites bouddhistes instaurèrent des politiques discriminatoires à partir de l'idéologie ethno-nationaliste du *Mahavamsa*, qui justifie l'assujettissement des minorités. Certains politiciens s'identifiaient même au héros mythique Dutthagamani, les moines activistes le proposant comme exemple, les journalistes commençant à parler de « la mentalité *Mahavamsa* ». D. S. Senanayake, Premier ministre du Sri Lanka indépendant, réaffirma en 1939 que « les Cinghalais sont un sang et une nation. Nous sommes un peuple élu. Bouddha a déclaré que sa religion durerait 5 500 ans. Cela signifie que nous, en tant que gardiens de cette religion, durerons aussi longtemps[40]. » Les moines bouddhistes s'investirent de plus en plus en politique. À la fin des années 1950, le *Mahavamsa* était devenu la référence systématique pour s'opposer à toute concession aux minorités. En 1956, le All Ceylan Buddhism Congress (ACBC) publia un rapport intitulé « La trahison du bouddhisme » (*The Betrayal of Buddhism*), prétendant que le bouddhisme avait été affaibli par les envahisseurs tamouls et par les puissances coloniales, et demandant à l'État de le restaurer en accordant un traitement préférentiel à ses écoles. S. W. R. D. Bandaranaike fonde sa campagne électorale en prenant le rapport comme « schéma directeur pour un large éventail de politiques ». Il remporte les élections de 1956. Une fois au pouvoir, il instaure le cinghalais comme langue officielle du pays et dans toutes les transactions officielles de l'État tout en discriminant les minorités en matière d'emploi et d'éducation. Les Tamouls protestèrent par des sit-in, qui dégénérèrent en émeutes faisant des centaines de morts tamouls. Bandaranaike tenta un compromis par un pacte conclu en 1957. Mais les moines bouddhistes organisèrent des manifestations de masse et des grèves de la faim pour l'abroger. Ce qu'ils obtiennent le 9 avril 1958, le Premier ministre déchirant une copie du document devant les moines assemblés. Une autre série d'émeutes antitamoules fit des centaines de morts et des milliers de personnes déplacées. Pour apaiser les Tamouls, Bandaranaike finit par modifier la loi en permettant l'utilisation du tamoul dans l'enseignement et le gouvernement de certaines régions. Il fut assassiné par le moine bouddhiste Talduwe Somarama le 26 septembre 1959, « pour le plus grand bien de son pays, de sa race et de sa religion ». En 1972, la Constitution donna au bouddhisme la première place de la République avec le « devoir de l'État de le protéger et de le promouvoir ». En 1965, le pacte créant l'autonomie régionale pour les

Tamouls fut abrogé, et en 1974 instauré un système de quotas discriminatoires dans les universités. La jeunesse tamoule radicalisée en appela à une patrie indépendante dans la région nord-est de l'île. En 1977 et 1981, les émeutes tuèrent des centaines de Tamouls à Jaffna et laissèrent des milliers de sans-abri, les paramilitaires cinghalais détruisirent des statues de personnalités culturelles et religieuses, pillèrent et incendièrent un temple hindou et détruisirent la bibliothèque publique de la ville. En 1983, en réponse au groupe séparatiste tamoul militant LTTE qui avait tué 13 soldats, le plus grand pogrom antitamoul, avec parfois des moines bouddhistes à la tête des émeutiers, fit entre 2000 et 3000 tués et 70000 à 100000 réfugiés. Asanga Tilakaratne, chef du département de philosophie bouddhiste de l'Institut de Colombo, fit remarquer que « les nationalistes bouddhistes cinghalais s'opposent... à toute tentative de résoudre le problème ethnique par des moyens pacifiques et ils appellent à une "guerre sainte" contre les Tamouls». Athuraliye Rathana Thero, fondateur du Jathika Hela Urumaya (JHU), thuriféraire de l'idéologie nationaliste, proclama : « Nous soutenons l'offensive de l'armée... Le LTTE est une organisation raciste et terroriste.... Nous ne pouvons accepter de devenir ses esclaves... Le LTTE a toujours utilisé les périodes de discussion pour renforcer ses actions terroristes. » L'itinéraire de ce moine est assez typique. Ordonné à quatorze ans, il a étudié la philosophie occidentale avant d'accéder aux affaires de la cité. Mélangeant environnement, moralisme et patriotisme, il participe aux manifestations contre l'exploitation de sites miniers par des multinationales, l'alcool, le tabagisme ou les conversions au christianisme. Devenu une figure nationale, il entre en politique, élu sous la bannière du JHU, formation exclusivement dirigée par des moines :

9 députés (sur 225), une grande première. Allié au Sri Lanka Freedom Party (SLFP), le parti du président Mahinda Rajapakse qui a déclenché l'offensive militaire contre les Tigres tamouls, le JHU rejoint le gouvernement. Après la défaite des Tigres (mai 2009) et la montée en Extrême-Orient d'un islamisme radical importé par les imams wahhabites et les migrants de retour de la péninsule arabique, et avec l'activisme accru des sectes néo-chrétiennes, notamment après le tsunami de 2004, la conflictualité religieuse prend un nouvel élan contre les autres minorités.

À l'indépendance du Myanmar, en 1948, les musulmans d'Arakan situés du mauvais côté de la frontière avec le Bangladesh jouèrent de l'ethnicité pour se faire une place parmi les 135 groupes ethniques officiellement déclarés comme autochtones, citoyens de second rang représentant un tiers de la population. Depuis les années 1950, ils se revendiquaient comme la cent trente-sixième race nationale en mettant en avant leurs spécificités culturelles, linguistiques et religieuses par rapport aux musulmans bangladais. Selon Jacques Leider[41], spécialiste du bouddhisme birman, le terme « Rohingya » serait apparu dans les années 1930 puis généralisé dans les années 1950. Une insurrection armée réclamant l'autonomie de l'Arakan engagée pendant la Seconde Guerre mondiale se poursuivit dans les années 1970, pour la reconnaissance des droits, contre la restriction de la mobilité, pour l'accès à la santé, à l'emploi et aux marchés. Cette demande est rejetée aussi bien par les Bamars (ethnie dominante) que par les Arakanais indigènes, pour qui l'identité « rohingya » serait une construction. Pour Wirathu, le leader du radicalisme bouddhiste birman, « il n'y a jamais eu d'ethnie rohingya dans l'Histoire. C'est pour obtenir l'aide internationale qu'ils brûlent leurs maisons[42] » et la communauté internationale ne ferait que légitimer une imposture. Lors de la guerre civile au Pakistan oriental (1971), de nombreux Bangladais trouvèrent refuge en Arakan. En 1978, l'armée birmane lance l'opération Naga Min (Roi des Dragons), qui chasse 200 000 réfugiés vers le Bangladesh dans des *townships*, à la frontière. Cette volonté d'homogénéisation de peuplement et de concentration des « Rohingyas » est restée une constante[43]. En 1991, l'armée birmane lance une seconde opération violente en Arakan, forçant 250 000 Rohingyas à fuir. Les gouvernements birman et bangladais négocièrent leur retour en Arakan, où ils sont depuis confrontés aux violences et aux extorsions des militaires et de la milice de gardes-frontière. Au fil du temps, la « question rohingya » est devenue une « question musulmane ».

Contre la science « occidentale » : le concordisme généralisé

Chaque radicalisme impose ses propres contraintes scientifiques, comportementales, alimentaires ou hygiéniques. En Inde, un Intouchable est si indigne et si impur qu'il risque de souiller autrui non seulement par le contact physique, mais aussi par la simple vue. Boire l'eau sacrée du Gange, un des fleuves les plus pollués de la planète, est en revanche béni. La vache est sacrée aussi parce qu'elle fournit cinq produits : le lait et ses dérivés, le *lassi* (lait fermenté) et le *ghi* (beurre fondu), mais aussi l'urine et la bouse. Le mélange de ces cinq éléments est considéré comme purificateur pour l'âme et le corps et nombreux sont les hindous qui l'absorbent[44]. Certaines médecines traditionnelles iraniennes prétendent désenvoûter avec de l'urine de chameau, etc. Pour Faouzia

Charfi, physicienne tunisienne, auteure de *La Science voilée*[45], le rejet de la théorie de Darwin se trouvait déjà en creux dans l'émergence des Frères musulmans qui la remettaient en cause parce que perçue comme « moderne », donc occidentale, donc néfaste. Pour Cédric Grimoult, auteur d'une *Histoire du créationnisme*[46], comme pour Faouzia Charfi, trop de musulmans (mais également tous les radicaux) sont prisonniers du « concordisme », système consistant à interpréter les textes sacrés de façon qu'ils ne soient pas contradictoires avec les connaissances scientifiques d'une époque, voire de manière que toutes soient déjà contenues en germe dans les textes sacrés.

> « Je n'ai pas la radio, elle n'a rien à m'apprendre. J'ai la Bible, elle me suffit amplement, j'ai Rachi (grand commentateur du Moyen Âge, *NdA*). Tout est dans la Bible pour qui sait la lire.
>
> — Tout, l'électricité et l'atome, le moteur à explosion et l'avion supersonique, tout vraiment ?
>
> — Oui, tout. »
>
> Discussion avec un jeune étudiant d'une Yeshiva citée par Élie Barnavi dans son livre *Les Religions meurtrières*[47].

La dernière phobie des radicaux juifs de la communauté ultra-orthodoxe de New York s'est focalisée sur le vaccin contre la rougeole. Alors que les États-Unis avaient éradiqué cette maladie depuis 2000, New York a recensé 285 cas depuis l'automne 2018 (dont 21 hospitalisations), tous dans cette communauté. La mairie a dû adopter la méthode forte avec l'interdiction, même dans les écoles et crèches talmudiques, d'accueillir des enfants non vaccinés. Le christianisme ne fut pas davantage à l'abri de la réaction antiscientifique et antimoderniste. En 1929, le pape Léon XIII énonça que « quiconque procède à la vaccination cesse d'être un fils de Dieu, la variole est un châtiment voulu par Dieu, la vaccination est un défi contre le ciel».

Fazlullah, chef de bande afghan, empêcha le programme de vaccination contre la poliomyélite soutenu par l'UNICEF, précise le *New York Times*, prétendant que les vaccinations rendraient les hommes impuissants. Le ministre indien de l'Éducation Satyapal Singh déclara fin février 2018 : « [La science] développe parfois de mauvaises idées. L'Inde devrait suivre les lois de la nature et développer une science spirituelle qui enseigne des valeurs[48]. »

Le créationnisme[49] : l'ennemi, c'est Darwin

Le créationnisme, théorie qui prétend imposer une intervention divine dans la naissance de l'homme, s'est peu à peu doté d'un objectif politique plus large : assurer l'emprise de la religion sur les sciences et ainsi sur la société. Sa stratégie principale est axée sur l'éducation.

Le créationnisme fut conçu par les protestants fondamentalistes américains après la Première Guerre mondiale. À partir du livre de la Genèse, il prétend expliquer les origines divines de l'univers et de la vie. Dès 1923, l'Oklahoma instaure la première loi antidarwiniste et impose la lecture quotidienne de la Bible dans les écoles, loi adoptée ensuite dans six autres États. En 1925, John Thomas Scopes[50], professeur à Dayton (Tennessee), fut victime dans ce qu'on a appelé le «procès du Singe». Une loi de l'État, le *Butler Act*, interdisait l'enseignement «de toute théorie qui contredirait l'histoire de la création divine de l'homme enseignée dans la Bible». Un manuel précis, le *Civic Biology*, dont l'auteur prêchait aussi l'eugénisme et la ségrégation, fut imposé. Certains enseignants avaient déjà été discrètement licenciés pour avoir refusé le manuel mais Scopes préféra le procès public. Toute la logique de la plaidoirie en défense consista à démontrer que la théorie de Darwin ne contredisait pas la Bible. Le *Butler Act* demeura effectif jusqu'à son annulation définitive le 18 mai 1967. En 1968, la Cour suprême déclara anticonstitutionnelles les lois interdisant l'enseignement de la théorie de l'évolution dans les écoles. Mais le combat ne s'arrêta pas là. Le premier amendement de la Constitution américaine interdisant l'établissement d'une religion par l'État, il fallait que le créationnisme soit dissocié de toute référence religieuse pour pouvoir être enseigné. Le créationnisme biblique devint alors créationnisme scientifique à travers l'Institute for Creation Research (ICR) qui énonça l'Intelligent Design (ID) à la fin des années 1980, principe prétendant expliquer le créationnisme sans référence à Dieu ou à la Bible. En 1981, l'Arkansas vota une loi imposant que les élèves des écoles publiques reçoivent un enseignement qui placerait sur un pied d'égalité la « science de la création » et la « science de l'évolution ». Aujourd'hui les créationnistes qualifient le darwinisme de « sujet de polémique », ce que le Discovery Institute a appelé « *Teach the controversy theory* » pour prétendument développer l'esprit critique des élèves. Un ouvrage collectif[51] a analysé soixante-sept projets de loi antiévolution depuis 2004. Tout comme Reagan en 1980, George Bush affirma en effet en août 2005, à l'occasion d'une table ronde à la Maison-Blanche, que l'ID devrait figurer aux programmes scolaires au même titre que le darwinisme. En mai 2005, le Conseil de l'éducation de l'État du Kansas, dominé par des partisans de l'ID, organisa une série d'auditions. Les membres de la communauté scientifique ayant refusé de cautionner, fut invité également un Turc musulman, Mustafa Akyol, de façon à montrer que l'ID n'est pas lié à une religion particulière. Le transfert du créationnisme biblique à l'islam, devenu créationnisme scientifique, permit l'exportation du débat en Turquie dans les années 1980. Une synthèse turco-islamique ajoutant l'islam à l'identité nationale turque s'était répandue dans certains milieux, estimant qu'un endoctrinement basé sur le nationalisme et la religion serait un bon moyen de lutter contre la gauche. L'introduction d'un cours de « religion et éthique » dans toutes les classes, la prise en compte de la synthèse turco-islamique dans les cours d'histoire et l'apparition du créationnisme dans les manuels de biologie à partir de 1985 en furent facilités. Adnan Oktar, penseur turc du créationnisme, prétendit que les musulmans étaient victimes des attaques d'un complot judéo-maçonnique et communiste en défendant un matérialisme scientifique fondé sur le darwinisme. En 1998, après le renversement du gouvernement d'Erbakan, le Bilim Araştırma Vakfı (Fondation pour la recherche scientifique, BAV) créé par Oktar organisa une vaste campagne de promotion du créationnisme dont trois conférences internationales avec des Américains de l'ICR, plus une centaine de conférences régionales dans tout le pays, une distribution de livres et de brochures et des campagnes dans des quotidiens religieux. Le BAV mena également une campagne de diffamation visant les scientifiques « darwinistes » traités de communistes, de maoïstes, d'athées, de terroristes et de séparatistes dans des bulletins envoyés dans tout le pays avec noms et adresses, encourageant ainsi, de manière larvée, à des « actions » contre eux. Le procès à l'encontre d'Adnan Oktar, en 2000, s'est finalement conclu en mai 2008 par trois ans de prison mais des « musées de la création » et des expositions créationnistes temporaires sont installés dans des grandes surfaces liées au business islamique. Adnan Oktar n'est très certainement pas l'auteur des deux cent soixante-dix livres et articles signés « Harun Yahya » traitant de trois grands thèmes : « l'historico-politique » ; le complot judéo-maçonnique ; « le scientifique » sur l'antidarwinisme. Il est personnellement négationniste (voir *Soykirim Yalani* (*Le Mensonge de l'Holocauste*[52]). En 2005, les journaux du groupe Gülen évoquent l'influence grandissante de l'ID outre-Atlantique et militent pour qu'on y fasse droit aussi en Turquie. Mais en fin d'année, une pétition de sept cents universitaires demande que toute référence au créationnisme soit enlevée des programmes : « Les disputes concernant l'évolution sont l'objet d'un scénario obscur dont les acteurs sont le pouvoir AKP et des cercles réactionnaires… Ce combat commencé contre la théorie de l'évolution est le produit de pensées obscurantistes moyenâgeuses. Ce combat commencé en prenant pour cible la théorie de l'évolution atteint le point du refus de la pensée scientifique. Nous, hommes de sciences, qui travaillons pour que la Turquie parvienne aux Lumières, pensons que ce tableau doit changer rapidement[53]. » Le ministre de l'Éducation Hüseyin Çelik, membre du parti AKP, répond en mars 2006 à des journalistes, comme George W. Bush l'avait fait, en faveur de la *Teach the controversy theory*[54] : « Est-ce une attitude scientifique que d'expliquer aux enfants la théorie de l'évolution sans expliquer les autres ? […] Il n'est pas correct d'inculquer aux enfants des pensées fixes… Les personnes qui se plaignent, si elles montrent une attitude scientifique, doivent être préoccupées de la diversité et de la pluralité. Nous avons fait préparer le programme scolaire par des scientifiques. Présenter côte à côte des vues opposées […] est l'approche la plus scientifique. » Harun Yahya et son organisation lancent une campagne internationale en 2007 avec l'*Atlas de la création*[55], puis *Comment les fossiles ont renversé l'évolution*[56], distribué en France devant plusieurs collèges varois en octobre 2017 et sous-titré *Les millions de preuves qui réfutent le darwinisme.* Le darwinisme favoriserait les conflits et serait la cause des crimes nazis, du stalinisme et du terrorisme contemporain, donc de la mort de « 350 millions de personnes durant les deux guerres mondiales ». Fortement présent aux États-Unis, en Australie et dans le monde musulman, le créationnisme alimente le fondamentalisme. Ni les pays catholiques ni Israël ne connaissent de mouvement similaire. Le 7 juillet 2017, la Turquie abolit l'enseignement de la théorie de l'évolution dans le secondaire. Le vice-Premier ministre Numan Kurtulmus a taxé la théorie de Darwin d'« archaïque » et estimé qu'elle était « dépourvue de preuve », position analogue à celle de Ben Carson, le secrétaire d'État au Logement de Trump.

Selon un sondage Gallup de mai 2017, 38 % des Américains pensent que c'est Dieu qui a créé la Terre et l'homme il y a moins de dix mille ans[57]. L'Ark Encounter créée par l'association « Answers in Genesis » dans l'Indiana, est une arche de Noé longue de 150 mètres avec des animaux empaillés dont les initiateurs pensent que c'est le Déluge qui a creusé le Grand Canyon

Magie, miracles, divination et puissance divine

Pour les pentecôtistes, le signe infaillible de la conversion est la glossolalie, à savoir le don des langues accordé aux Apôtres le jour de la Pentecôte pour communiquer avec Dieu sans que le Diable puisse interférer. Selon le révérend David Farmer, pasteur de la Saint Charles Avenue Baptist Church de La Nouvelle-Orléans, « cela peut déclencher des émotions extrêmes, allant jusqu'à une sorte d'agonie ; mais, pour les baptistes comme nous, parler des langues est considéré comme une expérience rare et intime ».

La *roqya*, méthode islamique de désenvoûtement, traite tous les problèmes liés aux maux occultes comme la sorcellerie et le mauvais œil. La lecture du Coran au-dessus d'une personne permettrait de révéler la sorcellerie, de la détruire, de convertir ou de brûler les djinns. Certaines pratiques finissent de manière tragique. Ainsi Mohamed Kerzazi, imam à Roubaix qu'on disait « bon et juste », modéré, islamiste mais pas intégriste, qui a tué une jeune fille de dix-neuf ans, Louisa Lardjoune, le 1er juillet 1994 au cours d'une séance d'exorcisme. La famille s'était tournée vers cet « exorciste réputé » : depuis son arrivée à Roubaix, un an et demi auparavant, il était supposé avoir déjà chassé le démon une centaine de fois. Né à Paris dans une famille algérienne, bachelier, étudiant à la Sorbonne quand il obtient une bourse de l'université islamique de Médine[58] en 1992 où il apprend les techniques d'exorcisme. Lors de son procès, il a expliqué que le Coran reconnaît, à côté de l'existence des anges et des démons, les djinns, ou djounouns, mais que rien n'est écrit, dans le livre saint, au sujet de ces techniques. « Sa première question à la "malade" était toujours : "Est-ce que vous êtes suivie par un médecin ?" Et après seulement, il identifiait les signes de possession… Pour chasser le démon, on récite des versets coraniques, on donne un bain avec sept roses, avec de grosses épines plongées dans l'eau. Pour l'empêcher de revenir, on fait un massage à l'huile d'olive, et souvent, il y a manifestation[59]. » Louisa est morte après qu'on lui a flagellé les pieds, giflé le visage quand elle perdait connaissance et avoir bu tant d'eau cinq heures durant que ses poumons ont été noyés. Selon l'accusé, la famille lui aurait caché que Louisa avait été opérée, l'année précédente, d'une tumeur au cerveau et était donc victime de crises d'épilepsie. Il a été condamné à sept ans de prison. Vous pourrez trouver de nombreux autres cas dans vos journaux habituels.

Le télévangéliste Benny Hinn est connu pour ses « croisades du miracle » – réunions de résurrection ou de guérison par la foi qui se tiennent habituellement dans des stades de grandes villes. Il a prophétisé que Fidel Castro mourrait en 1990 (Orlando Christian Center, 31 décembre 1989) ; que Dieu détruirait la communauté homosexuelle de San Francisco dans les années 1994-1995 ; que Jésus allait apparaître dans plusieurs églises et en particulier dans ses réunions à Nairobi (chaîne TBN, 2 avril 2000) ; que les Syriens en la personne d'Hafez el-Assad signeraient un traité de paix avec les Israéliens. Heureusement, Hinn ne joue pas aux courses.

En avril 1976, le physicien Hosur Narasimhaiah, médecin indien, vice-président de l'université de Bangalore, président d'un comité d'« étude scientifique des miracles et autres superstitions », lance un défi à Sathya Sai Baba (1926-2011), maître spirituel indien contemporain qui se présentait comme une réincarnation divine capable de miracles et de guérisons. Ce dernier ignora le défi en déclarant que « la science devrait limiter ses investigations aux domaines en rapport avec les sens humains, alors que le spiritualisme transcende les sens. Si vous souhaitez comprendre la nature du pouvoir spirituel, vous ne pouvez le faire que par le chemin de la spiritualité, non par celui de la science. Ce que la science a été capable de révéler n'est qu'une petite portion du phénomène cosmique[60] ». L'organisation Sri Sathya Sai Central Trust possédait dans les années 1980 environ 10 000 centres dans 114 pays, 10 millions d'adeptes dans le pays et entre 30 et 100 millions dans le monde. Elle est aujourd'hui en perte de vitesse.

Le futur annoncé : Apocalypse et concurrence des messies

La maîtrise de l'agenda de la fin du monde et/ou du retour sur Terre du Messie est un argument fort de chaque prédicateur radical qui terrorise ainsi ses ouailles. À Londres, en juin 2012, Billy Graham, une des personnalités les plus influentes de la vie politique américaine[61], termine sa dix-huitième « croisade annonçant l'Apocalypse » – déjà promise en 1949, 1950, 1965, et 1970 – mais cette fois avec une occurrence certaine. Il prêche devant 130 000 personnes dans le stade de Wembley, 800 000 auditeurs sont regroupés dans 247 *live-link* en Grande-Bretagne et en Irlande du Nord. Son sermon est également retransmis simultanément dans 16 000 lieux de 13 nations d'Afrique. Il aurait ainsi atteint environ 25 millions de personnes en même temps. Au total, il aurait fait plus de 400 croisades dans 185 pays, atteignant semble-t-il près de 215 millions de personnes, selon la Billy Graham Evangelistic Association. Il a personnellement rencontré 12 présidents américains successifs, de Truman à Obama. C'est le pionnier des téléprédicateurs[62], modèle bientôt reproduit dans d'autres cultes, y compris le bouddhisme. Au Myanmar, une chaîne de télévision leur est dédiée.

Le théologien John Nelson Darby (1800-1882), reprenant les Tribulations de Jean de Patmos, énonça la théorie des Tribulations[63], prétendant avoir décodé le calendrier par lequel Dieu avait défini des époques ou « dispenses historiques » spécifiques. À la fin des temps, les vrais chrétiens seraient ainsi « enlevés » dans la protection céleste, les pécheurs punis et Jésus reviendrait pour régner pendant mille ans. Michele Bachmann, sénatrice du Minnesota, candidate à la primaire républicaine pour les présidentielles de 2012, a déclaré lors de sa campagne que le monde était entré dans ses derniers jours. Des livres comme *Présage : l'ancien mystère qui contient le secret de l'avenir de l'Amérique et des nations*[64], ou *Quatre lunes rouge sang. Quelque chose est en train de changer*[65] du pasteur John Hagee, sont des best-sellers aux États-Unis. Paul McGuire, animateur de talk-shows depuis plus de dix ans sur Fox News et CNN, confirmait : « Je pense que commence une prise de conscience mondiale pour les événements apocalyptiques », et dans deux émissions spéciales de History Channel, il voyait les « sept signes de l'Apocalypse » : « Je vois un fusible étant allumé ici, entre ce que Billy Graham, Michele Bachmann et Benyamin Netanyahou ont dit, et je pense qu'il va y avoir une explosion d'intérêt pour la fin des temps, comme jamais auparavant[66]. » Il faut noter que les délires des téléprédicateurs américains de l'Apocalypse font l'objet de nombreux emprunts concurrentiels en termes de contenu et de méthodes. Les supermarchés de l'Apocalypse sont multiprestataires.

L'Apocalypse est présente depuis le début de l'islam qui accepte les religions du Livre comme source théologique. Mais le retour du Messie (*Mahdi*) ne fait pas consensus : les sunnites prétendent qu'il naîtra dans les derniers temps alors que les chiites affirment qu'il est déjà né dans le premier siècle de l'ère de l'Hégire et qu'il ressortira le temps venu. L'histoire contemporaine a rajeuni cette thématique, lors de la prise de pouvoir de l'ayatollah Khomeiny en 1979 à Téhéran, redonnant consistance au mythe du retour du douzième imam (l'imam caché). Khomeiny avait privé les dignitaires sunnites de l'hégémonie sur l'islam politique. On comprend l'angoisse des théologiens saoudiens devant la figure charismatique du vieux leader chiite. Le 20 novembre 1979, en plein pèlerinage du hadj, 200 fondamentalistes sunnites islamistes, tous étudiants à l'université islamique de Médine, occupent la grande mosquée de La Mecque. L'ex-caporal de la Garde nationale qui les dirige, Johaiman Al-Otaybi, issu d'une grande famille du Najd, élève du grand mufti Ibn Baz, exige la reconnaissance de son beau-frère, Mohammed ben Abdallah Al-Qahtani, comme le Mahdi. Les imams saoudiens sollicités pour autoriser religieusement l'emploi de la force dans ce lieu sacré trouvèrent rapidement un contre-argumentaire théologique d'autant que les troupes saoudiennes avaient échoué plusieurs fois. L'indispensable intervention des mécréants français du GIGN rapidement convertis aurait fait plus de 250 morts. Sans jugement, 63 rebelles furent décapités sur les places publiques de villes saoudiennes avec retransmission en direct à la télévision. Apparemment, ce n'était pas le vrai Messie. L'ayatollah Khomeiny, selon la bonne vieille théorie du complot, affirma que les États-Unis étaient derrière la prise d'otages et l'attaque de la grande mosquée, ce qui provoqua des émeutes contre les ambassades américaines au Pakistan et en Libye. Dans le même genre, Ben Laden est représenté sur des posters en « saint Michel tuant le dragon » dans le bazar de Peshawar.

L'attaque du 11 septembre 2001, par son audace stratégique, sa couverture médiatique instantanée et sa résonance planétaire, devient le signe annonciateur d'une nouvelle époque à dimension millénariste. La brutale réaction militaire occidentale, appuyée par le discours du « croisé » George W. Bush, entouré par des téléprédicateurs aussi délirants que leurs collègues musulmans, qui qualifièrent Saddam Hussein de « nouveau Nabuchodonosor » pour justifier l'invasion de l'Irak, est lue comme annonciatrice de l'Armageddon. Preuve supplémentaire s'il en fallait une : l'invasion de l'Irak en 2003 réveille le millénarisme chiite et les GI doivent se battre contre l'« Armée du Mahdi ». Enfin la guerre en Syrie, le pays du Bilad el-Cham – la terre promise où tout doit renaître d'un chaos annoncé pour le retour du Messie –, est le slogan principal de la mobilisation par les prédicateurs salafistes. Ne pas oublier ce hadith certifié de Muslim : « l'Envoyé d'Allah a dit : *L'Heure Suprême n'arrivera pas avant qu'un grand combat ne soit livré entre deux grandes troupes prêchant toutes les deux la même chose* », hadith dans lequel les salafistes voient dans la guerre entre sunnites et chiites un signe de l'annonce de la fin des temps. Ahmadinejad, le président iranien élu en 2005, prévoyait pour sa part de faire construire une autoroute entre Téhéran et le lieu avéré où devait atterrir le Mahdi. Mais pour les sunnites, la bataille finale contre les forces du Mal devrait se dérouler à Rakka, lieu d'atterrissage prévu du Messie, et la ville fut choisie comme capitale par Daech.

L'hindouisme a également sa théologie apocalyptique. L'ère du Kali Yuga (l'âge noir), quatrième et actuel âge de la cosmogonie hindoue, est celle du crépuscule de l'humanité. La civilisation humaine dégénérerait irrémédiablement spirituellement, car durant cette période les gens se seraient trop éloignés des dieux. Le Véda l'avait prédit aux environs de 1300 av. J.-C., en des termes tellement actuels qu'ils ne peuvent que laisser interloqué : « Ils tueront le fœtus dans le ventre de la mère, les hommes épouseront des hommes, et les femmes épouseront les femmes, les héros seront assassinés, les sages persécutés. Ils nourriront les vaches avec de la viande… Les agriculteurs quitteront les campagnes et deviendront ouvriers. Beaucoup n'auront pas de travail et devront mendier[67]. » Cette ère s'achèvera avec une nouvelle descente (avatar) de Vishnu qui rétablira l'ordre (*dharma*) sur Terre pour ouvrir un nouveau cycle. Le sikhisme partage également cette vision de la fin du monde.

Les fondamentalistes juifs sont parvenus à détecter les signes précis annonciateurs du retour du Messie. Une génisse rousse est la condition indispensable à la reconstruction du Temple de Jérusalem. D'après la compilation faite à partir des cinq livres de la Torah et des cinq rouleaux, le rituel impose de fabriquer une eau purificatrice à partir des cendres d'une vache rousse, irréprochable, sans imperfection, et sur laquelle on ne posa jamais un joug. Elle sera brûlée entière avec ses fientes et trois ingrédients (hysope, cèdre, écarlate). Mais un seul poil noir ou blanc la disqualifierait et la sauverait du barbecue. Neuf candidates avaient été présentées avant celle d'août 1996 : la dixième Para Adouma – la bonne candidate – semblait annoncer la venue du Messie et la construction du troisième Temple à Jérusalem en lieu et place de la mosquée Al-Aqsa. Le *Who's Who* du judaïsme vint constater que les poils de la candidate étaient roux et bien dressés. La nouvelle parvint jusqu'aux États-Unis où elle suscita un grand enthousiasme chez les évangéliques qui y voyaient eux aussi l'annonce de la parousie. Malheureusement (ou heureusement), Melody (nom de la génisse) commença à avoir des poils blancs. Fausse alerte ! De toute façon, il manquait également l'eau lustrale qui doit être recueillie dans un quartier arabe précis de Jérusalem et un garçon élevé dans la pureté et sélectionné par les grands prêtres avec un rituel proche de celui qui désigne le dalaï-lama.

La concurrence règne parfois dans les campagnes annonciatrices de la fin du monde, par exemple entre néo-évangéliques et juifs radicaux. Les juifs parlent de l'arrivée du Messie, les évangéliques du retour du Messie. « Quand le Messie reviendra, nous lui poserons une seule question : est-ce la première ou la seconde fois que tu descends sur Terre ?» C'est ainsi que le général Sharon, alors Premier ministre, finit par clore une discussion avec les néo-évangéliques américains[68]. Faute d'un accord global entre les différents radicalismes, la fin du monde déjà promise en 1949, 1950, 1965, 1970, 1990 et plus récemment 2014 et 2015, a été provisoirement reportée en laissant l'initiative aux différents dieux uniques. Pour montrer la justesse de leur vision, les radicalismes religieux apportent donc chacun leur contribution meurtrière afin que l'humanité soit exterminée le plus rapidement possible.

La lecture théologique des événements

« L'imaginaire est plus redoutable que la réalité objective. »
George Corm, *La Question religieuse au XXIe siècle*[69]

La théologie permet de trouver l'interprétation la plus adéquate. Si les radicaux juifs ont vu la victoire éclair de Tsahal en 1967 comme l'intervention de la main de Dieu, ils expliquèrent la semi-défaite de la guerre du Kippour (1973) par la culpabilité des hommes. Foin d'explication militaire inutile !

La théorie du complot satanique, explication commune, est le couteau suisse de la pensée radicale qui permet de relire et réécrire les événements historiques, passés ou actuels. Le radical se prétend l'interprète exclusif et autorisé de la volonté divine, notamment dans les religions sans clergé ni rituel sacré comme l'hindouisme ; les autres croyants, donc les modérés, sont des traîtres (les « hypocrites » dans l'islam). Jerry Falwell, proche des néo-conservateurs et de George W. Bush, rendait responsables des attentats du 11 septembre « les païens, les avorteurs, les féministes et les homosexuels… coupables d'avoir tenté de séculariser l'Amérique et attiré la colère divine». Le sentiment d'agression sournoise, la traîtrise de la hiérarchie officielle ou les influences secrètes d'ennemis aussi nombreux que coalisés constituent un élément essentiel et rituel de nombreux radicaux, pas seulement islamistes.

La perméabilité du monde arabe aux théories du complot remonterait aux premiers temps de l'islam. Mohamed Ourya[70], de l'université de Sherbrooke (Canada), explique que le monde musulman est imprégné de l'idée que «les Juifs [de Médine] ont comploté contre Mahomet» et œuvré à empêcher l'essor de l'islam. La Première Fitna[71] (la Grande Discorde) de 655-661, qui donna lieu aux guerres entre les compagnons du Prophète, serait imputable à un seul homme : Abdullah ibn Sabaa, un juif converti à l'islam. En Arabie saoudite comme dans d'autres pays à dominante sunnite, on entend fréquemment des prêcheurs affirmer avec virulence que la naissance du chiisme est un «complot juif». Au lieu d'être considérées comme une simple péripétie des débuts de l'islam, les relations difficiles, parfois violentes entre les premiers croyants et les tribus juives d'Arabie font l'objet de multiples écrits sans jamais rappeler une longue cohabitation qui fut souvent plus pacifique qu'en Occident. Pour M. Ourya, cette obsession historique se traduit par une tendance à tout expliquer par une conspiration s'inscrivant dans une longue suite d'attaques contre l'islam : l'État islamique serait une création sioniste et les journalistes qui travaillent dessus forcément plus ou moins membres du complot, opinion commune à la fois dans les cercles de gauche, dans la bouche du grand mufti de l'université Al-Azhar et chez les Frères musulmans (le frère de Tariq Ramadan par exemple)[72]. Dans un article célèbre, Kamel Daoud[73] parle de la «mossadisation» de la pensée politique dans le monde arabe, entendant par là l'explication systématiquement avancée du rôle des services secrets responsables de tous les malheurs du monde. On en viendrait à penser que le Mossad existerait depuis dix siècles.

Une autre version du complot serait l'« islamophobie ». Selon Hajjat et Mohammed[74], le terme d'« islamophobie » inventé par la sociologie anglo-saxonne en 1923 a connu son actuel succès par la reprise qu'en a faite l'ayatollah Khomeiny mais pour... fustiger les femmes qui refusaient le port du voile*. Pour Gilles Kepel, l'islamophobie repose sur une ambiguïté dans la mesure où elle se présente comme le symétrique de l'antisémitisme. Alors que la lutte contre l'antisémitisme criminalise ceux qui s'attaquent aux juifs sans empêcher pour autant la libre critique des textes sacrés, le combat contre l'islamophobie fait de toute réflexion critique sur l'islam un interdit absolu. La lutte contre l'islamophobie consiste à faire que la vision la plus rigoriste de l'islam ne puisse plus être mise à distance, y compris par les musulmans eux-mêmes, lesquels, le cas échéant, se font traiter d'apostats. Le rejet des règles (religieuses) est alors considéré comme une phobie, un des maux mentaux à traiter en asile psychiatrique comme autrefois en URSS, ou pire par la flagellation et/ou la décapitation. En France, le Collectif contre l'islamophobie en France (CCIF) est une caricature d'organisation de dénonciation. Dans une *Lettre ouverte à Emmanuel Macron* du 13 mars 2018, il écrit : « Le bon sens républicain doit s'appliquer fermement et empêcher toute ingérence laïciste avec la même énergie que celle déployée contre le terrorisme parce qu'ils sont les deux faces d'une même

* Pourtant, Malek Chebel, après avoir passé dix ans à traduire le Coran, mourut avant d'avoir trouvé l'édiction de l'obligation du voile pour les femmes.

pièce. » Douze jours plus tard, l'attentat de Trèbes fait 4 morts dont l'assassinat de sang-froid du colonel Arnaud Beltrame, faits sur lesquels le CCIF n'a à ce jour publié aucun communiqué critique.

L'assimilation de toute critique de la politique israélienne à de l'antisémitisme relève de la même logique perverse. Le politologue français Pierre-André Taguieff[75] estime que l'accusation de racisme à l'égard du sionisme est une résurgence contemporaine des vieilles accusations antisémites. La nouvelle vision consiste, selon lui, à « nazifier les sionistes » en tant qu'« agresseurs » et à « judaïser » corrélativement les Palestiniens en tant que « victimes », ce qui permet d'accuser les « sionistes » de « palestinocides ». Ce genre de tautologie qui interdit toute critique de la politique israélienne est analogue à la démarche des propagandistes de l'islamophobie. Dans cette logique, un intellectuel français respecté comme Pascal Boniface qui s'est autorisé à critiquer Israël fait l'objet d'une campagne haineuse et sans fondement depuis bientôt quinze ans[76]. Or le terme d'antisionisme apparaît d'abord parmi les dirigeants traditionalistes juifs[77] pour des raisons religieuses, par crainte des juifs assimilationnistes. On rappelle que Yitzhak Rabin fut traité de « nazi » par les radicaux juifs parce qu'il avait rétrocédé le Sinaï contre la paix avec l'Égypte. Les radicaux juifs seraient donc fondamentalement des antisémites, ou alors on n'y comprend plus rien ! Le monde religieux en Israël est très hétérogène et se répartit en plusieurs catégories : les orthodoxes séfarades du Shas et les orthodoxes ashkénazes de Yaadouth HaTorah. Ce sont des pacifiques qui participent aux affaires de l'État bien qu'une partie refuse encore de faire le service militaire. Les Neturei Karta (les Gardiens de la Cité en araméen) représentent une secte d'ultra-orthodoxes antisionistes, qui ne peuvent admettre la création d'un État juif avant l'apparition du

Messie, et Israël représenterait « ce qu'il y a de plus pécheur », ils entretiennent donc une relation privilégiée avec les Iraniens qui appellent ouvertement à « rayer Israël de la carte ». Arrivés de Lituanie depuis cent cinquante ans, ils sont venus en terre d'Israël pour prier et non pas pour fonder un État. Ils défilent dans Jérusalem en arborant l'étoile jaune et l'uniforme des déportés parce qu'ils se croient persécutés par Israël. Leur porte-parole, le rabbin Israël Hirsch, estime que le sionisme a coupé le peuple juif de la Torah et de la Doctrine du mont Sinaï. Ils vivent de donations puisqu'ils ne travaillent pas. Leur vie, leur quotidien sont dédiés à l'étude de la Torah. Ils refusent de nommer l'État autrement que par l'expression « entité sioniste ». À la naissance, leurs enfants ne sont pas enregistrés et donc ne disposent pas de carte d'identité et ils exigent d'être rattachés à une nation palestinienne. Les plus étonnants dans la lecture théologique de l'Histoire sont probablement les haredim, qui s'opposent au sionisme parce que la création d'un État juif par les juifs est un blasphème. Certains rabbins de cette communauté émirent l'hypothèse que le sionisme qui aurait aidé Hitler à son arrivée au pouvoir était directement responsable de la Shoah[78]. Yoel Teitelbaum, leur père fondateur, avait lui-même étrangement échappé à l'Holocauste en fuyant en Suisse dans un train arrêté par les SS puis relâché, le tout en juin 1944. Le grand rabbin Ovadia Yosef est plus explicite : « Les millions de malheureux juifs que les maudits nazis ont assassinés ne sont pas morts pour rien. Ils étaient la réincarnation de juifs qui avaient péché[79]. »

Les radicalismes fonctionnent en miroir

Dans les années précédant la guerre des Six-Jours, la situation du jeune État juif était difficile : grave crise économique plus solde migratoire négatif. La victoire éclair est vécue comme un signe divin par les plus religieux. Le sionisme religieux originel du rabbin haCohen Kook – l'un des rares rabbins radicaux à ne pas avoir condamné le sionisme à sa naissance – changea peu à peu. La victoire éclair lui apparut comme le signe du commencement du processus messianique : la Judée et la Samarie, lieux historiques de l'ancienne nation juive, auraient été « redonnées » au peuple juif par la miraculeuse victoire. Le Goush Emounim (le Bloc de la foi) est créé en 1974 par des radicaux des Kookistes du PNR (Parti national religieux). Le premier gouvernement Rabin tombe en 1976 pour une livraison d'avions de combat un jour de Shabbat. La sainteté d'Israël, où le peuple juif et sa terre, dans son intégralité, ne font qu'un selon le Goush – *Eretz Israel* –, relève du registre du divin : la terre appartient aux juifs en vertu d'une décision divine et les hommes ne peuvent en négocier la moindre parcelle. Les nouvelles implantations reprennent le combat de la Rédemption de la Terre. Le Goush triomphe avec l'arrivée au pouvoir, en 1977, du Likoud et de Menahem Begin, nationaliste laïque. Celui-ci octroie notamment des subventions aux partis religieux et accélère le développement d'implantations juives dans les Territoires occupés. Le Goush Emounim soutient le Likoud durant près de dix ans, jusqu'en 1988 et le début de la période de cohabitation entre le Likoud et le Parti travailliste. En 1993, juste avant les accords d'Oslo, Benyamin Netanyahou, alors président du Likoud, déclare :

« Le peuple juif n'a pas lutté pendant trois mille ans pour ce morceau de terre, le sionisme n'a pas vu le jour pour offrir un État à Yasser Arafat[80]. » La droite religieuse compare les accords d'Oslo à un « nouveau Munich » et Rabin à un « nazi ». Dans ce climat de tension, Baruch Goldstein, un médecin américain immigré, second sur la liste électorale du rabbin Kahane à la Knesset, tue 29 musulmans en prière dans le tombeau des Patriarches à Hébron le 25 février 1994 avant d'être abattu par les soldats israéliens. Un millier de colons assistent à ses obsèques à Jérusalem en criant : « Mort aux Arabes ! » Victime de son succès, le Goush décline progressivement mais en ayant réussi la perfusion de l'idéologie sioniste religieuse dans toute la société. Son rôle politique est aujourd'hui repris par le Bloc de la foi et le Foyer juif. Aujourd'hui, le nombre de colons varie entre 400 000 et 750 000 selon la presse juive ou arabe.

Les tensions entre hindous et musulmans se cristallisent dans les années 1980 autour de l'affaire Shah Bano. Dans le droit musulman indien, la répudiation de l'épouse peut se limiter à l'annonce publique répétée trois fois : « *Talak, talak, talak !* », et l'affaire est faite*. Shah Bano, vieille épouse répudiée, réclamait une pension alimentaire en saisissant la justice civile indienne et non le tribunal islamique. La Cour suprême lui donne raison le 23 avril 1985, en vertu de la loi civile indienne qui accorde une pension alimentaire à la divorcée et repousse la charia qui l'exclut. Cette décision provoque un scandale chez les musulmans. Le gouvernement de Rajiv Gandhi, pensant pouvoir apaiser les revendications des deux communautés musulmane et hindoue par des concessions, refuse la décision de la Cour suprême. En compensation et pour répondre aux hindous furieux

* Il est dorénavant possible d'envoyer 3 SMS.

de ce déni judiciaire, il autorise le pèlerinage des hindous sur le site de la mosquée d'Ayodhya, lieu supposé de naissance de Rama. Mauvaise pioche, car la mosquée va devenir la cible des radicaux hindouistes ! Les guerres indo-pakistanaises en 1964, la sécession du Bangladesh après l'intervention indienne en 1971, l'adoption par le Pakistan de la charia en 1979, le début de l'insurrection au Cachemire qui fait fuir les Brahmanes installés depuis des générations, l'envoi de prédicateurs salafistes par l'Arabie saoudite en Inde prêchant aussi bien auprès des Intouchables que des sunnites, la montée de l'islamisme au Bangladesh qui fait fuir les hindous, le cinéma propagandiste indien, l'instrumentalisation politique des tensions intercommunautaires et le sentiment d'échec du développement additionnés aux mauvais traitements infligés aux travailleurs indiens dans les pays du Golfe, tous ces facteurs font monter la tension. Le Parti du Congrès reprend à son compte les fantasmes démographiques sur la croissance de la population musulmane (le recensement de 1981 fait passer celle-ci de 9,9 à 10,6 %). De multiples incidents violents vont mener aux triomphes électoraux du BJP, le parti nationaliste hindou créé en 1980 aujourd'hui au pouvoir.

Ces radicalismes ont en commun la terreur de Dieu, l'enfermement carcéral dans des interdits multiples, la dénonciation de la science, la répression sexuelle – en particulier contre les LGBT –, l'antiféminisme et enfin l'exclusion de l'Autre. Idéologies totalitaires, ils prétendent détenir la réponse à tout. L'appartenance à un groupe radical répond à la recherche d'une identité unique et exclusive. « Du plus haut degré de la gestion de l'État jusqu'aux toilettes, l'islam gère », affirme M. (incarcéré à Fresnes). « Avec l'islam il y a peu de questions, car il y a beaucoup de réponses », dit M. O. (prison de Saint-Maur). « Ma sœur fait ses prières mais ne porte pas le hijab. Elle a choisi son mari pratiquant, mais ils sont très francisés. Il ne faut pas leur ressembler[81]. » Tous luttent contre les valeurs du doute, de la modernité et des Lumières. À des degrés divers, ils prennent en charge la douleur sociale par la surprenante théologie de la prospérité. Dieu bénit les croyants et si on est pauvre, il faut donner pour devenir riche. Les radicalismes veulent tout purifier : d'abord la foi par retour à la tradition première et l'exclusion des mauvais croyants, ensuite la prééminence du groupe sur l'individu, la maîtrise exclusive du territoire attribué par Dieu et enfin la subordination du politique au religieux. Ces extrémismes diffusent une histoire revisitée pour identifier un responsable qui devient l'ennemi. L'intolérance religieuse est leur credo commun. « Je suis pour toutes les religions, du moment qu'elles se soumettent à la loi islamique », déclare encore M. O.[82], ce à quoi semble répondre le communiqué des Christian Zionists en 1996 : « Nous sommes convaincus d'un point de vue biblique que le concept musulman d'Allah est une déviation antijudaïque et antichrétienne de la manière dont Dieu s'est révélé… à notre Seigneur ». Les extrémismes religieux sont devenus la forme licite d'une ghettoïsation des croyants qui se traduit en racisme et sectarisme à base théologique. Quand un fondamentaliste religieux, qu'il soit juif ou musulman, apporte sa propre nourriture et ses ustensiles, refuse de partager un repas avec un homme d'une autre religion ou de le côtoyer, qu'il demande que son enfant soit mis à part avec ses coreligionnaires ou interdise qu'une de ses filles se marie avec un homme d'une autre religion, cela ne peut se justifier au seul titre du respect des religions. Ces mêmes interdits opposés par un laïc seraient qualifiés d'actes racistes. Chacune des autorités religieuses se devrait de sanctionner ses propres extrémistes et pas seulement ceux des autres croyances. Le remplacement des totalitarismes laïques par les idéologies religieuses radicales est devenu une caractéristique de la vie internationale. Cela dépasse l'analyse psychologique des radicaux. « Plus le sujet est vertueux, plus son surmoi est cruel[83] », notait Freud. De même, prétendre qu'il y aurait simplement instrumentalisation de la religion qui ne serait qu'un vernis employé par le politique est aussi aberrant que lorsque les communistes, vivant en démocratie, expliquaient que le totalitarisme communiste n'avait rien à voir avec la pensée de Marx. Faut-il alors s'étonner de l'influence croissante des radicaux dans la vie politique ? Les radicalismes sont un fait géopolitique majeur qui dépasse les explications univoques.

3

La théopolitique : la loi de Dieu au-dessus de celle des hommes[1]

> Sarah Huckabee Sanders, porte-parole de la Maison-Blanche, juin 2019 : « Dieu voulait que Trump soit président. »
>
> David Day, qui voit la loi HB 314 d'Alabama interdisant l'avortement comme un « premier pas » : « Toutes nos lois viennent de Dieu, et la Bible est supérieure à la Constitution. »
>
> Le rabbin américain Meir Kahane : « Il y a l'illusion du monde et la réalité de la Torah » (repris dans *Libération*, 13 juin 2019).

La mort des révolutions utopiques laïques marque le triomphe de la régressivité radicale religieuse. La loi de Dieu au-dessus de celle des hommes est le credo de tous les radicalismes. La capacité des organisations religieuses à redéfinir des normes de gouvernance en termes religieux et à mobiliser des adeptes sur des questions de justice sociale et économique… est susceptible de rendre les idées et croyances religieuses dominantes dans la politique mondiale. Pourtant, comme le constate le rabbin libéral Susan Silverman : « Quand une secte (juive) dit : *Nous connaissons la volonté de Dieu*, c'est comme dire : *Dieu est quelque chose que nous pouvons mettre dans votre cerveau ou tenir dans notre main* : c'est de l'idolâtrie. » Mais ne confondons pas tout !

La poussée religieuse fondamentaliste est parvenue à rendre acceptables des règles qui ne pourraient jamais être tolérées venant de laïcs : interdiction du mariage hors de la secte ; pratiques alimentaires excluant le contact avec l'Autre[2] ; interdictions diverses ; ségrégation physique... tout cela sous couvert de liberté de conscience. Le fondamentalisme s'articule presque toujours autour d'une orthopraxie qui se prolonge dans une volonté d'intervention, de réorganisation de la vie individuelle mais aussi collective. L'extrémisme religieux se pose comme la voie pour corriger l'immoralité, la corruption, l'injustice, l'oppression politique, les abus et les dépravations apportés par la modernité, légitimant la juste violence. Il est évident que le rapport au politique est différent selon la position de pouvoir ou d'exclusion des radicaux. Dans *Strong Religion. The Rise of Fundamentalisms around the World*[3], G. A. Almond s'intéresse à l'analyse des quatre rapports au monde des fondamentalistes : conquérir, transformer, créer, renoncer (voir le chapitre 4 : « Wrestling with the World »). Mais le livre a été écrit dans un contexte moins violent que de nos jours où le radicalisme est devenu le phénomène géopolitique majeur capable soit d'initier des conflits, soit de se greffer sur des crises existantes, soit de promouvoir des politiques de conquêtes, de guerres et d'interventions militaires extérieures. Si les salafistes veulent imposer la charia, d'autres fondamentalismes veulent surtout peser sur les codes légaux et moraux dans un système démocratique (juifs, hindouistes, évangéliques).

Avec Dieu, on ne discute pas !

Chaque radicalisme a sa propre lecture théologique des événements et interprète les faits à travers des prismes opposés. La création de l'État d'Israël puis la victoire éclair de la guerre des Six-Jours ont été la preuve pour les radicaux juifs de la réalisation de la promesse abrahamique du Grand Israël ; en face, pour les Frères musulmans, la défaite éclair des armées arabes a signé l'acte de décès du socialisme arabe nassérien et la nécessité du retour aux fondamentaux de l'islam. Enfin les néo-évangéliques américains en ont conclu à la véracité de la prédiction biblique annonciatrice du retour du Messie qui convertira tout le monde, juifs compris. Rappelons que, après la prise de Jérusalem, Moshe Dayan, le général en chef israélien, interdit à ses soldats d'aller prier sur l'esplanade des Mosquées et en laissa la gestion au ministère jordanien des Affaires religieuses. Les autorités religieuses juives acceptèrent et décidèrent que la prière devant le mur des Lamentations constituait un substitut acceptable. On mesure le chemin parcouru depuis !

Dans les démocraties, c'est l'influence religieuse dans les partis politiques qui prévaut, mais l'accession au pouvoir de l'un des siens ne garantit pas toujours le résultat : Jimmy Carter, considéré comme un évangélique, fut le seul président à ne jamais recevoir Billy Graham. Il était baptiste et voulait respecter la séparation complète entre religion et politique. En réaction, Jerry Falwell crée en 1979 la Moral Majority[4] dont le programme nous rappelle quelques souvenirs (travail, famille, patrie) et qui votera aux deux tiers pour Reagan. L'ère Trump relève d'une sorte de paradoxe. Rarement un président des États-Unis a été, par son mode de vie, si éloigné des valeurs chrétiennes conservatrices. Issu d'une famille protestante, il fréquente davantage les églises par opportunisme que par foi personnelle. Mais, dans le même temps, jamais l'influence de la droite religieuse n'a été aussi marquée. « Nous assistons à l'émergence d'une troisième génération d'évangéliques conservateurs qui pénètre réellement les instances politiques du pouvoir », décrypte Philippe Gonzalez, auteur de *Que ton règne vienne*[5]. Trump choisit comme vice-président Mike Pence, un *born again*, et alors qu'il est en bonne voie pour remporter la primaire républicaine et juste avant une rencontre avec les chefs évangéliques, il constitue, en mai 2016, un Conseil évangélique (Evangelical Advisory Board) de 24 personnes. Celui-ci n'est pas composé que de pasteurs, des personnalités politiques, des auteurs et des avocats y siègent également, mais tous se retrouvent dans la foi. Toutes les grandes figures de l'évangélisme blanc conservateur en sont.

Quelques membres du conseil évangélique présidentiel

Kenneth (et Gloria) Copeland : *Born again* en 1975, apôtres de la théologie de la prospérité qui permet de mieux servir Dieu. Leur réseau Christian Men's Network dispose de 74 bureaux internationaux et est présent dans quelque 150 nations. Kenneth a été reconnu comme un des 25 leaders religieux importants par le *New York Post*, et comme le plus influent clergyman new-yorkais par *NY Magazine* (2006) et *NY Daily News* (février 2008).

James Dobson, Jerry Falwell Jr. et Jack Graham : tous trois ont été de fermes partisans de la guerre en Irak.

Robert Jeffress : pour lui, le catholicisme est un exemple de « ce que Satan fait avec la religion en termes de contrefaçon... outil de Satan, qui utilise, vole et s'approprie tous les symboles du vrai christianisme biblique et le change juste assez pour que les gens ratent la vie éternelle » (discours du 10 août 2011). Les religions comme les mormons, l'islam, le judaïsme, l'hindouisme... mèneraient les gens en enfer. « Vous savez que Jésus était très clair : l'enfer ne va pas seulement être peuplé par des meurtriers et des trafiquants de drogue et des marchands d'enfants. L'enfer va être rempli de bonnes personnes religieuses qui ont rejeté la vérité du Christ » (*Mother Jones*, 10 octobre 2011). En mars 2018, sur Fox News à propos de l'affaire de la prostituée Stormy Daniels qui rappelle ses frasques avec Trump, Jeffress explique : « Même si c'est vrai, cela importe peu dans les affaires politiques... Trump est moins fautif que David et ses dix concubines et Salomon et ses mille femmes. »

David Jeremiah : à la tête d'un groupe de presse et TV Turning Point Radio and Television Ministries qui diffuse aussi en espagnol.

Richard Land : le premier signataire de la lettre ouverte adressée à George W. Bush en octobre 2002 qualifiant l'invasion de l'Irak de « guerre juste ». Le 31 mars 2012, Land accusa l'administration Obama et les dirigeants des droits civiques d'utiliser l'affaire Trayvon Martin (jeune Noir assassiné par un policier blanc) pour obtenir le vote noir à l'élection présidentielle de 2012. Critiqué par plusieurs pasteurs noirs de la Southern Baptist Convention, Land refusa de reculer, expliquant qu'il ne s'inclinerait pas devant « le faux Dieu du politiquement correct ». Puis peu de temps après, il écrivit une lettre ouverte d'excuses pour « tout malentendu » que ses paroles auraient pu causer.

Johnnie Moore : qualifié en janvier 2018 de « gardien du temple » évangélique par le *Washington Post*. Il est fréquemment invité par la presse nationale comme porte-parole des évangéliques proches de la Maison-Blanche.

Robert Morris : patron du Garrett-Evangelical Theological Seminary (G-ETS), méthodiste. Son séminaire offre un certain nombre de diplômes et est activement investi partout sur la planète.

Paula White : deux fois divorcée, a eu une relation adultérine avec Benny Hinn, autre télévangéliste. Défenseure toutes catégories de Trump, même si le président a reconnu qu'il ne fréquente pas toujours l'église régulièrement, elle a une croyance inébranlable dans la sincérité de la foi du président élu : « Je sais que Donald est sauvé. Il a reçu Jésus-Christ comme son Seigneur et Sauveur », a-t-elle déclaré sur NBC News. Elle est l'actuelle conseillère spirituelle de Donald Trump.

Les évangéliques se battent surtout sur de grands sujets de société, en s'appuyant sur leur « rapport direct » avec Jésus et le respect de la Bible, mais bien que leur activisme porte sur les questions de politique intérieure, ils ont aussi développé un agenda en matière de politique étrangère (voir le quatrième chapitre). La prééminence du courant évangélique dans ce conseil a été dénoncée par des responsables laïques et religieux d'autres bords.

Aujourd'hui, en Israël, on compte une palette de positionnements[6]. Il y a les Neturei Karta qui, comme on l'a vu plus haut, dénoncent l'existence de l'État juif parce qu'il faut attendre le retour du Messie qui seul fera naître Israël ; à l'extrême inverse, une petite minorité Haredi Tzioni qui se veulent à la fois haredim et sionistes religieux, généralement assez extrémistes. Le parti Shas, émanation regroupant des séfarades haredim, a annoncé en 2010 son ralliement officiel au sionisme. Le courant dominant est symbolisé par le Parti national religieux qui entend participer à la vie politique. Idem chez les hassidim de Loubavitch, du parti Agoudat Israël, qui prend des positions très nationalistes. Des étudiants issus de ces communautés en fin d'études font leur service militaire mais les ultra-orthodoxes ont gagné : la loi de 2014 sur la conscription des étudiants des yeshivot a été abandonnée et ceux-ci ont de nouveau droit à des reports, renouvelables chaque année jusqu'à l'âge de vingt-quatre ans, à condition de justifier une poursuite d'études, ce qu'ils obtiennent facilement même si certains travaillent en réalité au marché noir. Les fidèles du rabbin Shmuel Auerbach, un dirigeant factieux de la communauté lituanienne de Jérusalem, s'y refusent, sont traités en déserteurs et organisent, en riposte, des débordements. Ils ne sont qu'une poignée au sein d'un monde ultra-orthodoxe extrêmement dense (de 900 000 à 1 million de personnes, soit 11 % de la population) et très hétérogène. Conscients de leur puissance démographique et de leur rôle de faiseurs de roi dans les coalitions gouvernementales instables, ils opèrent donc une poussée intégriste : par exemple tentatives d'exclure les femmes de l'espace public en les reléguant à l'arrière des autobus ou en effaçant leur image des magazines. Le journal *Hamevaser* a même gommé la photo d'Angela Merkel, au premier rang aux côtés de François Hollande dans le défilé international de soutien à la France après l'attentat contre *Charlie Hebdo* en janvier 2015. Le rabbin Meir Kahane était tellement dédaigneux de l'État laïque que, lorsqu'il fut assermenté en tant que membre de la onzième Knesset, appelé à réciter l'engagement constitutionnel standard, le mettant ainsi au service du public, il récita avec défi le psaume 119, verset 44 : « Ainsi, je garderai ta loi continuellement pour toujours et à jamais » en précisant que c'était à la loi de Dieu et pas à celle de l'État qu'il avait l'intention d'obéir. On trouverait sans difficulté des postures antirépublicaines identiques chez les salafistes.

Que ce soit le Front islamique du salut aux élections municipales en Algérie, Ennahdha en Tunisie avant et après le Printemps tunisien ou les Frères musulmans en Égypte, le RSS en Inde, le BBS birman, les partis politiques organisés par les fondamentalistes incarnent les véritables émanations religieuses nouvelles du populisme et ont montré leur force lors des élections qui ont suivi les processus électoraux, faisant voter presque partout des lois interdisant les conversions. Début 2017, 71 pays « de toutes les régions du monde » étaient encore dotés d'une loi réprimant le blasphème et la conversion.

Une hydre à plusieurs têtes

Une étude de l'université de Princeton[7] a cherché à délimiter les contours de la communauté évangélique américaine*. Les factions les plus conservatrices de l'Église épiscopalienne, de l'Église presbytérienne et de l'United Methodist Church sont parfois incluses comme évangéliques. Mais les différentes interprétations du terme « évangélique » ou la présence de factions évangéliques au sein des dénominations protestantes non évangéliques rendent difficile un recensement exact. Selon un sondage de fin 2004 par l'université d'Akron, les protestants évangéliques compteraient pour 26,3 % de la population américaine. En avril 2005, interrogés par un sondage Gallup[8], 42 % se décrivaient

* À partir des dénominations suivantes : Southern Baptists, Independent Baptists, Assemblies of God, Lutheran Church Missouri Synod, Church of Christ, Presbyterian Church in America, Black Protestants, African Methodist Episcopal, African Methodist Episcopal Zion, National Baptist Church, National Progressive Baptist Church, Churches of God in Christ, Nondenominational, ainsi que les dénominations pentecôtistes.

comme des évangéliques ou des *born again*[9] selon l'inclusion ou non des protestants évangéliques hispaniques et afro-américains. Le consensus académique estime le nombre de protestants évangéliques aux États-Unis à environ 25 à 30 % de la population, soit 70 à 80 millions de personnes. La plus grande dénomination évangélique et protestante, la Southern Baptist Convention (SBC), compte à elle seule 16,4 millions de fidèles dans 43 700 églises. À partir des années 1960, les protestants évangéliques comprennent qu'ils peuvent modeler la politique pour vivre plus en conformité avec leur foi. Inquiets face aux décisions de la Cour suprême en faveur du mouvement des droits civiques (*Brown vs Board of Education*, 1954), de l'interdiction de la prière à l'école (*Engel vs Vitale*, 1962), de l'avortement (*Roe vs Wade*, 1973) et dans un élan de « chrétienté appliquée », en 1976, ils se mobilisent massivement pour l'élection de Jimmy Carter que *Newsweek* présente en une sous le titre « Year of the Evangelical ». À la fin des années 1970, émerge un mouvement politique appelé la « Nouvelle Droite chrétienne » et composé de déçus de Carter, heurtés par le « relativisme moral » de l'Amérique en matière d'éducation, de droits des minorités, et de révolution sexuelle. Les protestants évangéliques s'organisent, autour de la Moral Majority du révérend Jerry Falwell et de la Christian Coalition de Pat Robertson. Pour mener leur *culture war* (guerre sur les questions de société), ils s'allient aux Républicains. La Christian Coalition se flatte d'avoir été un « élément décisif » dans la victoire républicaine au Congrès, puis dans la victoire électorale de Reagan. Par la suite, persuadé que la défaite de Bush père en 1992 était liée à une aliénation de l'électorat religieux, Karl Rove, le stratège politique de George Bush fils, a mené une opération séduction auprès de la droite chrétienne, en particulier les

4 millions de protestants évangéliques qui ne s'étaient pas mobilisés en 2000. Résultat : 78 % des protestants évangéliques ont voté pour George W. Bush en 2004, soit 4 points de plus qu'en 2000, et ce chiffre s'est élevé à 88 % dans les rangs les plus traditionalistes. Les questions morales et sociales (contraception, avortement, pornographie, recherche médicale sur les cellules souches, mariage homosexuel...) sont critiquées par de grandes organisations comme la Religious Rountable, Focus on the Family, Traditional Values Coalition et l'American Family Association. Après l'élection présidentielle de 2004, 37 % des protestants évangéliques déclarent que les questions de société sont le problème « le plus important » devant les enjeux de politique étrangère (31 %) ou l'économie (23 %). Mais parallèlement les protestants évangéliques américains se sont éveillés aux problématiques internationales, d'abord contre le système communiste « sans Dieu », puis contre les positions « libérales » et « faibles » des opposants à la guerre du Vietnam, enfin contre le fanatisme de l'islamisme radical. Certains événements ont particulièrement contribué à ce basculement : la guerre des Six-Jours en 1967, la prise d'otages américains à Téhéran en 1979 et les attaques du 11 septembre. Aujourd'hui, à la différence des chrétiens fondamentalistes fortement isolationnistes, les protestants évangéliques sont devenus interventionnistes et soutiens de l'action armée, n'hésitant pas à s'engager dans les débats contemporains.

En Israël, évolution analogue. Tamar Hermann, professeure de sciences politiques, rappelait en 2009 déjà que plus de 51 % des Israéliens juifs croyaient en la venue du Messie. Parmi eux, des religieux, mais aussi des traditionalistes et des séculiers. Une plus forte majorité encore (67 %) estimait que le peuple juif était le peuple élu. Cinq ans plus tard, le camp nationaliste religieux s'était encore renforcé. En avril 2000, un membre du parti Shas injurie Yossi Sarid, chef du parti laïque Meretz et ministre de l'Éducation nationale, pour avoir introduit des poèmes de Mahmoud Darwisch, le poète palestinien, et le traite d'Haman*. Dans le cadre du bras de fer qui oppose Tsahal aux rabbins sionistes-religieux qui ont obtenu l'exemption du service pour leurs étudiants, les radicaux prétendent que le service militaire des filles ou l'attitude envers les homosexuels sont une offensive réfléchie contre la religion. Les députés partisans de la reconstruction du troisième Temple (le premier Temple avait été détruit par l'armée de Babylone, le deuxième par Titus) comme Shuli Mouallem et Bezalel Smotrich de HaBayit HaYehudi, la ministre des Sports et de la Culture Miri Regev, l'élu du Likoud Yehuda Glick et Rivka Shimon, porte-parole de l'association «Les femmes pour le troisième Temple», admettent qu'une voie démocratique vers un nouveau Temple n'est que la première étape de ce qu'ils envisagent : un régime guidé par la foi juive. La Knesset pourrait continuer à gérer les «petits trucs», les détails de la vie quotidienne dans la nouvelle société organisée autour du Temple. Meir Kahane a-t-il gagné ? Plus de trois décennies après 1984 qui avait vu la Knesset invalider les élus du rabbin new-yorkais, Benyamin Netanyahou a usé de son influence pour que les successeurs idéologiques de Kahane puissent se présenter à la députation. Craignant de perdre le pouvoir, il a orchestré une fusion entre HaBayit HaYehudi – un parti national religieux – et Otzma Yehudit (Pouvoir juif), un groupe d'extrême droite dirigé par les disciples de Kahane, afin d'augmenter leurs chances de siéger au Parlement israélien.

* Le vizir de Xerxès, archétype du mal dans le livre d'Esther.

Au Myanmar, la société monastique compte 300 à 350 000 bonzes ordonnés et 150 à 200 000 novices. Le Sangha (communauté bouddhiste), instrument traditionnel de légitimation des dynasties royales, conservatoire de l'identité nationale contre la modernité, fut le noyau de la résistance aux Britanniques puis aux régimes militaires de 1962 à 1988. Le mouvement Ma Ba Tha (Association pour la protection de la race ou de la religion) est fondé le 15 janvier 2014, en tentant de fédérer le peuple birman derrière une identité religieuse forte. Pour profiter du soutien officiel de Ma Ba Tha et contrer le parti d'Aung San Suu Kyi, le parti d'opposition USDP n'a cessé de proposer des mesures contre les droits des minorités musulmanes. En 2015, une loi pour le « contrôle de la population » impose aux couples musulmans un délai de trente-six mois entre deux naissances ; une loi sur les « mariages interconfessionnels » impose aux femmes bouddhistes une autorisation ; de même qu'une autre sur les « conversions religieuses », et encore une autre sur la monogamie. Enfin, quelques mois avant les élections, plus de 500 000 musulmans de l'État d'Arakan sont privés de leurs documents d'identité et de leur droit de vote. Les lois préparées par Ma Ba Tha et étudiées par le gouvernement concernent l'abattage des animaux, souhaitant le réserver aux bouddhistes.

Au Sri Lanka, dans un contexte de violence, des moines bouddhistes ont fondé en 1986 le Mavbima Surakime Vyaparaya (MSV) ou Mouvement pour la protection de la patrie destiné à maintenir l'unité territoriale du Sri Lanka, utilisant la mythologie du *Mahavamsa* pour justifier le recours à la force. Les deux principaux partis politiques contemporains bouddhistes, le Janatha Vimukthi Peramuna (JVP) et le Jathika Hela Urumaya (JHU) ou Parti du patrimoine national, composé uniquement de moines, entendent « défendre le bouddhisme et établir un lien entre l'État et la religion, préconiser une solution violente à la question tamoule et s'opposer à toute forme de dévolution aux minorités». Le JHU a exhorté les jeunes bouddhistes à s'engager dans l'armée. Un dirigeant a accusé les ONG et certains fonctionnaires opposés à une solution militaire d'être des traîtres et préconisé qu'on les brûle, exigeant que les négociateurs norvégiens mandatés par l'ONU soient destitués. Le chef du BBS, comparant la victoire militaire du gouvernement cinghalais sur les LTTE à l'ancienne défaite du roi tamoul El-Tamara, en a conclu qu'ils avaient dorénavant appris la leçon à deux reprises et en a profité pour menacer les autres minorités. Avocat du nationalisme cinghalais, Mahinda Rajapakse s'était allié lors des dernières élections avec le groupe extrémiste bouddhiste Bodu Bala Sena (BBS), fondé par des moines en 2012, pourtant accusé d'avoir incité aux émeutes antimusulmanes de 2014 (4 tués, 80 blessés). Malgré des déclarations incendiaires et plusieurs mandats d'arrêt, Bhikkhu Galagoda-Aththe Gnanasara, son secrétaire général, n'a pas été inquiété. Des moines ont également protesté contre la résolution du Conseil des droits de l'homme de l'ONU appelant à une enquête sur les crimes de guerre de la guerre civile. Des membres du clergé et des politiciens sri-lankais ont cependant critiqué le BBS. Mangala Samaraweera, ministre des Affaires étrangères, a accusé le BBS d'être « une représentation du terrorisme... des talibans» et de répandre la haine contre les musulmans, affirmant que le BBS était secrètement financé. Wataraka Vijitha Thero, un moine bouddhiste qui condamne la violence contre les musulmans et a fortement critiqué le BBS et le gouvernement, a été agressé et torturé.

Le contrôle totalitaire du corps social : la pensée captive

Le contrôle social par le groupe est une incitation continue à détecter le mal, le péché voire les simples faux pas, le censeur pouvant être le gourou, un cadre ou le simple disciple. C'est la culture de l'enclave. Les évangéliques parlent d'un *wall of virtue* (mur de la vertu), les Neturei Karta de *Ha-Homah* (le Mur) pour préserver le croyant des agressions du monde extérieur. La conception radicale génère une « pensée captive », mentalité d'assiégé où les Autres sont sous l'influence du Diable. Les quatre grands combats de l'hindouisme radical constituent une sorte de résumé de tous les programmes radicaux.

– L'interdit religieux s'impose à tous : depuis 2017, la plupart des États indiens ont interdit l'abattage des bovins (l'Inde était l'un des plus gros exportateurs de viande bovine du monde). Les bouchers ou tanneurs sont le plus souvent des chrétiens, des musulmans ou des Dalits (Intouchables), manière indirecte de saper la richesse de la communauté musulmane.

– La valorisation des valeurs traditionnelles dénonciatrices de l'occidentalisation : comportement décent ; interdiction de fêter la Saint-Valentin, présentée comme une séquelle de culture impérialiste mais aussi interdiction des mariages intercastes.

– Le contrôle des femmes : le *love djihad* (voir ci-dessous).

– L'interdiction des conversions : loi dite du « Retour à la maison » (le *Ghar Wapsi*). Dès 1967, l'Orissa est le premier État à adopter une loi interdisant les conversions ou incitant à la reconversion (contre 50 kilos de riz).

Le plaisir des interdits* contre la société de tolérance structure le mode de contrôle social des radicalismes. La peur passe par la crainte du péché, identifié sous des formes multiples et sans cesse renouvelées, la délation contre les autres disciples et la dénonciation de la malfaisance étant des devoirs. Seuls les docteurs de la foi quelle qu'elle soit (imams, gourous, rabbins et pasteurs) peuvent répondre à toutes les questions du croyant. L'émission égyptienne *La Voix de l'islam* reçoit chaque mois 50 000 à 80 000 appels auxquels répondent 25 cheikhs diplômés de l'université Al-Azhar. « Ma femme ne dort plus avec moi parce que je l'ai trompée : puis-je demander le divorce ? » « Le football est-il autorisé par l'islam ? » « Une femme musulmane peut-elle s'épiler les sourcils ? » « Je vais bientôt me marier et mon fiancé ne sait pas que je ne suis plus vierge : faut-il le lui dire ? » « Je suis étudiante, je dois partir en stage d'études en France, je porte le voile. Que faire si là-bas on me demande de l'enlever ? »... D'autres milliers d'appels venus de toute l'Égypte et du monde arabe parviennent chaque jour sur les lignes d'El-Hatef el-Islami, le téléphone islamique, hotline où la confidentialité et l'anonymat sont garantis : en posant sa question, l'utilisateur reçoit un code d'accès avec lequel il pourra écouter, vingt-quatre heures plus tard, la réponse d'un théologien sur une boîte vocale. En France, Rachid Abou Houdeyfa, imam à Brest, Mohamed Bajrafil, imam à Ivry-sur-Seine, Hassan Iquioussen, Islam ibn Ahmad et Rachid Haddach, tous trois conférenciers, ne prêchent pas tous un islam ultra-orthodoxe, mais leurs pratiques sur Internet sont étranges. *Libération*[10] a analysé les 2 683 vidéos de chacune de

* Les champions semblent être les pentecôtistes qui interdisent : tabac, liqueur, Coca-Cola, films, médecine, assurance-vie, nage en public, sports professionnels, bijoux et maquillage.

leurs chaînes YouTube, media d'un public jeune habitué à ce genre de dispositifs. Rachid Abou Houdeyfa comme Mohamed Bajrafil conseillent dans leurs vidéos un islam ultra-pragmatique : peut-on envoyer des émoticônes ? Peut-on faire l'amour ? Comment se laisse-t-on pousser la barbe ? Les vidéos les plus vues – entre 250 000 et 500 000 fois – abordent l'argent et l'homosexualité donc, mais aussi la dépression, la mort, le mariage, la fin du monde et les relations entre les « jeunes filles et les jeunes hommes ».

Les talibans ont poussé à l'extrême le contrôle social : la barbe des hommes devait dépasser cinq doigts, sinon l'homme rasé faisait le temps de prison nécessaire à sa repousse. Plus fort, Mohamed Yusuf, fondateur de Boko Haram, interdisait les vêtements serrés et aux femmes de monter sur les motos-taxis. Il interdisait à ses adeptes de postuler à des emplois administratifs qui les auraient obligés à se couper la barbe, condamnait les ordres confrériques qui rendaient hommage à leurs cheikhs, mais aussi le soufisme, le judaïsme, le parsisme, le christianisme, le polythéisme, l'athéisme et la démocratie. Le livre de référence des islamistes est probablement *Le Licite et l'illicite en islam*, d'Al-Qaradawi, en vente libre en France. Préface : « L'auteur, connu dans le monde musulman pour ses conférences et ses ouvrages, s'est appliqué à définir le licite et l'illicite dans la vie personnelle, familiale et sociale du musulman : les aliments, les vêtements, le mariage, les enfants, les traditions, les relations commerciales et sociales, les loisirs. Il se base sur les sources authentiques de la jurisprudence islamique, tout en expliquant les causes et la sagesse divine de chaque autorisation ou interdiction[11]. » Citations : l'homosexualité est un « acte vicieux, [...] une perversion de la nature, une plongée dans le cloaque de la saleté, une dépravation de la virilité et un crime contre les droits de la féminité... Quand ce péché répugnant se propage dans une société, la vie de ses membres devient mauvaise et il fait d'eux des esclaves. Il leur fait oublier toute morale, toutes bonnes mœurs et toute bonne manière... Quand l'homme se féminise et que la femme se virilise, c'est le signe du chaos et de la dégradation des mœurs[12] »... Mais dans sa grande clémence, l'auteur s'interroge : « Les savants en jurisprudence ne furent (cependant) pas d'accord sur le châtiment que l'on doit infliger à l'auteur de cette immoralité. Est-ce que les deux partenaires reçoivent le châtiment du fornicateur ? Est-ce que l'on tue l'actif et le passif ? Par quel moyen les tuer ? Est-ce avec un sabre ou le feu, ou en les jetant du haut d'un mur ? Cette sévérité qui semblerait inhumaine n'est qu'un moyen pour épurer la société islamique de ces êtres nocifs qui ne conduisent qu'à la perte de l'humanité[13]. » Al-Qaradawi n'est pas plus tendre à l'égard des juifs : « Il n'y a pas de dialogue entre nous et les juifs, hormis par le sabre et le fusil[14] »...

En Inde, le retour progressif des sadhus en politique est une réaction contre les conversions au catholicisme ou à l'islam. Dès 1925, la Rashtriya Swayamsevak Sangh ou RSS (Organisation des volontaires nationaux) est créée contre le prosélytisme musulman : séances de conscientisation religieuse et entraînement paramilitaire, avec une certaine fascination pour le fascisme naissant. Un de ses adeptes assassina Gandhi, considéré comme « traître » pour avoir accepté la partition lors de l'indépendance. Dans le premier Parlement indien, quelques religieux sont élus puis leur nombre va croissant. Dès cette époque ils critiquent le Hindu Code Bill (Code civil communautariste). Le mouvement s'est progressivement doté d'une structure très centralisée, avec le RSS au centre, en créant des filiales sectorielles spécialisées : 1948, syndicat étudiant, l'ABVP ; 1951, parti politique, le BJS (ni capitalisme ni communisme), devenu BJP en 1980; 1955, un syndicat ouvrier; 1964, un front religieux, le VHP (Vishva Hindu Parishad ou Conseil hindou mondial); et 1979 un mouvement pour le travail social dans les bidonvilles, Sewa Bharti. Les premiers succès électoraux arrivent en 1960. Dans la *Hindi Belt* du nord et de l'ouest de l'Inde, peuplée d'hindiphones, l'apparition du RSS va durcir le combat en incitant à la création du VHP en 1964, et en dénonçant les « conversions forcées » d'Intouchables à l'islam et au christianisme. C'est la *saffron terror* autour de thèmes comme « la défense de la vache » dans les années 2000 (voir p. 282) ; la destruction de la mosquée d'Ayodhya en 1984 ; en 1992, le projet de destruction de la mosquée de Mathura, lieu de naissance de Krishna, puis de reconstruction du temple Kashi Vishwanath à Bénarès, détruits par Aurangzeb ; puis les attaques au Gujarat contre des églises à Noël; au Madhya Pradesh, en 1999, le lynchage de missionnaires dont Graham Staines, pasteur australien brûlé vif dans sa voiture avec ses trois enfants par un militant du Bajrang Dal ; des attaques d'artistes accusés de dénigrer l'hindouisme comme le peintre M. F. Husain ou le cinéaste Deepa Mehta… Depuis l'accès du BJP au pouvoir fédéral en 2014, faute d'une majorité suffisante pour réformer la Constitution fédérale, le parti a poussé des législations dans les États : à Mumbai au Maharashtra, suppression des lois de discrimination positive adoptées par le Parti du Congrès ; en 2015, loi interdisant la vente et la possession de viande de bœuf (cinq ans de prison), parfois accompagnée par l'action de milices violentes, les Gau Rakshaks (protecteurs de la vache) ; enfin, loi rendant très difficile la conversion. Le RSS indien repose sur un réseau de quelque 50 000 branches locales appelées *shakhas*. Le BJP est devenu le plus grand parti politique au monde (devant le PC chinois), comptant plus de 110 millions de membres[15] avec l'appui du VHP et du RSS réunis dans le Sangh Parivar (la grande famille) du nationalisme hindou. Considéré comme le parti des castes supérieures, des milieux commerçants et du Nord, le BJP a fortement accru son électorat dans les castes intermédiaires et dans des États du Sud au cours des dernières élections nationales et régionales, en jouant sur les arguments nationalistes, religieux et économiques.

Un certain nombre de modèles communautaristes connaissent aujourd'hui des difficultés certaines sur le plan tant réglementaire que judiciaire. C'est le cas de l'Inde[16]. Les articles 29 et 30 de la Constitution définissent les droits des minorités afin de préserver la langue et la culture et d'instaurer un accès à l'éducation. La définition des « droits des minorités » par opposition aux « droits de l'homme » est particulière. La population musulmane, la deuxième plus grande au monde après l'Indonésie et dépassant 50 % dans certaines régions, peut difficilement être considérée comme une minorité. Pourtant, cette distinction entre « majorité » et « minorité » divise l'Inde selon des critères religieux, gérés par des lois différentes, ce qui aggrave la situation. Les hindous contestent le privilège des minorités, base de la discorde religieuse. Par exemple, les écoles de la majorité ont pour mandat de réserver un quart de leurs sièges aux enfants économiquement défavorisés ; les écoles des minorités en sont dispensées. À l'inverse, l'article 48 en particulier, qui interdit l'abattage de bovins, repose sur le seul sentiment hindou mais s'impose progressivement aux minorités.

La conviction des totalitarismes idéologiques, soucieux de trouver toute réponse dans le Texte sacré, ne va pas sans quelques ratés : ainsi, nombre de pèlerins souhaitant faire le grand pèlerinage à La Mecque ont été victimes d'escroqueries ou de malversations d'agences tant françaises que saoudiennes. La charia semblant ne pas avoir connu les agences de voyages, la solution serait cependant simple, conclut Fateh Kimouche, fondateur du site Al-Kanz (247 000 tweets, 39 000 abonnés) et véhément dénonciateur de l'« islamophobie » : « Il suffirait d'imposer l'application du droit français des consommateurs[17]. »

Chaque culte contient des prescriptions alimentaires, mais les radicalismes les transforment en interdits. Pour les hindous comme pour les juifs radicaux, tout, de la cuisson jusqu'à la vaisselle, risque de violer une règle. Rappelons que le judaïsme antique comportait 613 commandements d'interdits et d'obligations (*misvot*) formulés par la Torah. À cause de la destruction du Temple, il ne reste heureusement plus que 77 commandements positifs et 194 négatifs. L'interdit est étendu aux Autres comme la sourate 146 « Les Troupeaux », qui interdit la nourriture aux juifs : « Nous avons interdit toute bête à ongles à ceux qui pratiquent le judaïsme. Nous leur avons interdit la graisse des bovins et des ovins, à l'exception de celle de leur dos, de leurs entrailles et de celle qui est mêlée aux os. Nous les avons ainsi punis pour leur rébellion. » Le boucher doit avoir une solide formation théologique. Parfois un certain pragmatisme l'emporte : « Aucun hadith n'interdit de boire du Coca-Cola », rétorque un salafiste surpris à consommer cette boisson « impérialiste » pendant l'offensive israélienne à Gaza.

Les femmes génitrices, combattantes ou esclaves sexuelles

> « Si Dieu avait eu une fille plutôt qu'un garçon... la religion n'existerait pas... Ils n'auraient pas osé la crucifier, ils l'auraient mise en pension. »
>
> Jean-Marie Gourio, *Brèves de comptoir*

La détestation du sexe féminin est une constante traditionnelle : « Eh bien, moi, je vous dis : Tout homme qui regarde une femme et la désire a déjà commis l'adultère avec elle dans son cœur » (Évangile selon saint Matthieu (5, 17-37)). Les femmes sont d'éternelles mineures. « Une musulmane peut-elle se connecter sur un forum Internet sans son voile sur la tête ? » La question avait enflammé un site à fatwas.

Au temple de Sabarimala au Kerala, l'accès était interdit aux femmes réglées (entre dix et cinquante ans). La décision de la Cour suprême de septembre 2018 leur donnant l'autorisation d'y pénétrer a suscité des émeutes des militants du RSS. C'est le gouvernement communiste du Kerala qui a défendu le droit légal de prier des femmes. Rehana Fathima et d'autres femmes ont tenté de faire respecter la décision de justice entourées par des policiers et coiffées de casques de moto pour se protéger des projectiles, mais elles ont dû renoncer. Sur Facebook, pour justifier théologiquement sa position, Rehana Fathima avait cité la déesse Ayyappa, né de l'union entre Kurma-Mohini (forme féminine de Vishnu) et Shiva, le dieu de la chasteté. Elle a été arrêtée et condamnée parce que sa photo imitant le dieu « heurtait les sentiments religieux ».

En 2012, des fonctionnaires saoudiens ont expulsé 241 femmes nigérianes du hadj et menacé d'en renvoyer des centaines d'autres qui voyageaient sans chaperon mâle. Selon les Nigérians responsables de l'organisation du hadj, 1 000 femmes ont été retenues dans des centres de détention à La Mecque, certaines pendant cinq jours. En vertu de la loi saoudienne, les femmes sont des mineures qui ont besoin de la permission d'un homme pour travailler, quitter le pays ou, dans certains cas, obtenir un traitement médical.

Le sommet de la répression des femmes, au-delà du viol de celles de l'Autre, justifié par tous les radicalismes, reste les *madhafas*, sortes de garderies fermées de l'État islamique dans lesquelles un combattant pouvait venir chercher épouse ou concubine. Si elles ne sont pas musulmanes, cela s'appelle un bordel et les *madhafas* des maquerelles.

À l'occasion de la Journée internationale de la femme, l'association Les femmes du Mur, composée de juives libérales, demande depuis longtemps un emplacement pour venir faire leurs prières au mur des Lamentations. Elles y reçoivent des crachats, des injures, et subissent des agressions des jeunes radicaux. Mais le grand rabbinat refuse de les laisser prier dans une section réservée et certaines ont été arrêtées pour « troubles à l'ordre public ».

La sexualité et le viol

En Inde, la campagne des ultra-nationalistes du Love Jihad[18]

Le Love Jihad est un mythe propagé par les extrémistes hindous, selon lequel de jeunes musulmans séduiraient de jeunes hindoues dans le seul but de les convertir… L'expression fait désormais partie du langage courant.

Une jeune femme de vingt-quatre ans est ainsi comparue devant la Cour suprême pour avoir épousé un musulman après s'être convertie à l'islam. En cause, la prétendue manipulation islamiste avancée par les parents. Hadiya, née dans une famille hindoue, d'un père ancien militaire qui ne s'est jamais vraiment intéressé à la religion, a commencé à poster des versets du Coran sur Facebook. En novembre 2015, elle refuse de se rendre aux funérailles de son grand-père, prétextant qu'elle ne peut pas, en tant que musulmane, se plier à des rites funéraires d'une autre religion. Deux mois plus tard, elle fait établir chez un notaire une attestation certifiant qu'elle s'est convertie à l'islam de son plein gré. Elle séjourne deux mois dans un centre d'études islamiques destiné aux jeunes convertis et géré par une organisation musulmane orthodoxe, le Popular Front of India, où elle rencontre son mari. Hadiya a transgressé deux tabous : la conversion à l'islam et le mariage sans l'accord de ses parents. En mai 2017, le tribunal, saisi par ces derniers, annule son mariage et la place sous leur tutelle… Devant les juges de la Cour suprême, Hadiya, qui n'a rien demandé d'autre que sa liberté, a finalement reçu l'autorisation de quitter le domicile de ses parents. Mais les juges ne se sont pas encore prononcés sur l'annulation de son mariage et attendent l'enquête menée par l'agence indienne antiterroriste, la National Investigation Agency (NIA). Pour s'être convertie à l'islam et s'être mariée à un musulman, Hadiya reste soupçonnée de radicalisation. Elle a finalement obtenu gain de cause en mars 2018. Idem à A Meerut, ville de l'ouest de l'Uttar Pradesh, où les relations interconfessionnelles sont très dégradées. Une jeune enseignante hindoue y aurait été courtisée par un musulman qui l'aurait ensuite « enlevée », « violée » et « convertie sous la contrainte », si l'on en croit les organisations nationalistes hindoues. « Sauvée » par une intervention de la police, elle a finalement été restituée à sa famille dont le domicile a été placé sous haute surveillance. Le père de la « victime », cité par l'hebdomadaire *Open*, n'a aucun doute : « Ce n'est rien d'autre que du *Love Jihad*. Les musulmans sont derrière cette conspiration qui consiste à attirer les filles hindoues avec de l'argent, des rêves de belle vie pour ensuite les vendre aux pays du Golfe. » La presse a accouru de toute l'Inde couvrir ce scandale. La jeune femme a finalement retiré ses déclarations initiales : en fait d'enlèvement, elle a déclaré devant un juge qu'elle s'était tout simplement enfuie avec l'homme qu'elle aimait.

Des extrémistes hindous ont ouvert un centre d'appels destiné aux parents de jeunes filles prétendument victimes. Une autre organisation se charge de l'assistance juridique. Et, pour les cas vraiment difficiles, il existe des centres de « reconversion ». Dans l'un d'entre eux, fermé par la police, plusieurs femmes disent avoir été séquestrées ; emmenées de force par leurs parents, elles devaient y pratiquer le yoga et réciter des mantras toute la journée.

Comme dans les sectes et autres radicalismes mais aussi dans l'Église catholique, les abus sexuels existent et sont couverts par des argumentaires théologiques ou par l'intérêt supérieur de la hiérarchie[19]. En 2017, la police israélienne a interpellé 22 ultra-orthodoxes soupçonnés d'abus sexuels. Après une opération d'infiltration dans cette communauté qui a tenté de dissimuler les agissements de certains de ses membres, 22 hommes, âgés de vingt à soixante ans, ont été arrêtés, suspectés d'avoir abusé pendant deux ans de femmes et d'enfants à Jérusalem, à Bnei Brak, à Bet Shemesh et dans la colonie de Betar Illit en Cisjordanie. D'autres membres de cette communauté, qui savaient, se sont gardés d'alerter les autorités, préférant tenter de régler la question en interne. « Dans la plupart des cas, on ordonnait aux suspects de se faire soigner d'une manière ou d'une autre au sein de la communauté… Des dizaines de victimes n'ont pas reçu les soins nécessaires[20]. » À Jérusalem, des membres de la communauté ont tenté d'empêcher les arrestations, invectivant les policiers et lançant des projectiles sur les véhicules. L'Église catholique est aujourd'hui en train de rattraper son lourd silence en matière de pédophilie, longtemps couvert par la hiérarchie.

Dans les années 2010, l'opinion indienne fut scandalisée par une hausse soudaine de la criminalité, notamment des viols, mais les responsables du BJP ont fourni l'explication : les vêtements à l'occidentale, la culture occidentale et l'urbanisation croissante, accuse, en 2017, le ministre de l'Intérieur du Karnataka, G. Parameshwara : « Ces viols ont rarement lieu dans les régions rurales de l'Inde mais ils se produisent fréquemment dans les villes. » Mohan Bigras, leader du RSS à Silchar (Assam), blâmait lui aussi les mêmes causes : « Ceux qui vivent en Inde urbaine sont fortement influencés par le mode de vie et la culture occidentaux, ce qui pourrait être une des raisons de l'augmentation des agressions contre des femmes. » Ashok Singhal, chef du VHP, s'y colle également : « Le modèle occidental est alarmant. Ce qui se passe, c'est que nous avons été imbibés par les États-Unis. Nous avons perdu toutes les valeurs que nous avions… avant que les Anglais n'arrivent pour régner en Inde… la virginité était préservée. Mais la pureté a été totalement perturbée. […] Maintenant nous sommes en train de la perdre[21]. » Mamata Bédard, ministre en chef du Bengale-Occidental, va plus loin : « Avant, si les hommes et les femmes se tenaient la main, ils se faisaient reprendre par leurs parents et réprimander, mais maintenant tout est permis. C'est comme un marché public avec des options ouvertes… Les chaînes d'information en continu mettent en évidence les histoires de viol : tous les soirs, ces gens ont des discussions osées sur un ou deux incidents (de viol). Ils insultent les mères et les filles du Bengale jour après jour… Le viol est glorifié par ces gens. Cela ne sera pas. Je voudrais dire que le journalisme négatif ne fait que détruire et il est temps de défendre le journalisme positif. »

Chez Daech, les femmes sont du bétail d'élevage. Dès leur arrivée en Syrie, elles sont enfermées dans les maisons avec les enfants avec interdiction de sortir seules dans la rue, sans une présence masculine – le père, le mari ou le frère, mariées ou pas. Le port du voile intégral est de mise et l'obéissance au mari totale. Celui-ci a d'ailleurs le droit de répudiation, de vie et de mort sur son épouse. Lorsqu'elles ne subissent pas les coups et autres colères, les femmes se retrouvent souvent confinées au rôle d'objet sexuel pour assurer une descendance et de futurs combattants au régime. Aucun droit de parole non plus à propos du comportement de leur époux qui n'hésite pas à collectionner les relations sexuelles. Si Daech condamne à mort par décapitation les femmes adultères, les hommes, eux, profitent sans retenue d'esclaves pour assouvir leurs désirs. Les exactions sur les femmes non musulmanes s'inscrivent dans une « politique » pensée et mise en place par l'EI dans tous les territoires soumis à sa domination comme une véritable « théologie » avec avis juridiques théologiques inspirés de la pratique médiévale des armées musulmanes. Les lignes directrices en ont été exposées dans la revue officielle de l'EI[22], *Dabiq*, diffusée à la fois sous format électronique et sous format papier. La version arabe est précise et enrichie de plusieurs citations coraniques et références théologiques. Pour donner le maximum d'écho à cette publication, début novembre 2014 l'EI a diffusé dans les grandes villes, notamment à Mossoul (Irak) et à Rakka (Syrie), des brochures explicatives sur le viol « halal ».

En mai 2018, Amal Fathy, une jeune Égyptienne, avait publié sur Facebook une vidéo de douze minutes où elle expliquait avoir été harcelée sexuellement. Elle soulignait l'urgence pour les autorités de s'attaquer à ce fléau et critiquait les manquements de l'État à l'égard des droits fondamentaux des femmes. Elle a donc été logiquement condamnée à deux ans de prison pour « diffusion de fausses nouvelles ». Autre exemple, en Algérie, à Sfisef, le 30 septembre 1997, 11 institutrices sont arrêtées dans la rue par un groupe du GIA devant leurs élèves terrifiés, condamnées pour différentes raisons (travail, sortie sans tuteur, enseignement laïque...) puis ligotées et égorgées. Depuis 1993, 10000 Algériennes, au moins, ont été assassinées par les radicaux.

Les femmes sont impures aussi chez les radicaux juifs : Dov Lior est un rabbin du mouvement religieux national ou sioniste religieux, courant qualifié généralement d'orthodoxe moderne ou néo-orthodoxe. Questionné par un étudiant de yeshiva sur la possibilité ou non selon la loi juive de commander des femmes soldates, Lior a répondu négativement. Il avait déjà soutenu dix élèves officiers de son courant qui avaient quitté la salle et s'étaient retirés lors d'un chant des femmes pendant un cours qui forme les officiers de Tsahal. Dans certaines yeshivot comme celle de Har Hamor, l'enseignement des femmes est condamné[23].

Tout n'est cependant pas perdu. Dans son arrêt définitif, en décembre 2018, la grande chambre de la Cour européenne des droits de l'homme a estimé qu'en imposant l'application de la charia contre sa volonté à Molla Sali, une Grecque de la minorité musulmane de Thrace, la Grèce a violé l'article 14 de la Convention européenne des droits de l'homme qui interdit toute discrimination fondée sur le sexe, la race, la religion, une opinion, l'appartenance à une minorité, etc. Âgée de soixante-huit ans lors de la mort de ses parents, cette femme avait été dépossédée des trois quarts de son héritage au profit des sœurs de son défunt mari, en vertu de la charia. La loi grecque adoptée début 2018 vise à rendre facultative et non plus obligatoire l'application de la charia, mais elle n'est pas encore entrée en vigueur.

La grossesse et l'avortement ne sont pas des droits des femmes

En Inde, le groupe Arogya Bharati, branche médicale du RSS[24], propose un programme d'accompagnement des grossesses destiné à créer des bébés « parfaits, grands et à la peau claire », grâce à un suivi rigoureux de principes ayurvédiques et astrologiques. L'objectif est d'« avoir un enfant parfait, sur mesure, pour créer une Inde forte », selon ses promoteurs, interrogés par l'*Indian Express*. Le programme, en application dans l'État du Gujarat, est encadré par des professeurs de médecine ayurvéda et occidentale. Trois mois avant la fécondation, les deux partenaires suivent un régime alimentaire et des rituels religieux stricts pour « purifier » leurs gamètes. La conception aura ensuite lieu un jour recommandé par un astrologue. Enfin, le couple doit totalement s'abstenir sexuellement pendant les neuf mois de la grossesse et la mère consomme une alimentation riche en calcium et en beurre clarifié. Selon les promoteurs du programme, un couple de petite taille à QI faible et peau foncée peut mettre au monde un enfant grand, au QI élevé et à la peau claire. Ce projet s'inspire de l'idéologie raciale née à la fin du XIXe siècle, de la suprématie des Aryens, peuple mythique de grande taille et à la peau claire qui serait arrivé d'Asie centrale pour peupler les régions himalayennes il y a plusieurs millénaires. Créé il y a une dizaine d'années, le projet n'a atteint une dimension nationale qu'en 2015 après l'élection des nationalistes hindous au gouvernement central. L'organisation affirme avoir encadré 450 naissances jusqu'à présent avec pour projet de s'étendre dans de nouveaux États afin d'être présente dans tout le pays d'ici à fin 2020.

L'assassinat de médecins avorteurs est une spécialité des néo-évangéliques mus par une « obligation » divine[25]. La National Abortion Federation (NAF), qui regroupe les professionnels pratiquant l'avortement aux États-Unis, a relevé plus de 176 000 cas de harcèlement dans des cliniques (et près de 34 000 arrestations) depuis 1977 ; plus de 16 000 cas de lettres ou d'appels téléphoniques haineux, 1 500 actes de vandalisme, 400 menaces de mort et 200 attentats à la bombe et incendies criminels dans des établissements. Au moins 11 personnes ont été tuées depuis 1993 : en août de cette année, le Dr Gunn fut le premier médecin assassiné à Pensacola (Floride), par un militant *pro-life*, Michael F. Griffin, condamné à la prison à vie ; sa clinique avait déjà été plastiquée à Noël 1984. En juillet 1994, un an après sa mort, Paul J. Hill, un autre militant antiavortement, abat le Dr John Bayard Britton et un bénévole de la clinique. Hill, ancien pasteur, connu pour avoir défendu la violence contre les médecins, avait salué le meurtre du Dr Gunn. Il a été condamné à mort en décembre 1994. En guise de dernières paroles avant d'être exécuté, il déclara que l'assassinat du Dr Gunn en 1993 l'avait inspiré : « Je reconnais que je suis très honoré et que de plus en plus de gens seront inspirés par mon geste. Je suis prêt. » Le Dr George Tiller, lui, deux fois visé, fut abattu en 2009 par Scott Roeder (membre du groupe antigouvernemental Montana Freemen) durant un service à l'église : « Protéger les bébés... Le jugement de Dieu m'ouvrira le ciel loin de cette Terre », déclara-t-il à son procès. Le médecin avait déjà été l'objet en 1993 d'une tentative d'attentat par Shelley Shannon, qui comparait les médecins pratiquant l'avortement à Hitler. L'agresseur confessa avoir vandalisé des cliniques en Californie, au Nevada et dans l'Oregon. John Salvi (autre militant antiavortement) tua 2 personnes et en blessa 5 autres dans une clinique près de Boston en décembre 1994. Il fut arrêté alors qu'il attaquait un autre hôpital à Brookline (Massachusetts). Condamné à la prison à vie, il s'est suicidé. Reconnu coupable du meurtre du Dr Barnett Slepian, James Charles Kopp, obstétricien dans la région de Buffalo, était déjà suspecté dans plusieurs fusillades au Canada en octobre 1998. Condamné à la prison à vie, le Canada demanda son renvoi pour tentative d'assassinat en 1995 du Dr Hugh Short, dans l'Ontario, du Dr Jack Fainman à Winnipeg en 1994 et du Dr Garson Romalis à Vancouver en 2014. En janvier 1998, une bombe explose à l'extérieur d'une clinique à Birmingham (Alabama), tuant un agent de police hors de ses heures de service et blessant gravement une infirmière, devenue infirme et aveugle. L'auteur de ces faits, Eric Rudolph, avait aussi placé la bombe lors des Jeux olympiques d'Atlanta en 1996, tuant une personne et en blessant plus de 100 pour dénoncer la légalisation de l'avortement. Rudolph reconnut également avoir posé des bombes contre un bar gay d'Atlanta. Il a échappé à la peine de mort, mais pas à quatre condamnations à perpétuité et cent vingt années supplémentaires (lui aussi croit à la vie éternelle !). Il n'a exprimé de remords que pour la bombe d'Atlanta, considérant la violence contre les personnels médicaux pratiquant des avortements comme « un devoir moral et un bon combat ». En 2011, selon le magazine américain *Mother Jones*, la Chambre des représentants du Dakota examinait une proposition de loi étendant la définition de l'« homicide justifié » aux meurtres commis pour défendre des fœtus. La loi House Bill 1171, déjà adoptée en commission (par 9 voix contre 3), autoriserait « un père, une mère, un fils, une fille ou un mari à tuer quiconque tente de pratiquer un avortement sur une femme, même si elle est consentante », explique *Mother Jones.* Entre 2010 et 2016, les États ont adopté 338 nouvelles restrictions à l'avortement depuis la décision de la Cour suprême de 1973. L'Alabama en a voté l'interdiction totale le 15 mai 2019. Des cas analogues ont été relevés dans des pays d'Amérique latine (Brésil, Chili) dans lesquels l'avortement est strictement réglementé et où l'évangélisme progresse.

Les femmes combattantes

Dans leur livre *Le Djihadisme des femmes*[26], Fethi Benslama et Farhad Khosrokhavar étudient le cas des femmes de Daech. Environ 500 Françaises sur 5 000 djihadistes européens seraient parties en Syrie et en Irak depuis 2015. Un tiers sont des converties venues des classes moyennes. Les deux tiers sont parties seules et non pour suivre leur mari. Dans le cas français, 298 des 5 000 femmes de l'EI (soit 50 % des départs connus) ont adhéré à un projet sociétal par conviction idéologique. L'homme serait un preux chevalier prêt à mourir et elles sont prêtes au mariage ou au remariage dès la mort du mari : c'est le « djihad matriciel ». En dépit de l'interdiction canonique de laisser les femmes combattre, les « veuves noires » de Tchétchénie et du Daghestan ont commis nombre d'attentats. En Syrie, certaines de ces femmes sont devenues des combattantes dans des opérations terroristes pour déjouer les services de police, les Muhajirat[27]. Sur le territoire français, la même menace s'est traduite en quatre ans par 12 projets d'attentats et 22 Françaises impliquées (parmi lesquelles

9 mineures et 9 converties). Aucune n'avait réussi à rejoindre la Syrie.

En Syrie, les Unités de protection du peuple kurde (YPG), dont un bataillon 100 % féminin, l'Unité de protection des femmes, disposeraient d'un certain avantage théologique face aux combattants de l'EI, qui croient que s'ils sont tués par une femme, ils n'iront pas au paradis.

Les enfants et les jeunes

> « Jésus était juif, certes, mais seulement par sa mère. »
> Archie Bunker

La jeunesse constitue le laboratoire rêvé des propagandes radicales.

Le groupe Jama'atu Ahlis Sunna Lidda a waati wal-Jihad (traduction : « l'éducation occidentale est un péché »), plus connu sous le nom de Boko Haram, s'oppose à l'école laïque à laquelle il reproche la mixité, le relâchement des mœurs, la corruption des valeurs traditionnelles, le calendrier grégorien, la pratique du sport et le darwinisme. Ce groupe mène des campagnes sanglantes contre les professeurs et les étudiants dans le nord-est du Nigeria. Dans la nuit du 14 au 15 avril 2014 y sont enlevées 276 lycéennes. Le 5 mai, le chef Abubakar Shekau revendique le kidnapping, affirmant que les lycéennes seront traitées en esclaves, vendues et/ou « mariées ». Le 12 mai, il diffuse une nouvelle vidéo d'une centaine de ces jeunes filles, affirmant les avoir converties à l'islam et exigeant en échange de leur libération celle de prisonniers.

L'Armée de résistance du Seigneur, secte chrétienne du nord de l'Ouganda, aurait enlevé près de 25 000 enfants entre 1986 et 2005 pour en faire des soldats (80 % des effectifs), des esclaves sexuelles (30 à 40 % seraient des fillettes). Les enfants sont aussi une cible privilégiée des radicalismes chrétiens.

En Inde, la première tentative de modification des manuels d'enseignement date de 1977, lorsque le BJP participe au gouvernement, mais elle se solde par un échec. En 1990, en revanche, le parti réussit à introduire des changements dans certains États. Puis, entre 1998 et 2004, alors qu'il dirige le gouvernement de coalition, de nouveaux manuels scolaires sont introduits quoique vivement critiqués. En 2014, le Gujarat distribue 9 ouvrages supplémentaires d'« éducation morale » dans 42 000 écoles ; 8 de ces 9 ouvrages sont l'œuvre de Dinanath Batra, responsable de la politique de l'éducation au RSS. L'Haryana suit et, en 2016, le Rajasthan publie un nouveau manuel pour les sciences sociales dans lequel aucune mention n'est faite de Nehru, qui après l'assassinat de Gandhi avait fait arrêter près de 50 000 membres du RSS. Inutile de préciser qu'Akbar, troisième empereur moghol, le créateur du Taj Mahal, passe à la trappe lui aussi.

L'école bouddhiste Ngwe Nant Thar a été ouverte en 2016 dans le district de Rangoon grâce au financement des mécènes de Ma Ba Tha. Le bâtiment flambant neuf tranche avec les établissements scolaires publics insalubres datant de l'époque coloniale. Le centre monastique de Mandalay, le plus grand du pays, accueille 2 800 élèves qui reçoivent les enseignements de Bouddha et aussi ceux de Wirathu. Un panneau tapissé de photos d'exactions (têtes coupées et cadavres sanguinolents), imputées à des groupes djihadistes, accueille le visiteur.

Les lionceaux du califat sont un pur produit des écoles de Daech. L'idée d'envoyer des enfants kamikazes est un projet des frères Clain, ces djihadistes français chargés de la revendication des attentats en français. Dès la naissance, les enfants sont endoctrinés et les garçons partent dès l'âge de huit ans pour l'entraînement militaire comportant leur participation passive puis active à des exécutions (vidéos du 10 mars 2015 et du 14 mai 2016[28]). Ces lionceaux sont ensuite envoyés au front à douze ans, la séparation étant brutale avec leurs mères qui n'ont d'autre choix que d'encaisser en silence.

En Israël, le gouvernement Netanyahou était initialement parvenu à réduire quelque peu l'influence politique des partis religieux, ce qui avait conduit les partis dits ultra-orthodoxes à quitter la coalition gouvernementale, départ accompagné de manifestations contre l'incorporation des jeunes des yeshivot au service militaire. Mais les exigences du fanatisme religieux sont allées plus loin puisque l'accord de gouvernement indique également que le Premier ministre a accepté d'annuler la condition selon laquelle les écoles orthodoxes devaient enseigner les matières fondamentales (notamment sciences et mathématiques) afin de percevoir des subventions de l'État. Ces écoles confessionnelles dont certaines prônent le fanatisme religieux bénéficient de subventions nettement plus élevées que les écoles laïques.

Les écoles Haredim en Israël[29]

« Rien dans l'apparence de cet étudiant en psychologie qui a abandonné les papillotes, la kippa et la longue veste noire pour un style sport et décontracté, ni son langage, ne laisserait deviner que ce passionné d'informatique a passé vingt et un ans dans une yeshiva très stricte de Jérusalem, totalement coupé du monde moderne. Le doute a pourtant gagné ce brillant talmudiste. “Ça s'est passé un samedi soir, à la fin du shabbat. Je n'ai pas réussi à retourner à la yeshiva et je n'arrivais pas à comprendre pourquoi…” Mais le plus dur était à venir pour Yaakov qui a dû se battre pour s’intégrer dans le système universitaire israélien, très élitiste, avec un bagage plus que limité : le niveau en maths d’un enfant de dix ans, un anglais limité à l’alphabet et aucune notion d’histoire, de géographie ou de sciences. Avec 300 autres anciens ultra-orthodoxes, il s’est engagé au sein de Sortis pour changer, association qui dispense, entre autres, des cours à ces jeunes désireux de s’intégrer dans une société moderne à l’écart de laquelle ils ont grandi. Avec ses compagnons de galère, il a surtout lancé une procédure en justice exigeant des réparations financières de l’État qui finance à 75 % le système éducatif ultra-orthodoxe sans aucune supervision sur ses programmes dispensés à près de 400 000 élèves. “Ce qu’on étudie à la yeshiva ? La Torah et tous ses commentaires. Et c’est à peu près tout”, résume, plutôt amer, Y. D. qui y a passé vingt et un ans… Les filles qui ont leurs propres écoles talmudiques, les midrashas, bénéficient de l’enseignement des matières « profanes » – comme les mathématiques, l’histoire, les sciences et les langues – mais n’atteignent jamais le niveau nécessaire à l’entrée à l’université. Une politique intentionnelle, selon ceux qui en sont sortis. “L’éducation à la yeshiva, c’est une éducation semblable à celle que l’on trouvait en Europe de l’Est il y a plus de deux cents ans et son but ultime est de ne pas évoluer”, explique Yossi David. “J’ai été privé de connaissances, d’esprit critique, de capacité de raisonnement, d’écriture ou de création”, accuse celui qui a décroché son bac à vingt-cinq ans, grâce à des cours du soir qu’il finançait en travaillant jour et nuit. Idem pour sa préparation aux examens d’entrée à l’Université hébraïque de Jérusalem où, à trente-deux ans, il est désormais enseignant-chercheur en communication politique. Son étonnant parcours a été ponctué d’incroyables révélations. Comme ce jour où il a compris que l’hébreu qu’il utilisait, sa langue maternelle, n’était pas le même que l’hébreu moderne… Si ces anecdotes le font aujourd’hui sourire, l’idée que des dizaines de milliers d’enfants continuent d’être privés, avec la complicité de l’État, d’une éducation basique lui “fait mal”. »

Les Jeunes des collines sont des juifs de quinze à trente ans, qui étudient dans les écoles talmudiques les plus radicales du mouvement de colonisation. Pour eux, l'installation de juifs sur l'ensemble de la terre d'Israël – et en Cisjordanie – est un signe messianique, et toute évacuation de colons juifs irait à l'encontre de la volonté divine. Leur travail en Cisjordanie traduirait un amour profond envers la terre, bien qu'ils tuent les troupeaux, arrachent les oliviers et attaquent parfois les habitations palestiniennes. Comme les salafistes en France, ce sont souvent d'anciens délinquants qui ont rencontré le radicalisme religieux. Ils créent des avant-postes isolés, résistent aux ordres d'évacuation des soldats et commettent des crimes racistes contre les Palestiniens, en « représailles » aux actions palestiniennes et aux politiques israéliennes jugées hostiles aux colons. En juillet 2015, des cocktails Molotov jetés par les fenêtres de deux maisons de Douma près de Naplouse ont provoqué la mort d'un bébé, brûlé vif. Avant de s'enfuir, les assaillants ont dessiné une étoile de David sur les murs et écrit « le prix à payer » et « vengeance ». Ces jeunes opposent à la légitimité républicaine le mandat divin, comme tous les radicaux. Le gouvernement israélien a été amené à sévir contre eux. Haïm Druckman, le rabbin qui avait autorisé l'assassinat de Rabin « pour ne pas trahir la Torah », a défendu les élèves de l'internat religieux Peri Haaretz (le Fruit de la terre) où s'enseigne l'idéologie mortifère des Jeunes des collines. La question débattue à la Knesset est étonnante : le Shin Bet peut-il employer les mêmes méthodes contre les terroristes juifs que contre les Palestiniens ? Méthodes dignes du KGB, selon la députée du Likoud Nava Boker, quand elles sont appliquées aux jeunes juifs. Malgré le shabbat, un groupe de la même yeshiva est venu préparer les détenus à l'interrogatoire de police. Le débat s'est alors déplacé sur la question de la rupture du Shabbat, justifiée par d'autres rabbins radicaux dont Dov Lior, « façon de sauver des vies (juives) ». Selon le bureau des Nations unies pour la coordination des affaires humanitaires (OCHA), en 2018, les actes violents antipalestiniens ont crû de 67 % : 267 incidents avec 117 Palestiniens blessés ; 2 900 arbres fruitiers détruits ; 540 voitures vandalisées, contre 181 incidents provoqués par des Palestiniens, en baisse de 28 % par rapport à 2017.

En Algérie, les étudiants formés par les écoles coraniques sont diplômés d'une connaissance inutile, sans qualification réelle. Faute de trouver une mosquée, sans travail, ils s'incrustent dans l'administration et surtout au chômage. L'accoutumance à la violence en moins, on retrouve dans l'enseignement coranique algérien les mêmes postures que dans les programmes scolaires d'Arabie saoudite. À ce sujet, lire absolument le livre d'Antoine Sfeir *La Démocratie en danger. L'enseignement scolaire saoudien*[30]. Sinon, distrayant et désespérant, consulter le rapport de Freedom House, qui qualifie l'enseignement saoudien de « curriculum de l'intolérance[31] ».

De son côté, le RSS indien forme depuis 2002 des groupes de jeunes miliciens de douze à dix-huit ans (Hindu Yuva Vahini) dans des camps appliquant une méthode proche de celle des Jeunesses hitlériennes. Leur chef Yogi Adityanath se décrit lui-même comme un « défenseur acharné de l'organisation culturelle et sociale de l'Hindutva ». En janvier 2007, le groupe a été accusé d'avoir incendié des mosquées, des maisons, des bus et des trains à Gorakhpur, et en particulier d'avoir fait brûler une famille musulmane entière à Vatoli, dans le district d'Adilabad, en 2008. Le juge du district, Aruna Sarika, a acquitté les neuf accusés arrêtés, tous membres de l'organisation, en raison de l'absence de preuves techniques et scientifiques.

Sociologie du recrutement : il n'y a pas de modèle social généralisable de tous ces radicalismes

La question religieuse ne s'inclut pas dans la question sociale. Les militants des différents radicalismes couvrent tout le champ social. La micro-sociologie rend la réflexion politique sur les racines des autres radicalismes impossible. De même, un faux débat différenciant salafisme quiétiste et salafisme djihadiste brouille la vision : le même discours de haine et les mêmes principes politiques d'exclusion des Autres les réunissent. Les nuances sur les différentes mouvances du salafisme quiétistes ou djihadistes au Maghreb paraissent bien macaroniques. L'originalité de la prédication salafiste est qu'elle est politico-religieuse, pas seulement religieuse. Les salafistes quiétistes prônent l'obéissance au Prince (s'il est musulman), mais il reste à valider la conformité de leur discours à la charia (antisémitisme, oppression des femmes, haine des mécréants, etc.). Tous les courants salafistes, bien que distincts, s'opposent au vote populaire, accusé de vouloir dépasser la charia. Dans tous les mouvements radicaux, on retrouve le même schéma : certains prêchent l'idéologie d'exclusion de l'Autre, et d'autres la mettent en œuvre violemment. Dès lors, faudrait-il regarder Hitler comme un « nazi quiétiste » avant 1934 ? Le projet radical propose une ascension sociale fulgurante et la gloire du combattant, par exemple Daech comme l'a fait le nazisme durant la crise des années 1930. Les mouvements religieux radicaux attirent non seulement les exclus du système, mais aussi des membres des classes moyennes bloqués dans leur mobilité par les élites[32] quand ce ne sont pas des membres de l'élite elle-même. Le recrutement radical ne se résume pas à un phénomène de déshérence sociale : on l'a vu avec Ben Laden ou Zawahiri (médecin) dans Al-Qaïda, avec les attentats de Glasgow commis par des médecins musulmans parfaitement intégrés dans la société ou avec ceux du Shangri-La à Colombo, perpétrés par les deux fils d'une des plus riches familles du pays, radicalisés par l'imam Zaharan, prêcheur et recruteur de Daech. L'énorme travail de Farhad Khosrokhavar sur « le nouveau jihad en Occident[33] » dresse une série de biographies qui montre combien le parcours individuel finit par l'emporter, obligeant à des analyses fines de micro-sociologie. La démarche vaut encore plus pour les autres radicalismes qui mobilisent des adhérents de toutes catégories sociales. La plupart des djihadistes ne sont pas de jeunes exaltés sans obligations familiales, ni expérience de vie traumatisante, ni expérience malheureuse. Selon les recherches du journaliste Peter Bergen qui a produit de nombreux livres sur ces sujets et rencontré Ben Laden (cf. Bibliographie), leur âge moyen est de vingt-neuf ans, et plus d'un tiers sont mariés, beaucoup avec des enfants, un sixième sont des femmes. Les djihadistes américains, selon lui, sont, « en moyenne, aussi bien éduqués et émotionnellement stables que le citoyen typique. Ce sont des Américains ordinaires ». Le livre *Objective Troy. A Terrorist, a President, and the Rise of the Drone*[34], de Scott Shane, journaliste du *New York Times*, reconstitue la biographie de M. Anwar al-Awlaqi, l'imam américain qui avait soutenu la campagne de Barack Obama contre les excès des programmes de lutte antiterroriste de George W. Bush et l'assassinat ciblé par drones. Autrefois célébré pour avoir appelé à la modération après le 11-Septembre, cet imam a finalement basculé dans l'appel à l'assassinat de masse depuis ses cachettes du désert, et il restera dans l'Histoire comme le premier citoyen américain délibérément assassiné par son propre gouvernement sans procès. Autre exemple : Nidal Hasan, qui a grandi dans la classe moyenne en Virginie, s'est enrôlé dans l'armée et est devenu « le loup solitaire le plus meurtrier de tous », tuant 13 personnes au camp de Fort Hood. David Coleman Headley, qui dirigeait un magasin de vidéos à Manhattan et travaillait comme informateur pour la Drug Enforcement Administration, a participé à la planification des attentats de 2008 à Mumbai (160 morts). Samir Khan, un adolescent lambda amateur de jeux vidéo et de filles, est devenu un blogueur djihadiste radical. Parti au Yémen, il a lancé la revue *Inspire* en 2010, webzine en anglais où l'on trouve des articles sur les explosifs (« Fabriquez une bombe dans la cuisine de votre mère ») et la guerre sainte. Ces « intellectuels » ont attiré une génération de terroristes comme les frères Tsarnaïev (les poseurs de bombes lors du marathon de Boston en 2013). Des militants rentrés de l'étranger ont tenté de mener de graves attaques aux États-Unis. Faisal Shahzad, par exemple, entraîné à la fabrication de bombes par les talibans pakistanais, laissa une voiture piégée à Times Square en mai 2010. Ces exemples, tous pris dans le contexte américain, prouvent si c'était nécessaire qu'il n'existe pas de démocratie qui, par sa tolérance et sa politique d'intégration, serait à l'abri du terrorisme, si sa diplomatie reste militairement impérialiste. Idem pour la France et la Grande-Bretagne.

En Inde, M. Modi a joué la carte des basses castes, tout en ayant le soutien du monde des affaires, de la petite classe moyenne en ascension sociale, des jeunes en quête d'emploi et des idéologues en faveur d'une Inde internationale puissante. Mais le BJP a également bénéficié de l'insécurité parmi les électeurs pauvres de la caste supérieure, contestés par la puissance croissante des castes inférieures. Stéphanie Suryanarayan, chercheuse de l'université Johns Hopkins[35], dresse une carte des progrès électoraux du BJP entre 1986 et 1995 en rapport avec le recensement par castes de 1931 et démontre que les gens pauvres et riches des milieux des castes supérieures ont de plus en plus voté BJP depuis les élections de 1990, année où les politiques d'*affirmative action* (en faveur des Intouchables) ont été adoptées sous l'impulsion du Parti du Congrès. Celles-ci sont dénoncées par le BJP pour défendre la domination des castes supérieures dans les établissements d'enseignement et les emplois. Le recrutement des nationalistes hindous se fait aussi dans les basses castes, des vendeurs de rue et ouvriers. Le cri de ralliement est «*Jay Sri Jam*» (Vive Ram) pour répondre aux «*Allahou Akbar*». L'adhésion est plus rituelle que sociale.

Les partisans du Goush, contrairement à d'autres fondamentalistes juifs en Israël (tels que l'antisioniste Neturei Karta, qui conserve un style de vie médiéval), sont modernes, sages et intelligents. Beaucoup sont des ingénieurs, des mathématiciens talentueux et des hommes d'affaires prospères. La plupart de leurs rabbins sont extrêmement polyvalents. Presque tous ceux qui les rencontrent sont très impressionnés par la combinaison d'intelligence, d'idéalisme et de modestie qui les caractérise. Ils ne sont ni assoiffés de sang ni suicidaires, ne se livrent pas au hooliganisme de rue ou à un autre comportement quasi fasciste.

LE CHAUDRON PAKISTANAIS[36]

État créé lors de la partition de l'Inde en 1947, le Pakistan est fondé comme un État laïque en 1947 mais change de nom en 1956 et devient la république islamique du Pakistan. La coloration islamique s'accentue sous le général Zia ul-Haq (1977-1988) avec une poussée sans cesse accrue de la charia dans l'ordre juridique. La Constitution de 1973 stipule dans son préambule et aux articles 20, 21 et 22 que tous les citoyens jouissent de la liberté de pratiquer et de professer librement la religion de leur choix, mais l'article 2 fait de l'islam la religion d'État. Le chef de l'État doit être un musulman (article 41.2); le Premier ministre aussi (article 91.3); le tribunal islamique fédéral a la faculté d'invalider toute loi contraire à l'islam (article 203 E). En outre, les lois dites « du blasphème » introduites en 1986 dans le Code pénal (articles 295 B, 295 C, 298 A, 298 B, 298 C) limitent très fortement la liberté de religion et d'expression, et rendent passibles de la prison à vie et/ou de la peine de mort. Au Pakistan, « Quiconque profère un blasphème doit en répondre devant la justice et la seule peine envisageable est la mort », a déclaré maître Ghulam Mustafa Chaudhry, responsable d'un groupement d'avocats de Lahore qui s'est donné pour mission de veiller à ce que les lois anti-blasphème soient appliquées. Selon l'agence Reuters, le Khatm-e-Nubuwwat Lawyers' Forum, ce qui pourrait se traduire par « Mouvement pour la défense du Prophète », utilise son expertise en droit pour s'assurer que quiconque « insulte l'islam ou Mahomet » est mis en examen, jugé et exécuté. Pour l'heure, aucun condamné à mort pour blasphème ne l'a été au Pakistan, mais les couloirs de la mort des prisons se remplissent peu à peu et sur les quelque 8 000 condamnés à mort qui s'y trouvent, plus d'un millier le seraient pour des affaires de blasphème. Parmi eux se trouvait la chrétienne Asia Bibi, dont l'accusateur, lors de son procès en première instance et en appel, était assisté par un avocat membre de Khatm-e-Nubuwwat. Elle avait été condamnée à mort en première instance en 2010, accusée de blasphème envers l'islam. Ayant interjeté appel de la décision devant la Haute Cour de Lahore, Asia Bibi voit sa condamnation confirmée le 16 octobre 2014 mais est finalement acquittée par la Cour suprême le 31 octobre 2018. À la suite de fortes pressions sur le gouvernement, elle reste toutefois emprisonnée et sujette à une demande de rejugement. Le gouvernement refuse de lui donner un laissez-passer pour aller dans des pays occidentaux qui lui offrent l'asile. Au moins 65 personnes ont été lynchées à mort ou assassinées depuis 1990, y compris des juges et des avocats pour avoir été soupçonnées de blasphème ou pour avoir pris la défense de personnes accusées de blasphème, avec parfois invasion des salles d'audience de manière à intimider l'accusé, les juges, les avocats de la défense ainsi que les membres de la famille. Des menaces ont également été proférées contre des médias ou des journalistes rendant compte des initiatives antiblasphème. En novembre 2015, la Cour suprême du pays a bien statué pour dire que le simple fait de discuter des lois antiblasphème ne pouvait pas être tenu pour un blasphème en soi, mais, en pratique, un débat serein est impossible. Depuis la fondation de l'association d'avocats Khatm-e-Nubuwwat, le nombre d'affaires pour blasphème enregistrées dans la seule province du Pendjab a triplé. En 2015, des dispositions ont été prises au niveau de la province pour restreindre la procédure encadrant le dépôt de plainte. Toutefois, les avocats du mouvement veillent. « S'ils entendent parler d'une plainte, ils viennent voir directement la personne et lui offrent de l'accompagner en justice gratuitement. Parfois, ils arrivent nombreux et encouragent les personnes à porter plainte », témoigne un policier sous le sceau de l'anonymat.

Exemples d'attentats

Le 27 mars 2016, à Lahore, un kamikaze a ciblé des familles dans le parc Gulshan-i-Iqbal, faisant 78 morts (54 musulmans et 24 chrétiens) et quelque 300 blessés. C'est l'attentat le plus sanglant depuis celui de Peshawar, en décembre 2014, qui avait tué 132 élèves d'une école publique de l'armée. Après l'attentat de Lahore, un porte-parole des talibans du Jamaat-ul-Ahrar, faction rivale de la mouvance talibane pakistanaise du Tehreek-e-Taliban, revendiqua l'attentat suicide, en précisant qu'il « ciblait les chrétiens ». Le 15 mars 2015, un double attentat, également revendiqué par Jamaat-ul-Ahrar, avait fait 17 morts près de deux églises de Lahore. Un dimanche de septembre 2013, dans la cour d'une église de Peshawar, deux kamikazes s'étaient fait exploser, tuant plus de 80 personnes.

La violence s'exerce aussi contre les musulmans eux-mêmes divisés entre sunnites (75 %) et chiites (25 %). Le 13 décembre 2015[37], 23 personnes ont été tuées et plus de 30 blessées, au marché Eidgah de Parachinar dans un bazar bondé d'une zone chiite du nord-ouest du pays, dans la zone tribale semi-autonome de Kurram. L'attentat a été revendiqué par le groupe sunnite Lashkar-e-Jhangvi, proche d'Al-Qaïda, reprochant aux chiites leur soutien à Bachar el-Assad et à l'Iran.

Les ahmadis sont une communauté persécutée que l'islam majoritaire considère comme hérétique. Depuis un amendement à la Constitution voté en 1974, les ahmadis n'ont pas le droit de se dire musulmans, ni d'appeler leurs lieux de culte des « mosquées ». Selon un rapport publié par eux-mêmes le 25 avril 2016, entre 1984 et 2015, on compte 248 ahmadis tués en raison de leur appartenance religieuse, alors que 27 de leurs lieux de culte ont été détruits et 39 de leurs cimetières profanés.

L'une des formes les plus insidieuses de violence contre les minorités est le mariage forcé dont sont victimes les jeunes filles issues de ces minorités. Ces dernières années, le phénomène croissant des conversions forcées de jeunes filles hindoues dans la province du Sind est devenu un problème majeur (les hindous sont environ 2,5 millions sur les 191 millions de Pakistanais). Selon l'association Pakistan Hindu Panchayat, chaque année, près de 1 000 jeunes filles ou femmes originaires du Sind sont contraintes de se convertir à l'islam, provoquant l'exode des familles vers l'Inde voisine. En février 2016, des changements dans la loi devaient limiter ce problème. En effet, au Pakistan le mariage civil n'existe pas. Les hindous, contrairement aux musulmans et aux chrétiens, ne pouvaient, jusqu'à présent, faire enregistrer leur mariage auprès des autorités civiles, ce qui compliquait l'obtention de papiers d'identité, de droit de propriété ou d'héritage. La situation des femmes hindoues était encore plus difficile ; le Pakistan ne reconnaissant pas leur statut matrimonial, elles étaient considérées comme célibataires, bien que mariées à un hindou, et elles étaient donc une proie facile pour les auteurs d'enlèvements de non musulmanes. Une clause particulière de la nouvelle loi prévoit l'annulation du mariage hindou si l'un des époux se convertissait à l'islam, clause perçue comme un blanc-seing pour les auteurs d'enlèvements. « Cette clause peut être détournée pour convertir de force des femmes hindoues déjà mariées, de la même manière que des jeunes filles hindoues sont déjà kidnappées et contraintes de se convertir à une autre religion », a déclaré au *Pakistan Herald* Ramesh Kumar Vankwami[38] de La Ligue musulmane du Pakistan (Pakistan Muslim League) qui a demandé que cette clause soit retirée, chose faite grâce au soutien de la Commission sénatoriale des droits de l'homme.

De nombreuses jeunes chrétiennes subissent le même sort. En septembre 2015, à Pattoki, dans la province du Pendjab, une jeune chrétienne de vingt-deux ans, Nabila Bibi, a été kidnappée par quatre hommes armés sous les yeux de sa mère et de sa sœur, puis « convertie » à l'islam et mariée de force à un musulman. La police a refusé d'enregistrer le dépôt de plainte du père de la jeune fille, déclarant que les assaillants avaient confirmé à la police que sa fille avait volontairement décidé de se convertir et d'épouser un musulman. Bashir Masih, le père, s'est alors tourné vers Sardar Mushtaq Gill, avocat chrétien qui dirige l'ONG Lead et fournit une assistance juridique gratuite. Le 18 février 2016, après quatre mois d'enquête, l'avocat a finalement obtenu un ordre du tribunal de Pattoki demandant l'ouverture d'une enquête. « Dans la plupart des cas, les kidnappeurs utilisent l'argument de la conversion comme une protection juridique afin de ne pas être poursuivis pour enlèvement, séquestration et viol », a déclaré l'avocat à l'agence Ucanews (Union of Catholic Asian News). « Même si cette jeune fille arrive à retourner chez elle, sa vie est détruite. » Le père de la jeune fille a reconnu avoir reçu des menaces de mort[39] contre sa fille qui, si « elle se reconvertissait au christianisme, serait considérée comme une murtad (une apostate) ». Les chrétiens, principale minorité religieuse avec les hindous, représentent un peu plus de 2 % des 191 millions de Pakistanais. Issus des basses castes hindoues converties au XIXe siècle, ils exercent des métiers comme nettoyeurs de rue ou éboueurs. Beaucoup d'entre eux souffrent régulièrement de persécutions et fuient leur pays vers la Thaïlande, pays dont ils peuvent encore relativement facilement obtenir un visa de tourisme, mais une fois sur place, les instances du HCR font défaut. On estime que 99 % des 6 à 7 000 chrétiens pakistanais réfugiés en Thaïlande n'ont plus de papiers en règle. Le 15 avril 2016, un jeune chrétien, Nauman Masih, quatorze ans, est mort de ses blessures à l'hôpital Mayo de Lahore, aspergé d'essence et brûlé vif cinq jours plus tôt par deux jeunes musulmans. Selon certaines sources, il pourrait s'agir d'une vengeance après le lynchage à mort de deux musulmans, commis à Youhanabad, quartier chrétien de Lahore, par des chrétiens déclarés depuis innocents. Un double attentat contre des églises chrétiennes a fait 20 morts le 15 mars 2016. Si l'attentat a été commis et revendiqué par un groupe islamiste, les suites dont le lynchage à mort de deux personnes par la foule des chrétiens en colère ont créé un climat immonde. Afin de retrouver les auteurs du lynchage, la police a depuis procédé à des arrestations massives dans le quartier de Youhanabad et une centaine de jeunes chrétiens ont été interpellés, mis en prison et déférés devant la justice. Rappelons le cas des deux époux chrétiens brûlés vifs dans un four à briques en novembre 2014. Le père Channan constate : « Je dirais qu'aujourd'hui, les chrétiens connaissent la pire période de leur histoire dans ce pays. Discrimination, souffrance, oppression se muent trop souvent en une véritable persécution. Nous demandons au gouvernement : où est la justice ? Où sont les coupables des nombreux épisodes de violence gratuite commis contre les chrétiens[40] ? »

Le pays est donc aujourd'hui un mélange d'insurrections nationalistes (Baloutchistan), d'émirats autoproclamés (Waziristan), de fiefs militaires et économiques (Rawalpindi, Islamabad et Karachi). Il est bien difficile de déterminer la part exacte de la radicalisation religieuse dans ce tonneau de poudre.

4

Le nouvel internationalisme : diplomaties religieuses et diasporas

Les diplomaties religieuses

La religion structure de plus en plus la vie internationale et pas seulement depuis le 11-Septembre : dans les termes d'abord – « islamo-fascisme » (Alain Madelin), « Axe du mal » (George W. Bush) ; dans les institutions : débats au Parlement européen sur les fondements judéo-chrétiens de l'Europe (2004) ; mais aussi à travers la constitution de structures religieuses internationales : création du Conseil mondial hindou (VHP) en 1964, Organisation de la coopération islamique (1969), Muslim Ban (Trump), Congrès international de l'évangélisation mondiale, multiples associations bouddhistes (Rigpa, BLIA, WFP…), etc.

Le prosélytisme se mondialise aussi : en vingt-six ans de règne, le premier pape non italien, Jean-Paul II, a visité 129 pays, été vu par 500 millions de personnes, a prononcé 483 canonisations et 1 340 béatifications, et émis 46 lettres encycliques et pastorales. Son enterrement fut suivi par 70 chefs d'État et 700 évêques. Mais son message se voulait œcuménique, ce qui n'est pas le cas des diplomaties religieuses impulsées par les radicaux. Chacun y va de son propre prosélytisme religieux, et se créent ainsi des diplomaties internationales parfois planétaires, parfois simplement ciblées sur les diasporas. C'est devenu une dimension importante de la vie internationale, peu étudiée dans sa totalité.

La diplomatie religieuse de l'Arabie saoudite, maison mère du salafisme[1]

Il est toujours étonnant de constater combien les sites d'études les mieux informés sur l'Arabie saoudite traitent peu de sa diplomatie religieuse, comme si ce pays était un acteur international banal, essentiellement préoccupé par les querelles dynastiques et ses relations avec les États-Unis. Pourtant, dès sa naissance en 1932, le régime, constitué par l'alliance entre la tribu des Saoud et la famille des Al-Shaikh, descendants d'Abd al-Wahhab, partage les pouvoirs. Les deux entités avaient collaboré pour la conquête de la péninsule, les religieux proclamant le djihad contre les autres tribus musulmanes de la péninsule et contre l'Empire ottoman qui contrôlait les lieux saints. La Constitution du nouvel État est l'occasion de proclamer publiquement son ambition de propager l'islam (version wahhabite évidemment). Les religieux refusent d'ailleurs le qualificatif de « wahhabite », car, comme tous les radicaux musulmans, ils se qualifient eux-mêmes de salafistes (imitateurs des compagnons du Prophète). Bilveer Singh, du Centre of Excellence for National Security (Singapour), parle d'un « package salafiste ». C'est d'ailleurs la contradiction structurelle du pays : la dynastie régnante qui a signé le pacte du Quincy avec Roosevelt en 1945 a besoin des pays occidentaux pour sa survie (1979, 1991, lutte contre Daech aujourd'hui). Les autorités religieuses critiquent ces appels aux « mécréants » dénoncés à longueur de journée dans les mosquées, sur les radios et télés locales, mais trouvent toujours les bons arguments théologiques pour soutenir le régime en échange de plus de pouvoirs sur la société et de moyens pour leur diplomatie religieuse. Chaque crise se conclut donc par « plus de religion », à l'intérieur comme à l'international. La « réforme » en Arabie ne signifie pas du tout ce que les Occidentaux pensent.

Les premières difficultés du jeune royaume datent de Gamal Abdel Nasser, le grand leader du monde arabe et du panarabisme laïque, et des dissensions lors de la crise du Yémen, en septembre 1962. En offrant l'asile aux Frères musulmans persécutés par Nasser, le royaume obtient les cadres administratifs et intellectuels et les thèmes politiques qui lui manquent dans son combat contre le Raïs. Le système qui se met en place est un miroir des organisations voulues par Nasser : au panarabisme, les Saoudiens répondent par le panislamisme ; contre la Ligue arabe enceinte de l'influence égyptienne, la Ligue islamique mondiale est créée en 1962 ; et contre l'Université islamique Al-Azhar jugée « trop progressiste », l'université islamique de Médine (1961). À l'époque, la diplomatie religieuse de Riyad vise à contrer l'influence du socialisme arabe qui triomphe en Syrie, Irak, Libye, Algérie… En Afrique subsaharienne, alors particulièrement ciblée par Riyad, cela porte ses effets aujourd'hui au Mali, au Niger, au Sénégal, au Burkina, en RCA, pays dont tous les leaders religieux sont des anciens de l'université islamique de Médine. La menace nassérienne disparaît avec la guerre des Six-Jours. En revanche, la guerre du Kippour offre à Riyad les moyens budgétaires de sa diplomatie planétaire avec la hausse des prix du pétrole. L'année 1979 est une charnière pour le royaume, secoué par la révolution chiite à Téhéran, l'occupation de la grande mosquée par des jeunes étudiants radicaux et enfin l'invasion soviétique en Afghanistan, qui lui permet d'exporter ses turbulents contestataires religieux et de se donner une importance internationale majeure aux yeux du monde musulman et de l'Occident. L'Arabie entre ainsi dans le camp de la Liberté.

En 1989, quand l'Armée rouge vaincue quitte l'Afghanistan, les anciens combattants, les « Afghans », rentrent chez eux. Le plus affecté des États est l'Algérie, à travers les dix ans d'une guerre civile accompagnée de toutes les horreurs que les wahhabites/salafistes ont pratiquées partout où ils l'ont emporté : en Arabie saoudite d'abord, puis en Afghanistan. Le *takfir*, idéologie de l'excommunication des « hypocrites » pratiquée par les Groupes islamiques armés (GIA) algériens, prônait que tous ceux qui ne combattaient pas activement le gouvernement pouvaient être tués en toute impunité. Ajoutons à cela l'interdiction des autres pratiques de l'islam et de leurs imams ; le massacre de villages entiers ; les règles coraniques inventées imposées de force ; l'oppression des femmes et les tueries de jeunes filles scolarisées… Combien de morts en Algérie ? Entre 60 et 150 000. Les GIA étaient un prototype de Daech, comme l'ont été les talibans pratiquant la violence extrême comme un rite de purification révolutionnaire pour le triomphe de leur conception de l'islam. La diplomatie religieuse de l'Arabie saoudite reste aujourd'hui très active, les Occidentaux ayant restreint leur action contre le radicalisme salafiste à la lutte contre les réseaux de financement sans jamais oser critiquer l'idéologie. L'essentiel des livres gratuits distribués dans les mosquées occidentales est publié en Arabie. En août 2016, le grand mufti d'Arabie[2], Abdelaziz ben Abdallah Al ach-Cheikh, a appelé le ministère des Affaires islamiques de l'Orientation à retirer tous les corans distribués dans les mosquées pour les remplacer par l'édition du roi Fahd, au cours de l'émission *Fatwa en direct* : « Seul le Coran du roi Fahd est celui sur lequel il faut compter. » Il a affirmé que « d'autres corans contenaient de graves erreurs… alors que le Coran du roi Fahd est exempt d'erreurs et nous dispense des autres éditions ». Au moins les dirigeants de Moscou laissaient-ils des éditeurs étrangers publier des livres marxistes.

Où en est-on aujourd'hui ? Les révolutions arabes ont profondément déstabilisé la région mais aussi le régime saoudien qui voit sortir des urnes égyptiennes, marocaines, libyennes et tunisiennes les Frères musulmans. Riyad les avait expulsés en 1991 pour avoir osé critiquer la décision royale d'en appeler à l'Amérique afin de défendre la terre des lieux saints. Pour Riyad, mieux vaut les militaires en Égypte et au Soudan que les Frères. On a donc aujourd'hui des guerres religieuses dans certains pays musulmans qui opposent trois camps : les salafistes djihadistes contre le régime en place, mais aussi contre les Frères musulmans. C'est le scénario au Yémen, en Tunisie, en Algérie et en Syrie, chaque camp se prétendant évidemment le seul légitime à défendre l'islam. La légitimité et la lisibilité d'éventuelles interventions internationales deviennent impossibles. À l'intérieur de chaque pays, la pression des salafistes se fait ressentir dans tous les domaines. En Tunisie, la fête de l'anniversaire de la naissance du Prophète, le 24 janvier (la Mouled), a été dénoncée par les imams salafistes comme une « célébration idolâtre », y compris les repas festifs associés. En un an, 17 mausolées maraboutiques ont été brûlés ou saccagés. Occupant de force certaines mosquées, les salafistes imposent leur rituel de prière. « Si la prière collective hebdomadaire n'unit pas les croyants et n'est pas source d'apaisement et de recueillement, autant rester chez soi », dit Mourad, un pharmacien qui effectue désormais le rite du vendredi dans son officine[3]. En Asie centrale, l'action financière des Saoudiens est impressionnante. Au Kirghizistan, il n'y avait plus que 39 mosquées en 1991, on en compte aujourd'hui plus de 2000. On peut chercher tous les arguments contraires possibles, comme disait Kamel Daoud : « L'Arabie saoudite, c'est Daech qui a réussi. » L'Arabie saoudite, tel le Dr Frankenstein, a donné naissance à un monstre (le salafisme djihadiste) qui lui échappe et appelle à l'aide les mécréants pour le détruire, et ainsi épargner le Dr Frankenstein.

Les cibles de la diplomatie saoudienne sont d'abord les chiites : en mars 2016, le Conseil des ministres arabes de l'Intérieur condamne les « pratiques et actes terroristes » du Hezbollah, accusé de vouloir « déstabiliser certains pays arabes ». Au même moment, la Ligue arabe classe aussi le Hezbollah comme « groupe terroriste ». Mais en Tunisie, en Algérie et au Maroc, ce communiqué suscite un tollé, car, dans cette région du monde arabe sunnite, le Hezbollah, bien que chiite, est très populaire pour sa résistance contre l'armée israélienne envahissant le Sud-Liban en 2006. L'Ordre national des avocats tunisiens, de nombreux partis de gauche, l'Union générale tunisienne du travail (UGTT, Prix Nobel de la paix 2015) et même des personnalités proches du président critiquent ceux qu'ils accusent d'« alignement sur les positions de l'Arabie saoudite ». Tous les pays de la région sont dorénavant confrontés au retour des combattants de Daech de Syrie et d'Irak, le contingent tunisien étant à ce jour le plus nombreux. Aucun intellectuel maghrébin ne se trompe sur l'influence saoudienne dans la propagation du salafisme. L'argent qui aide les familles les plus pauvres, l'implantation d'écoles coraniques et de mosquées mènent progressivement au salafisme ici comme dans le reste de l'Afrique.

En octobre 2015, l'Algérie a refusé de faire partie de la coalition sunnite de 34 pays musulmans lancée par l'Arabie saoudite au Yémen pour « combattre le terrorisme militairement et idéologiquement ». En rétorsion contre ce refus émanant du seul pays ayant une réelle expérience militaire antiterroriste, le royaume a dressé une liste noire de 11 pays qui ne feraient pas assez d'efforts dans « la lutte contre le financement du terrorisme ». Selon le journal saoudien *Makka*, qui aurait réussi à consulter des documents diplomatiques royaux, Riyad aurait établi deux catégories dans sa liste noire : l'Iran et la Corée du Nord en tête et huit autres pays dont l'Algérie, qui ne respecteraient pas les règles du GAFI (Groupe d'action financière, organisme international dédié à la lutte contre les flux financiers illégaux).

Le site WikiLeaks Saudi Cables Database, qui a déclassifié 123 000 documents diplomatiques saoudiens, fournit d'intéressantes informations sur la stratégie dans les différents pays de la rive nord. Le silence des responsables politiques et économiques occidentaux face à la responsabilité saoudienne s'obtient de différentes façons : pour les responsables gouvernementaux, c'est la « lettre d'intention » qui conclut la visite et promet des contrats en milliards (Manuel Valls, 10 milliards d'euros ; Trump, 110 milliards de dollars) ; pour les chefs d'entreprise c'est « l'annonce de projets pharaoniques » ouverts à la concurrence : Neum, la cité du futur (500 milliards de dollars)… Le soutien des autorités françaises à cette politique d'influence saoudienne est aveugle : Légion d'honneur remise au chef de la diplomatie saoudienne ; mutisme sur les droits de l'homme (et de la femme) ; silence sur les massacres au Yémen, jusqu'à l'affaire Kashoggi. Depuis plusieurs années, différentes agences de communication et de relations presse françaises se sont vu confier par le royaume la mission d'« améliorer l'image de Riyad dans l'Hexagone», révèle le mensuel *Challenges*[4] : Publicis* arrive largement en tête de toutes les agences internationales. Les élites musulmanes de l'étranger, dernier objectif saoudien, préfèrent le mutisme sur les massacres au Yémen : critiquer l'Arabie est vite assimilé à une critique de l'islam de la même façon que critiquer Netanyahou est passible d'accusation d'antisémitisme (voir le chapitre sur les diasporas).

La diffusion de la littérature wahhabite sur la planète

Une rivalité architecturale oppose la Turquie, qui dépense des centaines de millions d'euros pour construire plus de 30 mégamosquées sur les cinq continents, et la diplomatie de l'Arabie saoudite et des États du Golfe. Au cours des deux dernières décennies, de grandes populations musulmanes mal desservies comme celles du Mali, des Philippines, de la Somalie et d'autres pays comme Cuba, ont bénéficié de cette rivalité. La mégamosquée de Marseille (7000 places) deviendra la plus grande mosquée de France, dépassant celle d'Évry (5000 places). Les deux françaises ont été éclipsées par une mosquée proposée à Londres (12000 places avec une extension possible à 40000 places). Elle dominerait alors celle de Rome (12000 places), la plus grande d'Europe occidentale. Mais l'émir du Qatar offre 2,2 milliards d'euros pour racheter les arènes de Barcelone «la Monumental» et les transformer en une mosquée pour plus de 40000 fidèles. La Catalogne est la région d'Espagne qui compte le plus de musulmans (465000 personnes), mais aucune mosquée n'y existe contrairement à Madrid ou Valence.

* Élisabeth Badinter, présidente du conseil de surveillance de Publicis de 1996 à 2017, a appelé au boycott des entreprises qui se lancent dans la mode islamique.

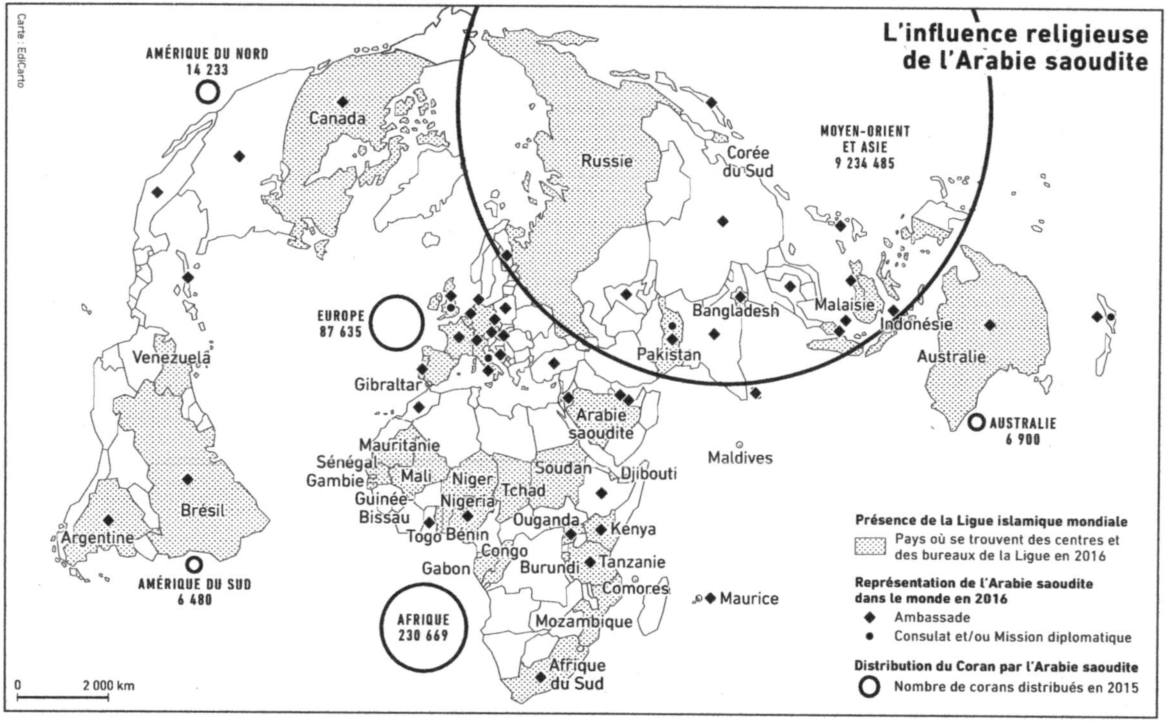
L'influence religieuse de l'Arabie saoudite
AMÉRIQUE DU NORD 14 233
Canada
Russie
Corée du Sud
MOYEN-ORIENT ET ASIE 9 234 485
EUROPE 87 635
Venezuela
Gibraltar
Bangladesh
Malaisie
Indonésie
Pakistan
Australie
Arabie saoudite
AUSTRALIE 6 900
Mauritanie
Sénégal
Gambie
Mali
Niger
Soudan
Djibouti
Maldives
Guinée-Bissau
Nigeria
Tchad
Brésil
Argentine
Togo
Bénin
Ouganda
Kenya
Congo
Gabon
Burundi
Tanzanie
Comores
Maurice
AMÉRIQUE DU SUD 6 480
AFRIQUE 230 669
Mozambique
Afrique du Sud
0 2 000 km
Présence de la Ligue islamique mondiale
Pays où se trouvent des centres et des bureaux de la Ligue en 2016
Représentation de l'Arabie saoudite dans le monde en 2016
Ambassade
Consulat et/ou Mission diplomatique
Distribution du Coran par l'Arabie saoudite
Nombre de corans distribués en 2015
Carte : EdiCarto

En Inde, beaucoup d'émigrés musulmans partis travailler dans le Golfe après 1973 reviennent « enrichis », financent des mosquées et des écoles et rachètent leurs anciens quartiers. L'université islamique de Bénarès inaugurée en 1963 par l'ambassadeur d'Arabie saoudite, Yusuf al-Fauzan – membre de plusieurs hautes instances religieuses, figure majeure du mouvement salafiste – et Allama Abdul Qadir Shaibatul Hamd, représentant du grand mufti d'Arabie saoudite, est devenue un relais de la diplomatie saoudienne, focalisé en particulier contre les chiites et les ahmadis indiens.

La diplomatie chiite[5]

Pour l'imam Khomeiny, le nationalisme était une invention occidentale pour diviser l'oumma, et la solidarité islamique devenait le nouvel axe international. La révolution rapidement ramenée à la réalité et isolée tenta d'atteindre les communautés chiites les plus significatives. Les structures implantées au Liban tiennent encore une place appréciable : le Centre culturel islamique (CCI) iranien à Beyrouth eut officiellement pour rôle de présenter l'Iran au public libanais ; promouvoir l'enseignement du farsi dans l'ensemble du Liban ; organiser des conférences et diffuser des publications et films sur le chiisme et la révolution khomeiniste. Son activisme fut spécifiquement chiite en zone chiite et qualifié de « musulman » ailleurs. Le CCI contribua aussi à l'ouverture de nouvelles structures au Liban, comme la fondation Ahl al-Bayt (Al-Majma al-Alamili-Ahl al-Bayt), qui fut un élément décisif dans la chi'isation en Afrique. Fondée en 1990 par l'ayatollah Khamenei, elle avait les missions suivantes :

– la subordination de tous les chiites sous l'autorité de l'imam Khamenei en l'espèce ;
– le renforcement des liens entre l'Iran et les communautés chiites à travers le monde, ainsi que leur politisation selon les valeurs de la révolution khomeiniste ;
– la création d'un centre institutionnel pour les chiites du monde entier.

Les réseaux du chiisme libanais permirent de renforcer sa position face à l'État libanais, par exemple via la production et la diffusion d'expertise « amie ». Ainsi, le Centre consultatif pour les études et la documentation (*al-Makaz al-istishari lil-dirasat wa-al-tawthiq*), créé en 1988, composé de membres du Hezbollah, est un pôle de référence sur le chiisme au Liban et producteur de sondages/études sociologiques. L'ONG Al-Amiliyya, créée en réponse aux discriminations socio-économiques dans le pays, a formé des générations de l'élite chiite libanaise. Enfin, l'Iran décida d'ouvrir en 1998 un réseau d'écoles « Al-Shahid », en lien avec la Fondation des martyrs iranienne qui incarne, pour certains chercheurs, l'exemple le plus visible et impressionnant de la solidarité transnationale chiite. Il est évident que la coopération militaire (entre le Hezbollah et les Pasdaran) est un thème de coopération que l'Arabie saoudite ne peut fournir. Ces différentes diplomaties religieuses qui ne peuvent rivaliser que dans la « juste interprétation de l'islam » sont partout des vecteurs de radicalisation locale et de conflits à venir.

Daech, l'internationale radicale la plus mondialisée

De l'Algérie à l'Indonésie, une vingtaine d'organisations ont fait allégeance à l'État islamique. En 2015, le Soufan Group[6] estimait le nombre des djihadistes étrangers entre 27000 et 31000 : 8000 environ viennent de la région du Moyen-Orient (2500 Saoudiens, 2000 Turcs, 2200 Jordaniens); 8000 du Maghreb, dont 4000 à 5000 Tunisiens; 5000 Européens dont 1700 Français; 800 des Balkans; 6000 russophones dont 2400 Russes; 900 à 1000 d'Asie du Sud. Selon David Thomson, les chiffres sont probablement gonflés, mais indiquent bien les tendances exactes. Ces combattants étrangers sont venus pour combattre et défendre ce qu'ils considèrent comme le seul véritable État islamique, explication essentielle de la mobilisation.

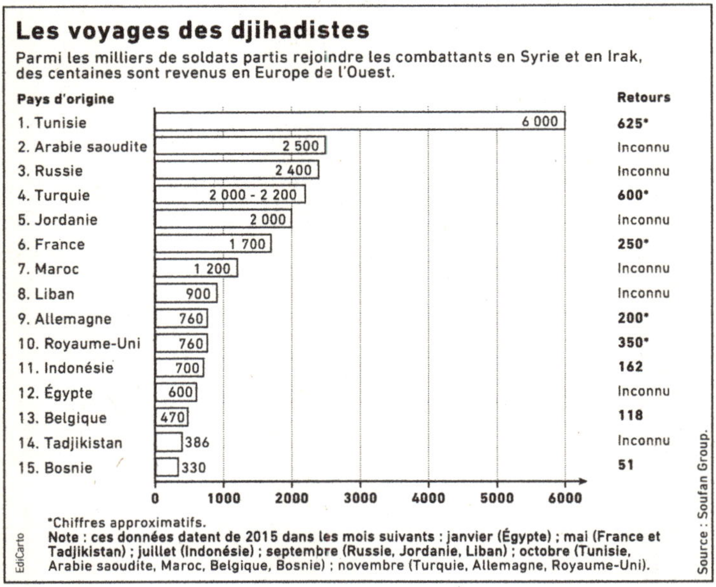

Comme les évangéliques, les wahhabites sont les plus efficaces, car ils distribuent du rêve et de l'argent : par exemple, à Mamasapano, aux Philippines, pour convaincre de rejoindre Daech, la prime de recrutement en 2016 était de 20000 pesos (340 euros); la désaffiliation proposée par la politique gouvernementale était de 25 000 pesos (430 euros). L'offre salafiste a grimpé à 200 000 pesos (3 400 euros) pour attirer les familles qui crèvent de faim dans des camps, victimes de la guerre contre Abou Sayyaf. Pour ce qui concerne le prosélytisme salafo-wahhabite[7], on estime que l'Arabie saoudite dépense en moyenne 8 milliards de dollars par an, que l'université islamique de Médine a formé environ 30 000 imams étrangers boursiers en une vingtaine d'années, avec obligation de retourner dans leur pays pour y propager le salafisme.

Les néo-évangéliques : méthodiques et planétaires

Dans le contexte des années 1990, parallèlement à l'effondrement de l'État russe, des groupes religieux américains ont mené une intense activité missionnaire. Le mythe de la Terre promise avec l'arrivée des pères fondateurs outre-Atlantique, l'américanisation de Dieu, comme la vision très théologique de la « destinée manifeste » attribuée aux États-Unis, constituent le terreau religieux de l'identité nationale. La « destinée manifeste », théorie apparue en 1845, attribuée à John O'Sullivan pour justifier la conquête du Texas, fut étendue ensuite et permit aux dirigeants américains, en temps de guerre, de mobiliser l'opinion. Pour le géopoliticien Yves Lacoste, c'est « [le] destin, [le] rôle que Dieu aurait manifestement confié à l'Amérique de développer les valeurs de liberté, de justice et de progrès, de les étendre le plus possible et de les défendre contre toute tyrannie ». Au-delà de l'aspect symbolique, la religion est continuellement présente dans la vie politique contemporaine comme le montre l'ajout, en 1954, de la référence à Dieu lors du serment d'allégeance au drapeau ou encore le remplacement de la devise nationale

«*E pluribus unum*» par «*In God We Trust*» deux ans plus tard. On ne compte plus par ailleurs les «*God bless America*» prononcés par les présidents américains durant leurs discours. Le philosophe protestant Francis A. Schaeffer et le théologien Cornelius Van Till ont appelé à une forme plus interventionniste à la fin des années 1970, influençant les prédicateurs comme Jerry Falwell, Tim LaHaye et Pat Robertson, le fondateur de la coalition chrétienne. Peu à peu se sont ajoutés à la théologie interventionniste le conspirationnisme et la diabolisation, puis la «guerre spirituelle» nécessaire pour purifier la société de l'influence sinistre de l'humanisme séculier. Falwell pense que juifs et chrétiens sont confrontés dans une lutte commune à un islam violent fondé par le terroriste Mahomet. Dans ses romans apocalyptiques, LaHaye décrit un Israël attaqué par les forces de l'Antéchrist ressemblant à des forces des Nations unies. La série *Left Behind* s'est vendue à plus de 70 millions d'exemplaires. Le mouvement charismatique (ou néo-pentecôtiste) se présente comme la deuxième vague du pentecôtisme, apparu en 1960-1980 à partir d'une dissidence d'un pasteur épiscopalien de Los Angeles, Dennis Bennett (1917-1991). Dans les années 1980, une troisième vague ou mouvement néo-charismatique s'implique dans la politique. Les pentecôtistes annoncent la seconde venue du Christ, mais jugent qu'il est inutile de s'investir en politique, par contre les néo-pentecôtistes pensent qu'on est déjà dans la phase finale et qu'il faut changer le monde et les médias et convertir.

À la tête d'une des plus grosses congrégations des États-Unis avec plus de 20 000 fidèles, le pasteur Rick Warren[8], proche de Billy Graham, symbolise l'engouement récent des protestants évangéliques pour l'action internationale. Pendant vingt-cinq ans, le pasteur, aidé par le succès de ses ouvrages, *The Purpose-Driven Church*[9] et *The Purpose-Driven Life*[10] (23 millions d'exemplaires écoulés dans le monde entier), s'était consacré à bâtir sa méga-église de Saddleback à Lake Forest, en Californie. Mais depuis quelques années, Rick Warren a décidé de s'attaquer à cinq « problèmes géants ». Son programme P.E.A.C.E. (*Plant churches, Equip servant leaders, Assist the poor, Care for the sick and Educate the next generation* – implanter des églises, former les leaders, assister les pauvres et les malades, et enfin éduquer la prochaine génération) propose en pratique la mobilisation par Internet de millions d'églises à travers le monde. Chacune « adopte » un village dans le besoin et lui fournit le « nécessaire » : médicaments, livres d'école et bibles (*clinic-in-a-box, school-in-a-box, business-in-a-box, church-in-a-box*). Après dix-huit mois d'existence, le programme avait déjà envoyé 4 500 membres de son Église dans 47 pays. Aujourd'hui, il se concentre sur trois régions du monde : la Chine, l'Algérie et le Rwanda. Ce dernier est devenu, à l'initiative de son président Paul Kagame (lecteur de l'ouvrage de Rick Warren), le « premier modèle de coopération nationale », pour une période de cinq à sept ans.

Le procès de 4 convertis à Tiaret (Algérie) sur la base de la loi de février 2006 pour « pratique illégale d'un culte non musulman » montre que la tolérance n'est pas encore acquise.

Depuis quarante ans, le Parti républicain est fortement influencé par la nouvelle droite chrétienne et évangélique née dans les années 1970, profondément inquiète des progrès du « relativisme moral » en Amérique. Pour mener leur *culture war* sur les questions de société, elle contribue en 1980, à travers Jerry Falwell et la *Moral Majority*, à l'élection de Ronald Reagan, qui combat l'« empire du mal », thématique typiquement américaine. L'adoption en 1988 de l'*International Religious Freedom Act* (IRFA) fait de la liberté religieuse dans les pays étrangers un objectif de politique étrangère. Un Office of International Religious Freedom au département d'État et une Commission on International Religious Freedom produisent chaque année un rapport sur la liberté religieuse dans le monde. Le département d'État désigne des « pays particulièrement préoccupants » (Countries of Particular Concern, ou CPC) pour leurs violations « en cours, systématiques, et flagrantes » de la liberté religieuse, et le gouvernement américain se voit proposer des mesures actives, économiques ou diplomatiques. En 1996, le lobby évangélique le plus actif, la National Association of Evangelicals (NAE), qui regroupe 30 millions de Conservative Christians répartis entre 45 000 églises de 52 dénominations, adopte un *statement of conscience* traduisant son indignation face aux persécutions religieuses dont sont victimes les chrétiens dans certains pays du monde qui oblige l'administration Clinton à prendre en compte ces questions. En 1999, la communauté évangélique, en partenariat avec les groupes catholiques conservateurs, très engagés également dans la lutte contre l'avortement, pousse le président Clinton à « [subordonner] le paiement de l'intégralité des quelque 926 millions de dollars d'arriérés américains [auprès des Nations unies] à la suspension des aides accordées par l'ONU aux associations engagées dans la mise en place de programmes de planning familial dans les pays du Sud ». La création par George W. Bush de l'Office of Faith-Based and Community Initiatives (Bureau des initiatives communautaires sur la base de la foi) répondait à une demande évangélique et catholique pour aider les organismes de charité chrétienne. Enfin, en 2003, les mêmes demandent au Congrès l'octroi de 15 milliards de dollars par an à la lutte contre le sida dans les pays en développement, dont 1 milliard destiné à la promotion de l'abstinence avant le mariage. Les déclarations du président Bush sur la question de la liberté religieuse en Chine en novembre 2005 démontrent l'importance politique et diplomatique des évangéliques. Sans compter les différents organes et commissions cités plus haut, quatre postes de diplomates ou conseillers sont en charge. Beaucoup de ces actions n'ont été possibles que grâce à un partenariat très étroit avec les branches conservatrices de deux autres religions aux États-Unis, les juifs orthodoxes et les catholiques pratiquants. Aujourd'hui, les divisions idéologiques se dessinent moins entre les religions qu'entre les différents degrés de radicalité. Par ailleurs, le soutien des évangéliques, baptistes et pentecôtistes qui valident l'action armée pour anticiper la venue du Messie, justifiée par les principes de saint Augustin appliqués à « la guerre préemptive », constitue une légitimation belliciste non négligeable. Les difficultés en Irak n'ont pas affaibli la volonté américaine. Comme le diagnostique le sociologue Daniel Yankelovich : « Plus un Américain assiste à des offices religieux, plus il est susceptible d'être satisfait de la politique étrangère américaine actuelle[11]. » Nationaliste et interventionniste, sceptique sur les organisations internationales, favorable à l'utilisation de la force et à la projection de la puissance au nom de la promotion de la liberté et de la démocratie, préoccupée par la défense de la liberté religieuse et l'avenir d'Israël, la communauté évangélique américaine a une conception précise du monde qu'elle pousse dans le Parti républicain. Selon un rapport du Pew Research Center's Forum, les lobbies religieux ont quintuplé en quarante ans, passant de 40 en 1970 à 200 en 2011[12]. Un autre rapport, publié par Thomas F. Farr et Dennis R. Hoover (spécialistes des questions de diplomatie religieuse) à l'occasion des dix ans de la loi IRFA, estime que les politiques de libertés religieuses mises en place dans le monde ne vont pas assez loin[13].

Les promoteurs du *spiritual mapping*[14] s'inscrivent dans la réflexion théologique, missiologique et eschatologique de la décennie 1980-1990. Ce *spiritual mapping*, sorte de cartographie militante des pratiques religieuses sur la planète, est formulé en 1991, dans l'ouvrage de George Otis *The Last of the Giants. Lifting the Veil on Islam and the End Times*[15]. Les promoteurs de cette doctrine considèrent cela comme une nouvelle phase et emploient le terme de « néo-pentecôtisme », d'autres préfèrent le terme de « charismatisme » ou de « pentecôtisme de troisième vague ». À la différence des précédentes, celle-ci insiste sur quatre points : 1. le territoire comme mode opératoire d'action spirituelle ; 2. la guerre spirituelle (*spiritual warfare*) comme entreprise d'évangélisation totale ; 3. l'Évangile comme accès au pouvoir et à la richesse (*power evangelism*) ; 4. le prophétisme et le charisme des leaders chrétiens. En juin 1974, à Lausanne, le Congrès international de l'évangélisation mondiale prend acte de la multipolarité des missions et de la pluralité de l'origine nationale des missionnaires avec la rédaction d'une déclaration de foi transdénominationnelle dont le slogan est : « Toute l'Église offrant tout l'Évangile à tout le monde. » Trois forces (le matérialisme, l'hindouisme et l'islam) contrecarreraient le plan de Dieu et nieraient les besoins nouveaux des populations qui n'ont pas encore été touchées par l'Évangile, d'où la nécessité d'une vaste entreprise missionnaire. Le Joshua Project se présente donc sous la forme d'une base de données offrant une liste quasi exhaustive de tous les « peuples » ciblés dans le monde. La notion géographique de *10/40 Window* imaginée au début des années 1990 par le stratège chrétien Luis Bush préconise d'attaquer en priorité des territoires situés entre le dixième et le quarantième parallèle, aux confins des mondes musulman et bouddhiste autrement appelés *resistant belt* (la ceinture de résistance). Cette aire comprendrait 59 pays et près de 4 milliards d'habitants. Les organisations évangéliques se focalisent sur une zone qui recoupe la géographie quasi obsessionnelle de la politique étrangère américaine, surtout les pays de l'Axe du mal, base du *spiritual mapping*. La notion de *10/40 Window* prend forme au moment de la guerre du Golfe et dans les années 2000, alors que les États-Unis élaborent une politique intrusive en matière d'antiterrorisme dans les pays de l'Afrique de l'Est, du Proche et du Moyen-Orient… L'amalgame islam-islamisme-terrorisme fait de l'action missionnaire dans la région une urgence nationale et internationale. Les organisations chrétiennes sont d'ailleurs les premières à soutenir les soldats en guerre. Peter Wagner (théologien disciple de la guerre spirituelle, *spiritual warfare*) invite les missionnaires à se concentrer sur une nouvelle fenêtre plus restreinte, *9/11 Window* (référence aux attentats du 11 septembre 2001), c'est-à-dire tous les pays majoritairement musulmans. En 1986, l'écrivain Frank E. Peretti publie *This Present Darkness*[16], livre de fiction dans lequel il raconte la lutte des anges contre les démons pour le contrôle de la petite ville d'Ashton dans les codes de la littérature de *fantasy*. Pour Wagner, la guerre spirituelle se situe clairement sur le front démoniaque et il élabore le principe d'un *strategic level spiritual warfare* (SLSW) dans lequel il développe la notion de *corporate exorcism*, qui ne vise plus à convertir les individus mais à rendre sa liberté à un territoire.

Le *spiritual mapping* permet d'identifier le type d'esprit maléfique associé au territoire donné en vue de l'éloigner. De très nombreux groupes évangéliques, comme Samaritan's Purse, Religious Freedom Coalition, ou China Aid Association mènent ainsi des actions similaires à l'étranger.

Les Américains ne représentent que 20 % du total des missionnaires évangéliques dans le monde. Ils sont certes toujours les plus importants d'un point de vue démographique mais ils sont de plus en plus concurrencés. En 1970, plus de 60 % des missionnaires venaient des États-Unis, aujourd'hui cette proportion est tombée à 45 % du fait de la montée en puissance des pays du Sud. Environ 100 000 missionnaires sont implantés un peu partout dont 64 000 évangéliques. La SBC soutient à elle seule 4 946 missionnaires dans 153 pays et a baptisé 451 000 nouveaux croyants hors d'Amérique du Nord en 2000.

Quelques récents succès internationaux des néo-évangéliques

Les néo-évangéliques en Amérique latine[17] représentent aujourd'hui près de 40 % de la population au Guatemala*, 25 % au Chili, 22 % au Salvador et sans doute plus de 23 % au Brésil, entre 60 et 70 millions de pratiquants si on intègre l'ensemble des charismatiques évangéliques et des pentecôtistes en 2009-2010. C'est aujourd'hui une des religions qui croissent le plus rapidement, en particulier en Chine et en Amérique latine, mais aussi en France. Selon la *World Christian Database*, à l'horizon

* En 2015, Jimmy Morales était élu président du Guatemala, après une intense campagne des Églises qui avaient organisé quarante jours de prières, des jeûnes et des veillées spirituelles.

de 2050, le pentecôtisme pourrait dépasser le milliard d'adeptes pour 1,6 milliard de catholiques.

« Le Brésil au-dessus de tout. Dieu au-dessus de tout » a été le slogan de Bolsonaro pendant sa campagne. Sa femme fréquente une église évangélique et il a bénéficié de l'important soutien d'Edir Macedo, maire de Rio, fondateur de l'Église universelle du Royaume de Dieu (EURD, 8 millions d'adeptes), colossal empire médiatico-religieux pentecôtiste fondé en 1977. Le Brésil compte 45 millions de croyants. Dès la fin des années 1970, le néo-pentecôtisme s'appliquait à fournir à sa base sociale (classe moyenne, bourgeoisie, oligarchie, officiers) les éléments de la théologie de la prospérité, susceptibles de justifier son statut. C'est dans les années 1990 qu'il a entamé son passage au politique : apparition d'un groupe parlementaire évangélique; action politique des *renacidos* (*born again*). Au Pérou en 1990, constitution d'un parti pour soutenir Fujimori[18]. Le prosélytisme au Guatemala commence dans les années 1960 (pentecôtistes) et s'accélère avec le tremblement de terre de 1976 (20000 morts). Le dictateur Rios Montt, *born again* évangéliste lui-même, s'attaqua à l'Église catholique largement discréditée, pourchassa les disciples de gauche de la théologie de la libération et se mit à l'abri en se convertissant à l'évangélisme. Le Guatemala a suivi Trump et a transféré son ambassade à Jérusalem. « Jésus a commencé sa vie comme commerçant, comme homme d'affaires, il a parlé business », déclare Ken Eldred (auteur du livre *God Is at Work*) en 2004 au Sommet mondial des Églises au Guatemala[19]. Le 23 août 2005, Pat Robertson, l'un des chefs de file des fondamentalistes protestants américains, candidat à la présidence du Parti républicain en 1988, fondateur en 1989 de la Christian Coalition of America, avait appelé à assassiner le président vénézuélien Hugo Chavez lors de son émission télévisée *The 700 Club*, car : « Après avoir détruit l'économie du Venezuela [Chavez] veut faire de son pays un tremplin pour l'infiltration communiste et l'extrémisme musulman sur tout le continent ». Cet appel au meurtre avait suscité les protestations de 19 États d'Amérique latine.

L'expansion du pentecôtisme touche aujourd'hui l'ensemble du continent africain[20], très éclaté en innombrables et parfois minuscules communautés très liées au charisme de leurs leaders. On retrouve les mêmes abus de la part de certains « entrepreneurs du religieux » constatés dans d'autres radicalismes : le pasteur pressure ses fidèles et vit des dîmes, monnaie la guérison, prend des libertés avec la doctrine et l'éthique de référence… Le très actif pasteur-fondateur d'une Église évangélique de Brazzaville organise une série de prédications (avril 1996) sur le thème « Les affaires avec Dieu » et dispense même des cours de « management biblique » : « Tout est dans la Bible, la stratégie d'épargne et d'investissement. Dans la Bible, c'est Joseph qui nous a appris la période des vaches maigres, la période des vaches grasses… Et puis nous avons aussi Moïse avec le principe de la décentralisation, […] faire soi-même parce qu'on ne veut pas payer les gens c'est un danger […] quand vous avez un chauffeur, pendant que le chauffeur conduit, vous avez le temps de réfléchir dans la voiture… donc il faut embaucher du personnel, il faut faire travailler les gens. » En Côte d'Ivoire, Mme Gbagbo, femme de l'ex-président, s'appuyait, pour éliminer des opposants, sur Kakou Willie, une femme-révérend qui déclarait : « Ma mission se situe dans le cadre de la mobilisation de mes frères et sœurs… pour notre frère en Christ Laurent Gbagbo… j'ai décidé de faire une médiation entre le corps du Christ et le chef de l'État[21]. » Dans des discours politico-religieux étonnants, elle invoque la lutte du bien contre le mal pour diaboliser les Français qu'elle accuse de préparer en Côte d'Ivoire un génocide comparable à celui du Rwanda. Accessoirement, le président s'appuyait aussi sur des sortes de milices évangéliques. L'explosion pentecôtiste en progression au Nigeria, en république démocratique du Congo et plus globalement dans la région des Grands Lacs se place en confrontation directe avec l'islam.

Depuis les années 1960, la Corée du Sud est une terre de mission. Séoul compte 17 *megachurches*, plus que dans n'importe quelle ville des États-Unis. À l'origine de la percée évangélique, David Yonggi Cho, l'un des grands leaders pentecôtistes mondiaux. Quatre vingt-trois ans, fondateur de la très puissante Yoido Full Gospel, il a commencé sa carrière comme traducteur de l'armée américaine, autoproclamé pasteur après avoir été « guéri par Jésus » de la tuberculose lorsqu'il était adolescent. Il fonde l'Église évangélique de Yoido en 1958. Retraité depuis 2018, son poids reste conséquent malgré les affaires qui ont altéré la confiance du public. Selon Cheong Seong-chang, professeur à l'institut Sejong : « La Corée, avant d'être chrétienne ou même bouddhiste, a une culture chamanique [qui] a profondément imprégné le protestantisme évangélique sud-coréen, ses rituels de guérison ou sa promesse de prospérité matérielle. Cho a profité de cette base théologique. » La Corée du Sud croit à sa mission évangélisatrice pour combler l'athéisme des sociétés européennes. Douze Églises sud-coréennes sont implantées en région parisienne, en particulier pour former des missionnaires francophones vers les anciennes colonies. La Corée du Sud est le troisième pays chrétien d'Asie et un tiers de la population est affiliée principalement à des Églises protestantes. À l'heure actuelle, 16 000 protestants sud-coréens accompliraient des œuvres humanitaires dans près de 170 pays, souvent missionnés en terre d'islam. Durant l'été 2006, les Églises protestantes sud-coréennes ont envoyé près de 2000 missionnaires à Kaboul sur visa de tourisme, dotés d'une cargaison de bibles, invités par un « Institut pour la culture et le développement asiatique ». L'enlèvement de 23 otages sud-coréens en juillet 2007 par les talibans constitue une des plus graves crises auxquelles ait été confrontée l'Église protestante sud-coréenne. Tous appartenaient à l'Église Saemmul (qui signifie « source ») de Pundang. La libération des otages survivants fut obtenue après l'engagement de Séoul de ne plus envoyer de missionnaires.

Pour les néo-évangéliques américains, évangéliser la planète signifie aussi l'américaniser. Leurs missionnaires en Irak représentent près de 70 dénominations et une petite centaine d'organisations chrétiennes sous couvert d'action humanitaire pour expliquer aux Assyro-Chaldéens qui est Jésus (dont ils parlent la langue) ou découvrir les Écritures (en anglais). « L'Irak deviendra le centre de diffusion de l'Évangile de Jésus-Christ en Iran, en Libye et dans tout le Moyen-Orient », avait déclaré Kyle Fisk[22], responsable de la National Association of Evangelicals (4,5 millions de membres). « Le président Bush a déclaré que la démocratie se propagera d'Irak vers les pays voisins… Un Irak libre nous permet également de diffuser les enseignements de Jésus-Christ, même dans les pays où les lois nous empêchent d'entrer. » Ces missionnaires assimilés à l'influence américaine, le problème est devenu particulièrement épineux en Afghanistan, en Irak, en Algérie et au Nigeria.

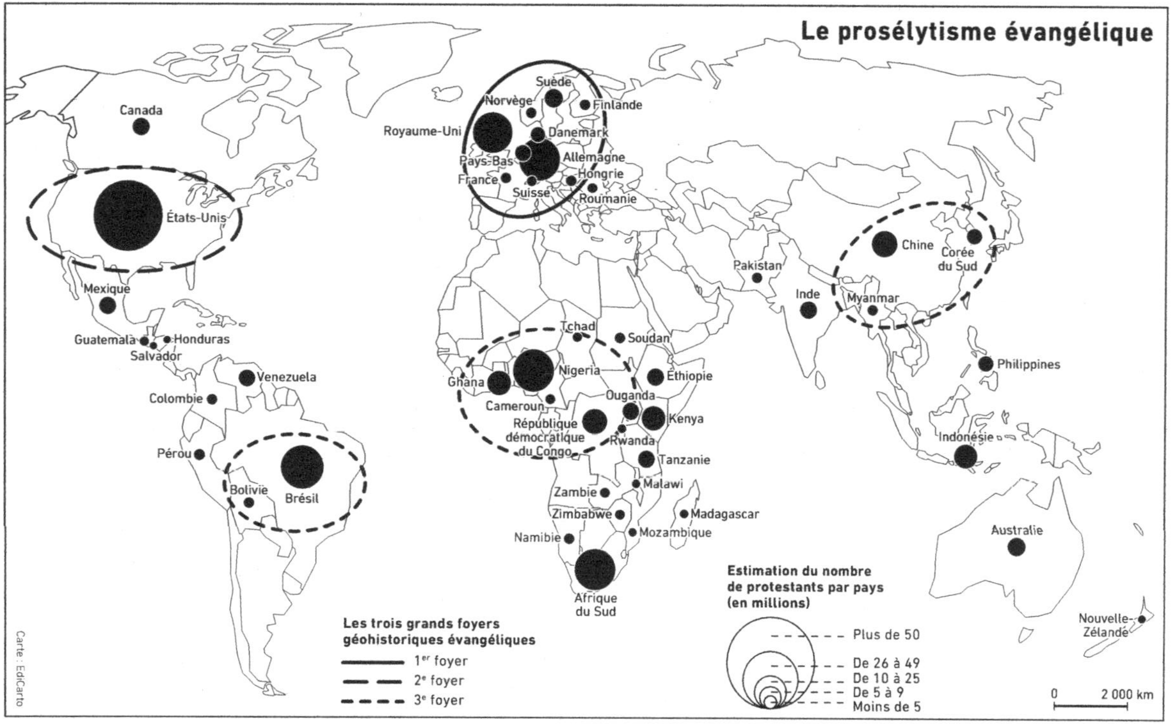
Le prosélytisme évangélique
Canada
États-Unis
Mexique
Guatemala
Honduras
Salvador
Venezuela
Colombie
Pérou
Bolivie
Brésil
Royaume-Uni
Norvège
Suède
Finlande
Danemark
Pays-Bas
Allemagne
France
Hongrie
Suisse
Roumanie
Tchad
Soudan
Ghana
Nigeria
Éthiopie
Cameroun
Ouganda
République démocratique du Congo
Kenya
Rwanda
Tanzanie
Malawi
Zambie
Zimbabwe
Madagascar
Mozambique
Namibie
Afrique du Sud
Pakistan
Inde
Chine
Corée du Sud
Myanmar
Philippines
Indonésie
Australie
Nouvelle-Zélande
Les trois grands foyers géohistoriques évangéliques
1er foyer
2e foyer
3e foyer
Estimation du nombre de protestants par pays (en millions)
Plus de 50
De 26 à 49
De 10 à 25
De 5 à 9
Moins de 5
0 2 000 km
Carte : EdiCarto

Le concept de liberté religieuse dans la géopolitique américaine

Une semaine après son accession à la présidence en janvier 2017, Donald Trump a publié un décret intitulé « Protéger la Nation de l'entrée de terroristes étrangers aux États-Unis » plus clairement appelé « Muslim Ban », listant les interdictions d'entrée pour 11 pays musulmans. En juin 2018, la Cour suprême a confirmé la constitutionnalité d'une troisième version de l'interdiction, concluant que le texte ne concernait pas la religion (puisqu'il exclut l'Arabie saoudite !). C'est donc Washington qui juge dans ses rapports internationaux de la liberté religieuse dans le monde.

Dans un rapport de 2014 (antérieur au Muslim Ban), le Pew Research Center[23] tente de faire un bilan des violences envers les croyants dans le monde et classe les niveaux des restrictions gouvernementales et d'hostilités sociales dans 198 pays représentant plus de 99,5 % de la population mondiale. Pour juger de la nature religieuse des crises dans le monde, l'étude est construite à partir de 18 sources essentiellement occidentales. Trois pays sur dix se situent à un niveau « Haut » ou « Très haut », et peu de nations sont totalement exemptes d'entraves à la liberté religieuse. L'Égypte prendrait la tête du classement, la Chine juste derrière, suivie de l'Iran et de l'Arabie saoudite. Sur une échelle de quatre, la France se place dans ce classement sur le deuxième échelon, « Modéré ». Selon les conclusions[24], 4 % de la population vivrait dans un pays aux restrictions faibles, alors qu'en 2007 c'était 14 %. À l'échelle mondiale, la violence religieuse aurait frappé près d'un pays sur cinq en 2012 (18 %), contre 8 % en 2007. Environ les trois quarts de la population mondiale vivent dans des zones où les restrictions religieuses ou les hostilités ont été élevées ou très élevées en 2012. Ce genre d'étude traduit une conception américaine de la liberté religieuse, qui ne comprend pas la laïcité à la française et exclut les pressions de groupes religieux radicaux évangéliques ou juifs de l'emploi de la violence d'État. D'autre part, le classement des pays recouvre d'assez près les visions diplomatiques américaines sur la menace sans tenir compte de la nature réelle des contraintes religieuses : l'Arabie saoudite, qui interdit toute autre religion sur son territoire, n'a aucune loi restrictive (si ce n'est la peine de mort pour conversion ou athéisme) au sens du Pew Research Center et devrait bien évidemment arriver en tête de tous les classements. En revanche sont classés dans les pays ayant un haut niveau d'hostilités religieuses : Liban, Sri Lanka, Bangladesh, Thaïlande et Myanmar. Cinq pays avaient des restrictions gouvernementales très élevées en 2012, mais pas en 2011 : Azerbaïdjan (seul pays laïque de la région), Tadjikistan, Maroc, Irak et Kazakhstan. Enfin l'étude se termine par une extraordinaire liste dans laquelle l'Arabie saoudite semble un havre de tolérance.

Les évangéliques et Israël

Le soutien inconditionnel des néo-évangéliques à Israël se fonde sur des postulats essentiellement théologiques; 54 % des protestants évangéliques déclarent que leurs croyances religieuses sont le facteur le plus important de leur vision d'Israël, plus que les médias ou leur éducation. Selon un sondage national de juillet 2003, 72 % des protestants évangéliques considéraient que Dieu avait donné la terre d'Israël aux juifs (contre 44 % des Américains). L'État hébreu, qui réalise ainsi la volonté divine exprimée dans la Bible, doit être aimé et béni : « L'Éternel dit à Abraham : Va-t'en de ton pays, de ta patrie, et de la maison de ton père, dans le pays que je te montrerai. Je ferai de toi une grande nation, et je te bénirai » (Gn XII, 1-2). Beaucoup d'entre eux pensent que, tant que les États-Unis soutiendront Israël, ils continueront à être bénis de Dieu. S'y ajoute l'eschatologie évangélique du pasteur John Nelson Darby qui affirmait le retour des juifs sur la terre de leurs ancêtres comme condition préalable au retour du Christ sur Terre. L'histoire divisée en six périodes de temps appelées « dispensations » (Adam, Noé, Abraham, Moïse, Jésus, l'Esprit-Saint) se conclurait après le « retour » du peuple juif sur la terre d'Israël, par la dernière, le *Millenium*, le règne de Dieu sur Terre. L'enlèvement des chrétiens (*Rapture*) vers les cieux permettra sa réalisation[25]. 63 % des protestants évangéliques en voient la preuve dans chacun des événements internationaux : guerre des Six-Jours, prise des otages américains à Téhéran en 1979, multiplication des attentats suicide en Israël, attaques du 11 septembre 2001 et insurrection contre les troupes américaines en Irak. L'« ennemi commun » est l'islamisme radical. En pratique, le soutien évangélique à Israël se traduit par des prises de position assez nuancées. Dans une déclaration officielle, la SBC affirmait par exemple en 2002 « le droit d'Israël à exister en tant qu'État souverain » mais qu'Israël devait appliquer « les mêmes standards de probité nationale que toute autre nation » et « maintenir la justice envers les étrangers présents en son sein ». Qui sont les « étrangers » ? Quelles sont les limites territoriales « en son sein » ? Les positions divergent. Entre 20 et 25 % s'opposent à tout retrait israélien des Territoires occupés, partie du Grand Israël biblique, *Eretz Israel*. À la différence des fondamentalistes, les protestants évangéliques ne ressentent pas d'urgence : Dieu a fait une promesse éternelle et n'a pas besoin de l'Amérique pour l'honorer. Une résolution du conflit passant par deux États est acceptable si les Israéliens l'acceptent. Et l'argument fonctionne également dans l'autre sens : les États-Unis ne doivent pas forcer le peuple juif à quitter une terre contre son gré, car ce serait alors aller contre la volonté divine. Aujourd'hui, la plupart des organisations évangéliques traditionnelles comme la Southern Baptist Convention (SBC), la National Association of Evangelicals, la Christian Coalition soutiennent l'expansion d'Israël et de nombreuses organisations pro-israéliennes évangéliques ou mixtes (à la fois évangélique et juive) ont été créées : Christian Israel Public Action Campaign (CIPAC), Stand for Israel, Unity Coalition for Israel, International Fellowship of Christians and Jews (IFCJ). Les dirigeants israéliens de la droite nationaliste ont compris depuis longtemps l'importance de ce soutien. Dès la fin des années 1970, Menahem Begin cultivait l'alliance avec des leaders comme Pat Robertson, Billy Graham et Jerry Falwell. Ce dernier fut même prévenu du bombardement du réacteur nucléaire irakien Osiraq en 1981 avant Reagan. Les travaillistes israéliens se concentrent avant tout sur la communauté juive américaine ; la droite israélienne, Yitzhak Shamir, Benyamin Netanyahou, Ariel Sharon, poursuivent le travail de séduction de la communauté évangélique. Benyamin Netanyahou le déclare : « Les dizaines de millions de protestants évangéliques aux États-Unis sont les adeptes non juifs les plus fervents. » L'organisation International Fellowship of Christians and Jews (IFCJ) depuis sa naissance aurait financé l'installation de 750 000 immigrants (surtout de l'ancienne URSS) et, en 2017, 8 500 des 28 000 nouveaux immigrés.

Il reste que la définition biblique d'*Eretz Israel* ouvre la porte à beaucoup d'ambiguïtés : « En ce jour-là, l'Éternel fit alliance avec Abraham, et dit : *Je donne ce pays à ta postérité, depuis le fleuve d'Égypte jusqu'au grand fleuve, au fleuve d'Euphrate* » (Gn XV, 18) ; « En ce même temps, Israël sera, lui, troisième / Uni à l'Égypte et à l'Assyrie / Et ces pays seront l'objet d'une bénédiction. L'Éternel des armées les bénira, en disant : *Bénis soient l'Égypte, mon peuple / Et l'Assyrie, œuvre de mes mains / Et Israël, mon héritage !* » (Es XIX, 24-25.) « Je rendrai ton nom grand [Abraham], et tu seras une source de bénédiction. Je bénirai ceux qui te béniront, et je maudirai ceux qui te maudiront ; et toutes les familles de la Terre seront bénies en toi » (Gn XII, 2-3) ; « Demandez la paix de Jérusalem. Que ceux qui t'aiment jouissent du repos ! » (Ps CXXII, 6.) (Voir carte p. 328.)

Les diasporas : entre intégration, soutien identitaire et radicalisation

Selon l'Organisation internationale des migrations[26], en 2015 le nombre de personnes résidant dans un pays autre que celui de leur naissance était le plus élevé jamais enregistré : 244 millions contre 232 millions en 2013, ces données ne mentionnant pas les « secondes générations ». La géographie religieuse offre donc aujourd'hui des caractéristiques surprenantes. Certaines Églises orientales comptent plus de disciples en Amérique, en Europe et en Australie qu'au Proche-Orient. Les Assyriens ont leur centre aux États-Unis, les Syriaques orthodoxes en Suède, le diocèse maronite de Sydney compte 160 000 fidèles, alors que ne restent plus que 900 000 fidèles au Liban. Le nombre de chrétiens est plus important aux Émirats et au Koweït qu'en Égypte (a fortiori depuis les attentats de 2017). La communication internationale est à la fois un lien entre expatriés et avec le pays. Dans ce paysage, les radicalismes tentent de mobiliser autour des « persécutions » subies par leurs croyants et la nécessaire solidarité. Le débat exclusivement occidental sur « le caractère unique de la Shoah » masque encore aujourd'hui le mécanisme de « concurrence des victimes[27] » instrumentalisé par les radicalismes religieux. L'Hindutva, qui revendique plus de 100 millions de victimes, relativiserait à elle seule tous les autres génocides. Ce n'est pas l'objet de ce livre, par contre la communication victimaire est devenue essentielle, car la scène est devenue planétaire et certaines mythologies sont étonnantes.

Vendre sa cause

L'invention de l'« universalisme » tibétain[28]

Le cas le plus original est incontestablement celui de la cause tibétaine. Le dalaï-lama a fondé sa communication pour le bien de l'humanité en affichant une mission universelle de préservation de la civilisation tibétaine en danger. La forme tantrique du bouddhisme, développement tardif de l'école Mahayana, a été apportée d'Inde au Tibet à partir du VIIe siècle. Le principe fondamental du bouddhisme Mahayana veut que les pratiquants individuels pensent pour le bien de tous les êtres sensibles. Après la désintégration du royaume tibétain au IXe siècle, le pays a intégré des éléments culturels indigènes pour donner naissance au système politico-religieux et social du bouddhisme tibétain, centré sur le monachisme, devenu phénomène de masse partageant avec l'aristocratie le pouvoir politique et économique. Au XIe siècle, plusieurs ordres ou lignées monastiques qui avaient arraché le pouvoir aux princes et aux rois locaux accumulèrent rapidement des richesses et commencèrent à rivaliser pour conquérir l'hégémonie politique du pays. Jusqu'à la seconde moitié du XXe siècle, les connaissances sur le Tibet, qui n'avait jamais été colonisé, tenaient dans des récits d'aventuriers, de missionnaires, d'explorateurs amateurs, puis de quelques officiers britanniques agents commerciaux. Jusqu'en 1959, le pays avait une réputation de « terre interdite ». Un ancien mythe tibétain, le Shambhala, dépeignait un royaume mythique caché quelque part au nord du Tibet où les rois illuminés étaient censés garder le noyau le plus secret des enseignements bouddhistes. À la fin, leurs armées détruiraient les forces du mal et apporteraient un âge d'or. Le pays, toit du monde, devint une sorte de mythe de la vérité éternelle, détaché de l'histoire du temps et du changement à partir d'une utopie orientaliste inspirée des récits de voyage de l'explorateur Joseph Rock (1884-1962) qui avait décrit une région du sud-est de la Chine, abritant le peuple des Naxi, comme un paradis, antithèse du monde occidental toujours en quête de biens matériels. En 1933, le roman de James Hilton *Lost Horizon*[29], succès mondial popularisé par le film mythique homonyme de Frank Capra en 1937, fonda le mythe de Shangri-La, vallée imaginaire de l'Himalaya où le temps est suspendu dans une atmosphère de paix. Une lamasserie inspirée par le Shambhala, dans une vallée inaccessible, abriterait les trésors les plus précieux de la civilisation (occidentale). Ils seraient rendus au monde après que la foi chrétienne serait revenue sur Terre. Les personnages (tous blancs) jouissent d'une longévité extrême, d'une vie sereine, tranquille et dépassionnée, les Tibétains locaux ne sont que domestiques et ouvriers agricoles, ils ne sont pas membres de la communauté et ne jouissent pas de ses bénédictions. Shangri-La, menacée d'une extinction imminente, incarne le devoir de l'Occident riche mais spirituellement misérable, de sauver la culture. Les bons sauvages tibétains sont des gens simples, pauvres, non violents et profondément religieux, gouvernés par une émanation du Bouddha. Le concept de « nouveau Tibet » naît après 1950 autour de la diaspora tibétaine de Dharamsala, en Inde du Nord, donnant naissance au concept de *Tibetan Cultural Heritage* (TCH) qui serait un caractère unique du patrimoine culturel du Tibet. L'image fantasmatique du pays était assez vague pour servir aux adeptes de la contre-culture et du *New Age* californien. Les dirigeants de la diaspora tibétaine réfugiée en Inde après l'échec de l'insurrection de 1959, déstabilisés par la crise d'identité et la dissidence interne, choisirent ce modèle mythique pour l'adapter dans le présent. Politiquement, il a d'abord servi à combler les divisions importantes qui existaient avant 1950 entre les cultures, les langues, les affiliations politiques et sectaires des différentes régions du Tibet. Un modèle unique faisant écho aux mythologies romanesques était essentiel pour donner une légitimité politique incontestable au gouvernement en exil. La ressource fut précieuse dans une stratégie de marketing des dirigeants de la diaspora aidés par leurs conseillers non tibétains pour mobiliser le soutien international. Dans les années 1960, universitaires et journalistes occidentaux analysaient l'histoire et la culture du Tibet, essentiellement au contact des communautés réfugiées à l'étranger. Les premiers chercheurs ont insisté sur l'importance de la religion et accepté l'idée de la culture religieuse tibétaine unique, d'importance mondiale et en danger imminent d'extinction, la détachant de son contexte social. Ce travail, parrainé par des fondations culturelles américaines, a assimilé le *tibetanism* à la religion, au sacré et au mystique. L'establishment de la diaspora exerçait une censure, choisissant pour publication des textes religieux bouddhistes destinés à la consommation occidentale, des hagiographies et des matériaux glorifiant un passé parfois réinventé. Une autobiographie du cinquième dalaï-lama[30] le décrit comme « un dirigeant compatissant et pacifique qui a créé au Tibet une société unilatéralement désarmée », malgré les instructions données à ses commandants de l'armée – et analysées plus tard – pour soumettre une rébellion contre son gouvernement en 1660 : « Faites des lignées mâles comme des arbres aux racines coupées ; faites des lignées féminines des ruisseaux desséchés en hiver ; faites des enfants et des petits-enfants des œufs brisés contre les rochers ; faites des serviteurs des tas d'herbe brûlés par le feu ; faites de leur pays une lampe dont l'huile s'est épuisée ; en un mot, anéantir toute trace d'eux, même leurs noms[31]. » L'image intemporelle du Tibet fut reprise et amplifiée par la génération occidentale des années 1960 et 1970. Des événements culturels et religieux mettant en vedette le dalaï-lama à côté d'une célébrité occidentale ont contribué à faire passer un récit « à la tibétaine » et à l'universaliser en faisant du TCH une règle de vie : manifestations publiques de construction rituelle de sable-mandala par des moines dans les foyers de musées, expositions d'art tibétain, initiation de masse par le dalaï-lama à Central Park ou prières collectives pour la paix mondiale… Ces événements ont largement fait connaître le dalaï-lama, alors qu'il existe depuis 1960 un Parlement tibétain en exil, composé d'une quarantaine de membres élus. En 1991, un des parlementaires désignés devint Premier ministre. Les sessions de l'assemblée se tiennent tous les six mois. Le dalaï-lama peut la convoquer en cas d'urgence. Lorsque l'assemblée ne siège pas, un comité de douze membres gère les affaires courantes. On remarquera la grande similitude entre cette organisation et celle de l'Iran des Mollahs : un chef religieux, émanation de

Dieu sur Terre, choisi par d'autres religieux, et un Parlement sous tutelle. La Ville de Paris, capitale du pays de la laïcité, a fait citoyen d'honneur le treizième dieu vivant sur Terre. La diaspora tibétaine qui a eu un rôle essentiel dans la popularisation de la cause tibétaine, est en difficulté aujourd'hui. Ces vingt dernières années, des historiens, des anthropologues, des politologues et des sociologues ont publié des recherches basées sur un travail de terrain approfondi et une lecture critique de documents originaux. Elles ont révélé des aspects de l'hégémonie régionale tibétaine et de l'expansionnisme militaire dans la période impériale du VIIe au IXe siècle, la diversité de l'autorité dans les différents « États » régionaux, les aspects pragmatiques plus que spirituels des relations avec les Moghols et les Mandchous et la complexité des relations sino-tibétaines. Le Tibet était sans aucun doute une victime mais elle n'était pas forcément passive. Le trait symbolique de la cause tibétaine, sa non-violence putative, est démenti par l'histoire et l'absence de l'historiographie critique tibétaines. L'establishment de Dharamsala est maintenant intolérant à l'égard de toute pensée critique et empêche la publication de toute « voix alternative » dans les médias contrôlés par le gouvernement tibétain en exil. Bien que des recherches récentes aient fissuré la bulle mythique du Tibet, le chromo « Shangri-La » continue de circuler en Occident, en particulier parmi les militants étrangers (voir p. 257).

Le *brain drain* (fuite de cerveaux) qui alimente l'économie américaine en ingénieurs et en médecins indiens est un investissement qui doit donner à l'Inde les moyens d'influencer l'opinion américaine. La diaspora a pris exemple sur le lobby juif. Rajendra Singh, le chef du RSS en Europe, a présenté sur le ton modéré d'un exercice de relations publiques une conférence à la School of Oriental and African Studies (SOAS) sur le thème : « Le XXIe siècle, un siècle hindou », troisième voie entre le socialisme et le capitalisme, avec les qualités spécifiques de l'hindouisme, modèle de cohésion sociale et de fraternité appuyé de visites de sâdhus prédicateurs. Le style est nouveau, mieux adapté à des relations publiques internationales que les habituels sermons du RSS truffés de références aux gloires du passé. La réussite sociale des membres de la diaspora fait d'eux la cible privilégiée du *fund raising* (collecte de fonds). Depuis la mobilisation internationale des *Ram shilas* en 1989 (briques marquées au nom de Ram et transportées en pèlerinage à Ayodhya), le Sewa UK, ONG à but non lucratif, aurait collecté 2,3 millions de livres sterling en quasi-totalité rétrocédées à la branche gujaratie de Sewa Bharati, ONG du RSS œuvrant au sein des couches économiquement défavorisées de la société indienne. Mais un tiers de ces sommes a été employé à bâtir des écoles nationalistes hindoues, notamment dans les zones tribales, alors que cet argent était censé servir à la reconstruction de villages détruits. Ces révélations ont fait l'effet d'un scandale aux États-Unis et au Royaume-Uni.

Le parallèle est complet avec les communautés maghrébines ou turques en Europe, même mode d'approche des communautés diasporiques avec déplacement d'imams souvent venus du Maghreb ou du Golfe, et/ou d'intellectuels. Le cyber-prosélytisme et les réseaux sociaux sont le domaine de prédilection des *fake news* qui mobilisent les radicaux de toute obédience.

Liste de quelques téléprédicateurs saoudiens (imams et savants théologiens) avec heures de service et facilités de contact

Cheikh Abdelaziz Al ach-Cheikh : c'est le mufti d'Arabie saoudite, descendant d'Abd al-Wahhab. Très lié au régime saoudien (tél. : + 966 11 481 0003, de 10 h à 13 h et 17 h à 21 h).

Cheikh Abdullah Al-Adani : d'origine yéménite, élève de Muqbil ibn Hadi al-Wadi'i, un des pères du salafisme décédé en 2001, donc salafiste « dur » mais apparemment pas djihadiste (tél. : 00 967 71 162 2100).

Cheikh Ahmed Bazmoil : cheikh salafiste de renom enseignant en Arabie saoudite (tél. : + 966 50 557 7734).

Cheikh Ali ar-Razihi : salafiste d'origine yéménite contesté par les puristes de l'école de Muqbil (tél. : + 967 77 710 9388).

Cheikh Mohamed al-Aqil : aujourd'hui décédé, wahhabite réputé qui fut juge et spécialiste du fiqh.

Cheikh Mohamed al-Imam : autre élève de Muqbil, yéménite (tél. : + 967 77 321 1211).

Cheikh Mohamed al-Izzi : apparemment aussi élève de Wusabi (tél. : + 967 77 769 0113).

Cheikh Mohamed Ali Ferkous : figure la plus connue du salafisme algérien. Enseigne à Alger et formé en Arabie saoudite (tél. : + 213 6 61666161, joignable le vendredi matin à partir de 9 h).

Cheikh Souleymane ar-Rouhayli : salafiste classique. Professeur de fiqh à l'université de Médine (tél. : + 966 50 530 7486).

Cheikh Abdullah al-Bukhari : cheikh salafiste saoudien contradicteur des muqbilistes (tél. : + 966 50 532 6997).

Cheikh al-Izzi est un élève de cheikh al-Wusabi qui lui a donné la permission de répondre aux questions par téléphone.

Enquête faite pour le Bureau des cultes du ministère de l'Intérieur (non publique).

Ces oulémas ont une telle portée que les pouvoirs publics les ont parfois sollicités. En 2005, le président algérien Abdelaziz Bouteflika a reçu le cheikh Al-Qaradawi, qui « au nom de l'islam, de la sunna et du Prophète » a appelé les djihadistes à déposer les armes. Tony Blair aurait fait appel en 2004 à Amr Khaled pour aborder les questions touchant à la communauté musulmane en Grande-Bretagne.

Le groupe de médias de Daech dont on a pu mesurer l'efficacité de recrutement, multipliant les supports et Internet, était quasiment incensurable.

La solidarité diasporique avec les crises religieuses ne se limite pas à Daech. Des membres de la diaspora jouent un rôle important dans la diffusion des pratiques radicales. L'International Crisis Group (ICG)[32] a démontré que l'insurrection rohingya (attaque et assassinat de 9 gardes-frontière birmans, en octobre 2012) avait bénéficié des formations délivrées dans des camps d'entraînement du Pakistan et d'Afghanistan. Les stages avaient débuté deux ans auparavant. L'ICG considère le chef du HaY, Ata Ullah, né au Pakistan d'un père migrant du Myanmar, comme un djihadiste formé en Arabie et au Pakistan. Des groupes islamistes comme les talibans, Daech et Al-Qaïda dans le sous-continent ont souvent appelé au djihad contre les bouddhistes. Dans une interview, Tim Johnston, l'ancien directeur Asie de l'ICG, le confirme[33] tout en reconnaissant que les motivations des Rohingyas sont d'abord locales.

L'implication d'entrepreneurs politiques dans les mouvements nationalistes hindous[34] est symbolique du « nationalisme à distance ». Le réseau du Sangh Parivar, nébuleuse d'organisations nationalistes hindoues, a été répliqué dans la diaspora depuis un centre névralgique situé au pays. L'expansion de l'idéologie Hindutva a été grandement facilitée dans les pays d'accueil, par les pratiques comme le multiculturalisme et les discriminations raciales au Royaume-Uni, aux États-Unis et au Canada. À la fin des années 1930, Madhav Sadashiv Golwalkar, l'un des plus influents idéologues du national-hindouisme, écrivait déjà dans *We or Our Nationhood Defined*[35] que, si Adolf Hitler exterminait les juifs en Allemagne afin de conserver la pureté de la race et de la culture germaniques, alors les hindous devraient agir de même avec les musulmans. Il recommandait aux expatriés d'enseigner la civilisation à leurs enfants, de construire des temples et de ne pas s'aliéner les sociétés d'accueil. Le successeur de Golwalkar à la tête du RSS, Balasaheb Deoras, confia aux expatriés une partie de la mission du RSS à l'étranger en dupliquant le modus operandi du Sangh Parivar en Inde, dénonçant « la menace islamiste ». C'est sous le nom de Hindu Swayam Sangh (HSS) que le RSS opère au Royaume-Uni, aux États-Unis et au Canada, aux Pays-Bas, à Trinidad et à Hong Kong. Au Royaume-Uni, la priorité a été donnée à la multiplication des écoles religieuses (*shakhas*, littéralement « cellules ») passées de 45 en 1992 à 72 en 2000 dans 38 villes du Royaume-Uni, comme cela se fit en Inde dans les années 1925-1948. La culture indienne et/ou hindoue y est enseignée avec moins de prières, des sports collectifs qui remplacent l'entraînement aux arts martiaux, certaines *shakhas* sont mixtes et se déroulent le dimanche ou pendant les vacances. En 1976, lors de l'état d'urgence en Inde, fut fondée au Royaume-Uni la Friends of India Society pour défendre les idées de l'Hindutva à l'étranger. Au fil des années, le HSS britannique a adopté une position de plus en plus nationaliste en dressant une liste de valeurs indiennes opposées aux valeurs occidentales (respect pour les aînés, respect de la loi, importance des études…). Aujourd'hui, il présente l'Inde comme la *Matrubhoomi*, la « Terre de naissance » et le Royaume-Uni comme la *Karmabhoomi*, le « Pays de l'action dans le monde » et de la réussite socio-économique. Le Sangh Parivar est ainsi parvenu à reproduire l'essentiel de son architecture à l'étranger, mais c'est le RSS depuis l'Inde qui reste le centre de la défense de l'hindouisme au-delà des clivages de castes et de sectes. Les « temples pan-hindous » construits à l'étranger combinent des traits architecturaux du nord et du sud de l'Inde et des divinités de toutes les sectes. Les branches britannique, américaine ou canadienne de la VHP tiennent aussi de grands meetings de mobilisation ethnoreligieuse comme la Virat Hindu Sammelan en 1989 à Milton Keynes, dans la banlieue de Londres. Les militants sont appelés à se retrouver le matin ou le soir, si possible vêtus de l'uniforme standard, pour des séances de formation physique accompagnées de la levée du drapeau, de sermons idéologiques dont les cibles sont généralement les musulmans et l'Occident. Les cellules inspirées par le RSS[36] sont implantées dans 39 pays : les États-Unis arrivent en deuxième position après le Népal avec 172 *shakhas* en 2016, en croissance rapide. L'importance des gourous et autres *swamis* itinérants est une source de réappropriation de l'hindouisme pour les Indiens d'outre-mer et ils constituent souvent des figures de proue de la VHP. Ils tirent ensuite un grand prestige en Inde de leur succès au sein de la diaspora nord-américaine. Ajit Adhopia est l'auteur d'un manuel, *The Hindus of Canada : A perspective on Hindu Canadians' cultural heritage*[37], expliquant l'hindouisme aux expatriés et aux Canadiens non hindous. Dès 1970, des branches se développent en Afrique de l'Est où les minorités hindoues sont persécutées (Kenya, Ouganda, Rwanda) et même au Pakistan. En 1990, on comptait déjà 65 sections étrangères. Mais le mouvement est interdit dans les pays du Golfe.

La fonction militante des diasporas : dénoncer (islamophobie, hindouphobie, antisémitisme)

« La tolérance c'est facile. Créer des règles, c'est plus difficile. »
Guylain Chevrier, ancien membre de la mission laïcité du Haut Conseil à l'intégration

Deux des vocations des associations diverses des diasporas sont la dénonciation et la défense parfois caricaturale de l'Identité : la critique de l'Inde est de l'hindouphobie, celles d'Israël de l'antisémitisme ou du salafisme djihadiste de l'islamophobie… Le commentaire fait sur le site des sections BJP anglaises[38] est illustratif : « Les articles de *The Economist* sont inspirés par la rage et l'hindouphobie. Mais le cœur des diatribes anti-Modi constantes tient en un mot : hindouphobie. La peur que l'Inde se tienne enfin sur ses propres pieds, libérée des entraves de ce colonialisme mental, intériorisé par Jawaharlal Nehru et perpétué pendant plus de soixante ans par ses successeurs de la dynastie. » Aux États-Unis, la Federation of Hindu Associations a violemment protesté contre l'usage publicitaire des figures de divinités hindoues par les firmes Sony et Gap dans leurs campagnes publicitaires. Les deux compagnies ont présenté leurs excuses. La série américaine *The Simpsons* a fait l'objet des mêmes protestations, une statue était baptisée « Goofy Ganesh » (Ganesh le Débile). Ces pratiques conduisent les nationalistes hindous à créer en 1997 une American Hindu Anti-Defamation Coalition (AHADC) sur le modèle de l'Anti-Defamation League (contre l'antisémitisme). Le débat sur les manuels scolaires californiens est caricatural : la Hindu American Foundation et la Hindu Education Foundation n'étaient pas d'accord sur le point de savoir si et comment l'histoire du système de castes devait être incluse dans les livres d'histoire et comment les communautés intouchables devaient être nommées. L'Hindu American Foundation a proposé de supprimer le mot « Intouchable » (Dalit) et de le remplacer par « communautés socialement ostracisées et économiquement défavorisées » et a finalement demandé la suppression des références au système des castes. La Hindu Education Foundation s'est opposée à une proposition de modification indiquant que les Dalits étaient « contraints de faire un travail considéré comme impur », écrivant : « la modification suggérée a une connotation politique ». Ces propositions ont été rejetées.

Le site Anti-Muslims Activities in the United States[39] recense toutes formes de « supposés » actes, réglementations, ou interdits considérés comme islamophobes, y compris une surprenante carte des législations « anticharia ».

Le Collectif contre l'islamophobie en France (CCIF) est champion du monde de la victimisation, véritable caricature d'organisation de dénonciation. Sur son site : rien sur Daech (qui n'existe pas, semble-t-il) ; aucun article sur le radicalisme ou les frères Kouachi ; rien sur l'égorgement du père Hamel dans son église de Saint-Étienne-du-Rouvray ; quatre articles, en revanche, sur la condamnation de l'agresseur d'un septuagénaire musulman. À titre d'exemple, on trouvera ici le communiqué du CCIF après l'attentat au camion-bélier à Nice (86 morts, 458 blessés).

Communiqué du CCIF après le massacre de Nice, 14 juillet 2016

« Une fois de plus, la violence terroriste a frappé notre pays, à Nice, faisant plus de 80 victimes et des dizaines de blessés. Le CCIF condamne une nouvelle fois ces actes de violence avec la plus grande fermeté et adresse toute sa solidarité aux familles des victimes et à leur entourage. Nous avons une pensée émue pour celles et ceux dont la vie a été happée, alors même qu'ils partageaient un moment de rassemblement fraternel et familial. Dans le contexte qui suit ce nouveau drame, le CCIF en appelle à l'extrême vigilance des autorités, afin de tirer des leçons des attaques successives qui ont visé notre pays, avec trois points d'action prioritaires :

• Renforcer les dispositifs de protection des lieux de culte, notamment dans la région de Nice.

• Accentuer la surveillance de mouvements racistes et identitaires qui multiplient les appels à la haine et incitent explicitement à des représailles à l'encontre de nos concitoyens musulmans.

• Réévaluer la politique antiterroriste, sur la base des rapports rendus récemment, et comprendre que les dérives de l'état d'urgence ou le ciblage abusif des musulmans amoindrissent la capacité de nos services de renseignement et, en définitive, ne garantissent pas notre sécurité.

Dans ce temps de deuil, de recueillement et de solidarité, nous en appelons enfin à la responsabilité des commentateurs politiques et médiatiques afin de rassembler nos concitoyens plutôt que de les diviser, face à des enjeux qui les concernent tous, sans distinction d'appartenance, de religion ou d'origine. Si notre réponse au terrorisme doit avoir une chance de réussir, alors elle ne doit jamais s'exprimer au mépris des valeurs de fraternité, d'égalité et de liberté qui font notre devise. »

À la suite de l'attaque de l'usine et du sordide assassinat du randonneur Hervé Gourdel, mort le 23 septembre 2014, décapité par des « Soldats du califat », un groupe affilié à l'État islamique, le CCIF ne cite pas le mort et publie un communiqué de presse contenant l'extrait suivant : « Le danger ne réside pas dans les vaines tentatives de groupes armés de déstabiliser la République. Ses principes sont assez ancrés dans l'esprit des Français et l'histoire de notre pays l'a maintes fois montré. Le vrai danger réside du côté de ceux qui utilisent ces événements pour déverser leur haine contre une partie de la population qui est, de fait, celle qui paie le plus lourd tribut face au terrorisme. »

Les diasporas et la radicalisation

Un article de l'universitaire Daniele Conversi[40] sur les diasporas ethniques analyse leurs relations avec la mondialisation et leur rôle dans l'expansion et la radicalisation des conflits. Il distingue les diasporas apatrides et les diasporas qui s'assimilent à un « État-nation » existant et représentées par celui-ci. Il prend en exemple le conflit en ex-Yougoslavie, la xénophobie chez les Chinois d'outre-mer et le chauvinisme de l'Hindutva chez les hindous américains. Selon l'auteur, le « mobbing en ligne » ou « cyber-harcèlement » devient une tendance inquiétante du radicalisme sur Internet.

Un rapport du Governance and Social Development Resource Centre (GSDRC) de l'université de Birmingham[41], comme l'ouvrage de Farhad Khosrokhavar déjà cité[42], dresse une liste des facteurs expliquant la radicalisation dans les diasporas. Il montre qu'elle ne concerne pas que des enfants de la deuxième ou troisième génération victimes de marginalisation, mais aussi des membres des classes moyennes parfois bien intégrés (comme les communautés indiennes aux États-Unis, au Canada, ou en Grande-Bretagne), quand ce ne sont pas des enfants de familles très aisées.

Tous les radicalismes se sont appuyés de façon systématique sur Internet pour s'adapter au mode de communication privilégié des communautés vivant à l'étranger. Benedict Anderson[43], politologue et historien irlandais connu pour son ouvrage *Imagined Communities* (1983), a qualifié de « nationalisme à distance » la posture identitaire des diasporas. Le flux ne va pas seulement de la diaspora vers la mère patrie et la mobilisation des émigrés est d'abord le résultat d'une action déterminée de la part d'organisations nationales structurées. On le connaît pour les diasporas maghrébines en Occident, mais c'est également vrai dans le cas hindou. Anderson reconnaît que cette variante du nationalisme tient à l'irresponsabilité des migrants qui s'autorisent parfois un radicalisme extrême, n'ayant à redouter ni la prison ni la torture dans leur pays d'accueil. Par exemple, les diasporas musulmanes venues du sous-continent en Occident ont largement assuré le succès du Tabligh. Selon le sociologue Moussa Khedimellah[44], qui a mené pendant dix ans (2001-2011) une étude approfondie de suivi de la carrière religieuse de 250 militants en Europe, le Tabligh fut une sorte de « crypto-catéchisme islamique » chez les migrants et fils de migrants, majoritairement d'origine rurale, durant les Trente Glorieuses en Angleterre, France, Belgique, Italie ou Allemagne. Il insiste sur le rôle de catalyseur de frustrations sociales et identitaires[45], la dignité identitaire retrouvée dans le puritanisme religieux et l'effet salvateur autant que destructeur sur des jeunes engagés dans ce mouvement. Ce mouvement entré en compétition très tôt avec le salafisme des années 1990, le fossé n'a cessé de se creuser durant la décennie 2000 : Khaled Kelkal, Richard Reid, Hervé Djamel Loiseau ont basculé de l'un dans l'autre. Le Tabligh est en recul devant le salafisme.

Depuis le 11-Septembre, la perception a profondément changé. On constate que certains membres de communautés musulmanes de la diaspora ne soutiennent pas seulement les attaques terroristes ciblant les pays occidentaux, ils y participent directement par le biais du recrutement, de la collecte de fonds, de la formation, des opérations et des achats. Trois catégories coexistent – les convertis à l'islam, les assimilations ratées des deuxièmes générations et les migrants de la première génération qui ne s'intègrent pas –, chacun présentant ses propres défis et affectant les pays de différentes manières. Le fait que les kamikazes de Londres du 7 juillet 2005 soient des musulmans d'origine britannique a obligé à s'interroger sur ceux qui peuvent vivre ghettoïsés sans même parler l'anglais. Les tensions accrues qui en sont nées ont eu un impact négatif sur la cohésion sociale et entraîné une certaine dégradation des relations raciales et religieuses, comme cela s'était passé après les attentats du 11 septembre aux États-Unis, dégradation accompagnée des habituels reproches adressés aux médias de légitimer des stéréotypes et de diffuser de fausses informations. L'islam, principalement sud-asiatique au Royaume-Uni, maghrébin en France et turc en Allemagne, est devenu un critère d'identification. Depuis 2013, les départs pour le djihad en Syrie forment la trame de fond de l'analyse, principalement en France. Pourtant le nombre élevé de départs est moindre en proportion de la population musulmane que dans des pays européens communautaristes comme l'Angleterre et la Belgique (la proportion la plus élevée de djihadistes en Europe). Les membres issus de classes moyennes croissent avec le temps. Mais le modèle dominant reste celui des jeunes des banlieues motivés par la haine de la société et une vision sacralisée de la lutte religieuse sous l'expression fourre-tout de « djihad ». Cette haine englobe l'Europe entière dans cette volonté de punir la société qui les déshumanise en les confinant dans des ghettos et en leur déniant la dignité de citoyen.

L'implication des communautés hindoues vivant en Occident dans la politique indienne doit beaucoup à la façon dont le RSS et ses filiales se sont implantés outre-mer et ont orchestré le processus de «réhindouisation» particulièrement efficace dans les sociétés anglo-saxonnes qui combinent un multiculturalisme avec des entrepreneurs politiques défenseurs de minorités religieuses et une forme de racisme exploitable par les radicaux. Lorsque les nationalistes hindous du BJP ont pris le pouvoir en 1998, la diaspora est devenue une cible et une ressource importante, à la fois tête de pont de la mission du RSS, source de financement et levier pour la diplomatie indienne. Jaswant Singh, le ministre BJP du gouvernement NDA (National Democratic Alliance), considérait que les Indiens de la diaspora devaient «diffuser le message selon lequel l'Inde se prépare à occuper une position prééminente en tant que superpuissance culturelle et économique» dans son ouvrage *Defending India*[46].

La Jewish Defense League (Ligue de défense juive), créée en 1968 aux États-Unis par le rabbin Meir Kahane, fondateur deux ans plus tard du parti politique Kach, s'est développée dans plusieurs pays du monde dont la France. Elle est considérée par le FBI[47] comme un groupe terroriste violent – pas en France. La LDJ se veut un mouvement d'autodéfense avec pour objectif la protection de la communauté juive et la défense d'Israël, ce qui la fait souvent dériver de la lutte contre l'antisémitisme à la dénonciation de toute critique du gouvernement israélien. Le livre *Eurabia*, de l'écrivaine britannique d'origine égyptienne Bat Ye'or[48], accusant les élites européennes contemporaines de renoncer à leurs racines judéo-chrétiennes et de livrer leurs peuples à une nouvelle soumission à la « dhimmitude » (du nom de la taxe exigée des communautés non musulmanes dans les pays arabes) a suscité un vif débat par son caractère systématiquement dénonciateur. Un certain nombre d'intellectuels français voient de l'antisémitisme partout. D'autres intellectuels juifs (John Mearsheimer, Shlomo Sand...) se sont élevés contre cette dérive. Joel Beinin[49], auteur d'un ouvrage sur les juifs égyptiens, estime que la vision néo-lacrymale de l'histoire des juifs arabes et orientaux que Bat Ye'or diffuse dans le contexte idéologique israélien, en donnant une image dramatique des juifs orientaux durant les siècles passés, relève d'une « interprétation sioniste normative de l'Histoire ». Elle leur confère ainsi un statut comparable à celui des juifs sépharades qui n'ont pas subi la Shoah. « Le prix de l'admission des juifs arabes dans le projet sioniste est, selon Joel Beinin, professeur à Stanford, de prendre leurs distances avec leurs racines culturelles arabes, et Bat Ye'or effectue précisément cette opération consistant à dévaloriser leurs sociétés d'origine qui les ont protégés. » On a un phénomène identique chez certains juifs français d'Afrique du Nord qui n'ont pas connu la Shoah et sont devenus immédiatement politiquement proches du Likoud. En revanche l'AIPAC (American Israel Public Affairs Committee), fondé en 1951 suite à la création de l'État d'Israël en 1948 et qui compte aujourd'hui plus de 100 000 membres, reste sur des positions beaucoup plus libérales que le gouvernement de Netanyahou et que les néo-évangéliques américains.

On possède maintenant des études approfondies des radicalisés en France et aux États-Unis[50]. Au cours des deux dernières décennies, certaines diasporas musulmanes, frustrées par des interventions militaires occidentales ressenties comme des agressions contre le

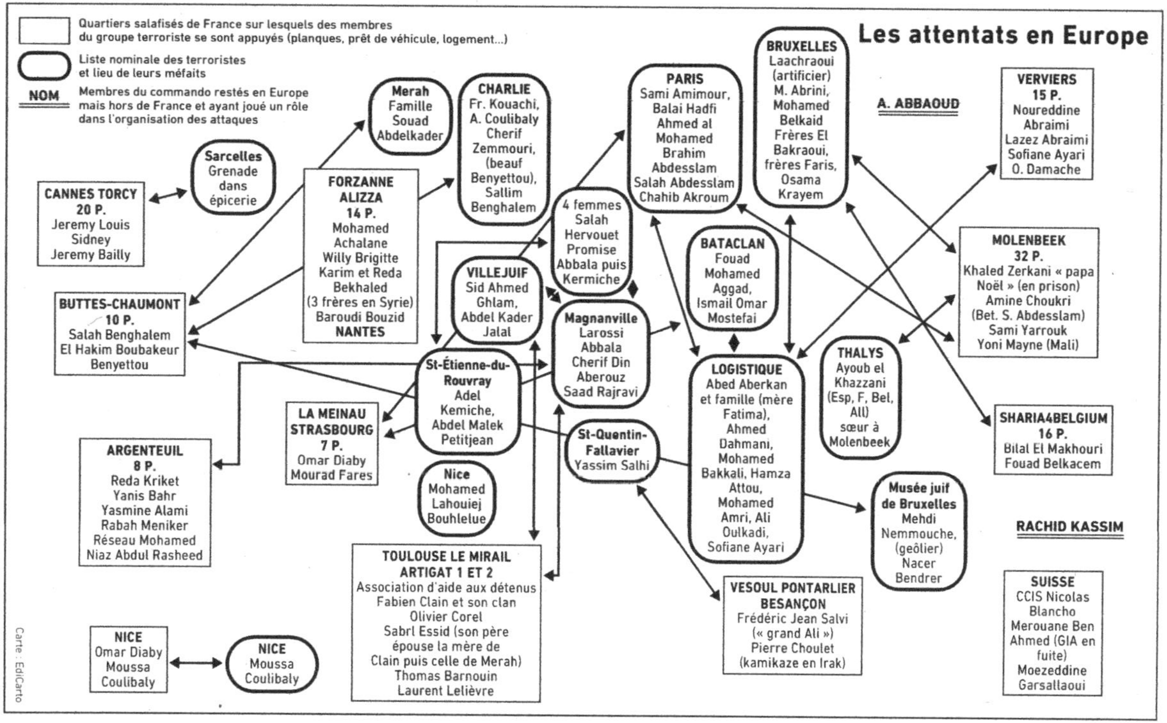

Les attentats en Europe
Quartiers salafisés de France sur lesquels des membres du groupe terroriste se sont appuyés (planques, prêt de véhicule, logement...)
Liste nominale des terroristes et lieu de leurs méfaits
NOM
Membres du commando restés en Europe mais hors de France et ayant joué un rôle dans l'organisation des attaques
CANNES TORCY 20 P. Jeremy Louis Sidney Jeremy Bailly
Sarcelles Grenade dans épicerie
FORZANNE ALIZZA 14 P. Mohamed Achalane Willy Brigitte Karim et Reda Bekhaled (3 frères en Syrie) Baroudi Bouzid NANTES
Merah Famille Souad Abdelkader
CHARLIE Fr. Kouachi, A. Coulibaly Cherif Zemmouri, (beauf Benyettou), Sallim Benghalem
BUTTES-CHAUMONT 10 P. Salah Benghalem El Hakim Boubakeur Benyettou
VILLEJUIF Sid Ahmed Ghlam, Abdel Kader Jalal
4 femmes Salah Hervouet Promise Abbala puis Kermiche
PARIS Sami Amimour, Balai Hadfi Ahmed al Mohamed Brahim Abdesslam Salah Abdesslam Chahib Akroum
BRUXELLES Laachraoui (artificier) M. Abrini, Mohamed Belkaid Frères El Bakraoui, frères Faris, Osama Krayem
A. ABBAOUD
VERVIERS 15 P. Noureddine Abraimi Lazez Abraimi Sofiane Ayari O. Damache
BATACLAN Fouad Mohamed Aggad, Ismail Omar Mostefai
MOLENBEEK 32 P. Khaled Zerkani « papa Noël » (en prison) Amine Choukri (Bet. S. Abdesslam) Sami Yarrouk Yoni Mayne (Mali)
Magnanville Larossi Abbala Cherif Din Aberouz Saad Rajravi
St-Étienne-du-Rouvray Adel Kemiche, Abdel Malek Petitjean
LOGISTIQUE Abed Aberkan et famille (mère Fatima), Ahmed Dahmani, Mohamed Bakkali, Hamza Attou, Mohamed Amri, Ali Oulkadi, Sofiane Ayari
THALYS Ayoub el Khazzani (Esp, F, Bel, All) sœur à Molenbeek
SHARIA4BELGIUM 16 P. Bilal El Makhouri Fouad Belkacem
LA MEINAU STRASBOURG 7 P. Omar Diaby Mourad Fares
ARGENTEUIL 8 P. Reda Kriket Yanis Bahr Yasmine Alami Rabah Meniker Réseau Mohamed Niaz Abdul Rasheed
Nice Mohamed Lahouiej Bouhlelue
St-Quentin-Fallavier Yassim Salhi
Musée juif de Bruxelles Mehdi Nemmouche, (geôlier) Nacer Bendrer
RACHID KASSIM
TOULOUSE LE MIRAIL ARTIGAT 1 ET 2 Association d'aide aux détenus Fabien Clain et son clan Olivier Corel Sabrl Essid (son père épouse la mère de Clain puis celle de Merah) Thomas Barnouin Laurent Lelièvre
VESOUL PONTARLIER BESANÇON Frédéric Jean Salvi (« grand Ali ») Pierre Choulet (kamikaze en Irak)
SUISSE CCIS Nicolas Blancho Merouane Ben Ahmed (GIA en fuite) Moezeddine Garsallaoui
NICE Omar Diaby Moussa Coulibaly
NICE Moussa Coulibaly
Carte : EdiCarto

monde musulman en Irak, en Palestine, dans les Balkans, en Syrie et en Tchétchénie se sont retournées contre leur pays d'adoption, en soutenant les attaques terroristes par le biais de recrutement, soutien, collecte de fonds et formation. On sait le rôle joué par certains membres de la diaspora musulmane dans les attentats de 2015 en France, les cellules dormantes des quartiers salafisés ayant fourni une logistique légalement acceptable (prêt de véhicules, logement...) comme le montre le schéma ci-dessus[51] qui dessine les liens entre le groupe terroriste arrivé de Syrie et les quartiers salafisés sur le territoire français et belge.

L'exemple dramatique du Londonistan[52], quartier ghettoïsé de Londres qui accueille certains des pires prédicateurs salafistes, et où ont été préparés les attentats de 2005 (56 morts, 700 blessés), a soudainement interpellé la société britannique sur les contradictions du droit d'asile accordé à des terroristes simplement parce qu'ils risquaient la peine de mort en cas d'expulsion.

Abou Qatada a obtenu l'asile au Royaume-Uni en 1993 avec un faux passeport. En 1999, il a été condamné par contumace en Jordanie pour avoir planifié des actes terroristes, et a été condamné à la prison à vie avec travaux forcés. Abou Hamza al-Masri, imam de la mosquée de Finsbury Park, entré en Grande-Bretagne avec un visa étudiant, est condamné en 2006, après les attentats de Londres, à sept ans d'emprisonnement, coupable d'incitation à la violence. Après une bataille juridique de huit ans, il est extradé vers les États-Unis pour des accusations de terrorisme. Reconnu coupable de onze accusations de terrorisme, il a été condamné le 9 janvier 2015 à la prison à vie sans possibilité de libération conditionnelle.

La France, les Pays-Bas et la Grande-Bretagne, qui conjuguent un passé colonial et une forte immigration, ont été plus que d'autres frappées par des attentats de masse. Aux Pays-Bas, les morts de Theo Van Gogh et Pim Fortuyn relèvent de l'assassinat ciblé de personnalités publiques connues pour leur position sur l'islamisme, mais la menace terroriste reste élevée, comme le prouve le projet d'attentat de masse déjoué en septembre 2018.

Le Canada est depuis longtemps une base ou un lieu de travail pour de nombreuses grandes organisations diasporiques impliquées dans des conflits nationaux, y compris sous la forme de planification d'attaques et de soutien aux Tigres de libération de l'Eelam tamoul (LTTE, Liberation Tigers of Tamil Eelam). Le Canada est également une base pour les organisations palestiniennes et le radicalisme sunnite, lequel reste le principal sujet de préoccupation de ses services de renseignement. Le pays a été frappé par des actions individuelles de faible ampleur. Malgré cette réalité, le terrorisme au Canada suscite peu de débats et beaucoup nient qu'il s'agisse d'une menace grave. Mais les rapatriés djihadistes, les convertis et les jeunes djihadistes d'« origine nationale » constituent un défi à venir pour la politique antiterroriste.

Les bouddhistes français se mobilisèrent également, mais seulement pour la fermeture du Bouddha Bar à Paris.

La solidarité religieuse : nouvelle composante géopolitique

La nouvelle géopolitique de solidarité ethnico-religieuse née du rapport maison mère-diaspora (même lointaine) crée de nouvelles conjonctures géopolitiques : en Turquie, c'est la cause des Ouïghours turcophones persécutés en Chine ; au Kazakhstan celle des Kazakhs chinois ; les sikhs, les Basques, les Irlandais américains et les Tamouls installés à l'étranger montrent que les migrants adoptent souvent une position « dure » pour défendre « la cause ». Souffrant d'une double identité aussi incomplète l'une que l'autre, d'une globalisation mal vécue, les diasporas ne produisent pas toujours des « intellectuels intermédiaires » facilitant l'intégration de la communauté dans le pays d'accueil. Par contre la radicalisation peut attirer des cadres : les attentats de 2004, 2005 et 2007 à Londres et à Glasgow furent en partie l'œuvre de musulmans d'origine indienne ou d'Africains pères de famille, médecins, employés et parfois naturalisés, sans casier judiciaire. Après Glasgow, la police a arrêté plusieurs suspects (essentiellement des médecins), Bilal Abdulla, vingt-sept ans, venu d'Irak ; Mohammed Asha, vingt-six ans, saoudien ; Marwah Asha, vingt-sept ans, jordanien. Anwar al-Awlaki, d'origine yéménite naturalisé américain, passé directement des études d'ingénieur au prédicateur proche d'Al-Qaïda, a été l'inspirateur de nombre de terroristes avant de fuir. Le même rapport à la mère patrie vaut chez les radicaux juifs : le rabbin Kahane, Baruch Goldstein, le médecin d'origine américaine. Des intellectuels musulmans dénoncent non sans raison le fait que certains jeunes juifs français, qui font leur service militaire au sein de Tsahal, puissent être affectés dans les Territoires occupés, dont l'occupation est dénoncée par les décisions de l'ONU et par la diplomatie française.

Diaspora contre diaspora

Les diasporas peuvent également orienter leur action politique contre une autre diaspora identifiée à l'adversaire. Leur implication dans les conflits est considérée comme un facteur susceptible de les entretenir, car leur radicalité est associée à une distance confortable, à des garanties protectrices et à des représentations du conflit naïves et manipulables par des leaders astucieux. Il existe donc dans les pays occidentaux une armée de réserve djihadiste de jeunes déclassés des cités ou de *poor inner cities* (quartiers populaires du centre-ville). Ces jeunes s'identifient au djihadisme moins pour des raisons religieuses qu'identitaires et sociales, l'islam devenant le symbole de la résistance et fournissant la caution du sacré à l'épuisement des idéologies d'extrême gauche. La communauté juive devient dès lors la cible de proximité.

Le « nationalisme à distance » de la diaspora hindoue est aussi une réaction à ce qu'elle considère comme une Internationale islamiste. Celle-ci est identifiée aux conversions massives dans une petite ville du sud de l'Inde, Meenakshipuram, où des milliers d'Intouchables sont « passés à l'islam » en 1981, et à l'affaire Shah Bano de 1985. En Grande-Bretagne, les campagnes de Hizb ut-Tahrir, parti panislamiste, ont eu un impact sur les campus universitaires où cohabitaient de plus en plus difficilement des étudiants de communautés différentes. À la School of Oriental and African Studies (SOAS) de Londres, par exemple, des étudiants hindous et juifs ont combiné leurs actions pour faire interdire le Hizb. C'est aussi le moment où ils ont mené une campagne contre la conversion à l'islam de jeunes sikhes et de jeunes hindoues du fait de leur mariage avec un musulman.

Le djihadisme a renouvelé le rapport à la violence avec deux pratiques nouvelles : le néo-martyre, mort qui garantit l'accès au paradis, et la néo-oumma, communauté mythique qui n'a jamais historiquement existé et que les jeunes recherchent comme remède à leur malaise identitaire. La France combine plusieurs facteurs qui aggravent son cas aux yeux des djihadistes : elle est identifiée comme la « terre du stupre », la terre de l'idéologie antireligieuse et la terre de l'ambition antimusulmane par ses multiples interventions militaires. Elle héberge aussi les communautés juive et musulmane les plus nombreuses en Europe, d'où la croissance des actes antisémites ces dernières années.

Conclusion

Le rôle de représentation joué par les diasporas va en s'amplifiant. Deux exemples moins connus que le lobby juif ou les organisations hindouistes valent qu'on les mentionne.

Le Congrès mondial des Ouïghours (World Uyghur Congress, WUC), créé en avril 2004 à Munich, rassemble divers groupes des 15 000 Ouïghours exilés dont l'Association américaine des Ouïghours (Uyghur American Association, UAA) et le Congrès national du Turkestan oriental (East Turkestan National Congress, ETNC). La présidente Rebiya Kadeer est une femme d'affaires et militante politique qui vit en exil aux États-Unis après avoir passé six ans en prison en Chine pour avoir « révélé des secrets d'État ». L'association déclare demander non pas l'indépendance, mais la démocratie et le droit à l'autodétermination pour les Ouïghours. On comprend l'irritation de Pékin.

Le Congrès mondial ukrainien (CMU) est l'association internationale de coordination de la diaspora qui veut représenter les intérêts de plus de 20 millions d'Ukrainiens dans 14 autres pays. Fondé en 1967 comme association à but non lucratif, le CMU fut reconnu par le Conseil économique et social de l'ONU en 2003 comme une organisation non gouvernementale avec un statut spécial consultatif.

Les visions géopolitiques des différents radicalismes sont appelées à peser de plus en plus dans la violence internationale.

5

La théologie de la violence sanctifiante : les religions ensauvagées

> « L'étonnante capacité des anciennes victimes à devenir des bourreaux laisse bien augurer de l'avenir de l'espèce. »
>
> Gérard Chaliand, expert des conflits

Évacuons tout de suite le débat destiné à savoir quelle est la religion la plus « de paix et d'amour ». La justification juive du massacre des Cananéens dans la Torah (Dt XX, 16 ; Nm XXXI, 17) ; la justification du massacre des juifs, infidèles et athées par les musulmans (Coran V, 33 ; VIII, 7. X, 30 ; XVII, 58) ; la sentence rapportée par Matthieu (X, 34) : « Ne croyez pas que je sois venu apporter la paix sur la Terre, mais l'épée » ; saint Augustin justifiant les persécutions : « L'Église persécute par l'amour, les autres par la haine » (1 Galat. IV, 22-31 ; 2. Ps XVII, 38) ou l'occupation de Jérusalem par la première croisade massacrant musulmans et juifs dans le plus grand œcuménisme au cri de « Dieu le veut » ; la violence entre monastères au Tibet historique : tous ces exemples suffisent ! Le radical religieux est un héros qui, pour le triomphe de ses préjugés, est prêt à faire le sacrifice de votre vie d'abord, accessoirement de la sienne !

Les grandes entités religieuses sont opposées entre elles par des concepts polysémiques : le terme « croisade », largement connoté positivement pour les Occidentaux, qui n'hésitent pas à l'utiliser pour quêter contre le cancer ou la pauvreté, reste pour les musulmans le souvenir d'une entreprise impérialiste remémoré au moindre conflit. Idem pour le terme « djihad », en sens inverse : discipline personnelle d'amélioration religieuse pour les musulmans, il est vu comme la preuve théologique du caractère agressif de l'islam pour les autres. Gandhi parvint à donner l'image de la non-violence à l'Inde, pourtant marquée par les invasions aryenne, perse, grecque, parthe, scythe, arabe, moghole, portugaise, britannique, française et japonaise, alors que le pays est depuis longtemps le théâtre d'une guerre religieuse chronique entre musulmans et hindouistes et qu'il a depuis son indépendance mené plus de guerres extérieures que la Chine communiste. La vision qu'on a en Occident du bouddhisme est très parcellaire. Le dalaï-lama y personnalise cette religion parce qu'il séduit beaucoup. En réalité il n'incarne que le seul bouddhisme dit « du Véhicule du diamant » (Vajrayana) et sa liturgie colorée, et n'a autorité que sur 2 à 3 % des 500 millions de bouddhistes. Il symbolise la lutte pour l'indépendance du Tibet qui, en 1950, comptait environ un demi-million de moines, soit 30 % de la population mâle, c'est-à-dire plus que de prêtres catholiques dans le monde[1]. Et le dalaï-lama n'a aucune influence sur les radicaux du Myanmar, du Sri Lanka, du Bhoutan, de Thaïlande, de l'école theravada, dite « du Petit Véhicule ». Les leaders radicaux qui dirigent les explosions de racisme au Sri Lanka et au Myanmar sont plus influents sur des ensembles humains plus vastes que le dalaï-lama. Le précepte de non-violence, central dans le bouddhisme, s'efface très souvent derrière la raison d'État national, partout où le clergé s'associe au pouvoir politique. En 1975, la victoire des communistes au Vietnam, Laos et Cambodge fait peur dans toute la région. Un moine,

Kittivuddho Bhikkhu, absout d'avance ceux qui voudraient agir en affirmant dans la presse, le 6 octobre 1976, que « tuer des communistes n'est pas un péché », donnant le feu vert au massacre de l'université Thammasat (46 morts) à Bangkok[2] alors que la Thaïlande n'était pas menacée par le communisme. Le djihad global redéfini par Abdallah Azzam, le théoricien d'Al-Qaïda, qui en fait une obligation individuelle quels que soient le lieu et le contexte, va fournir le lien entre tous les conflits : départs vers l'Afghanistan d'abord, puis la Bosnie, la Tchétchénie et Daech… puis le terrorisme local endogène. N'oublions pas que le radicalisme musulman tue dans ses attentats d'abord 90 % de musulmans. Écartons aussi le débat sur le caractère pacifique de certains radicalismes quiétistes par opposition aux radicaux violents. À Colombo, le prêcheur musulman Zahran Hashim, qui avait radicalisé les deux jeunes auteurs des attentats contre des églises d'avril 2019 (258 morts dont 45 enfants et 496 personnes blessées), vivait au Sri Lanka et diffusait depuis des années des discours contre les soufis et les mécréants sur Internet. Ses sermons radicaux sur YouTube n'ont été supprimés qu'après les attentats. Les services de renseignement indiens avaient alerté sur le risque d'attentats dans le pays. Le nom de Zahran figurait sur la note de service datée du 11 avril et signée par l'inspecteur général de la police du Sri Lanka mettant spécifiquement en garde contre les attaques contre les églises. Malgré des renseignements inhabituellement précis, Zahran n'a pas été interpellé. Distinction toujours récurrente entre salafisme quiétiste et salafisme djihadiste, qui paralyse les démocraties. À titre de comparaison, Hitler, « nazi quiétiste », se contentait aussi de discours de haine avant 1934.

Pour les fondamentalismes religieux, l'« Autre » à annihiler, dans l'ordre, ce sont l'athée, le mécréant mais aussi et surtout les pratiquants de la même religion qui ne satisfont pas à ces normes autoproclamées, qu'il s'agisse de *takfiri*, de *mosser*, de *rodef*, de *murtad* ou de *papistes*… Le combat est paradoxalement d'abord intra-religieux : l'hérésie et l'excommunication (quels que soient les termes utilisés dans les différentes religions) valent autorisations pour les « vrais croyants » de tuer les « faux croyants ».

Comment un conflit politique devient un conflit religieux

« La paix est une chose importante, mais ce n'est pas la plus importante. Pour la paix, on ne renonce pas à ce qu'il y a de plus important. Il faut se battre pour tous les lieux où sont installés des juifs en terre d'Israël », a décrété Ouri Elitzour, activiste sioniste « éclairé », quand il a occupé l'esplanade des Mosquées comme soldat*.

Dans *L'État juif*, Theodor Herzl écrivait : « Aurons-nous donc à la fin une théocratie ? Non ! Si la foi nous maintient unis, la science nous rend libres. Par conséquent, nous ne laisserons point prendre racine aux velléités théocratiques de nos ecclésiastiques. Nous saurons les maintenir dans leurs temples, de même que nous maintiendrons dans leurs casernes nos soldats professionnels. L'armée et le clergé doivent être aussi hautement honorés que leurs belles fonctions l'exigent et le méritent. Dans l'État qui les distingue, ils n'ont rien à dire, car autrement ils provoqueraient des difficultés extérieures et intérieures[3]. » Hélas, l'évolution d'Israël ne sera pas celle que souhaitaient ses fondateurs. Le rabbin Kook soutient finalement l'entreprise

* Dans le documentaire *Au nom du Temple* de Charles Enderlin (2013).

sioniste en imposant l'idée qu'Israël est d'essence divine, surtout après la guerre des Six-Jours et l'occupation de la Cisjordanie, de Jérusalem-Est et de Gaza. La création du Goush Emounim, puis du Parti national religieux (PNR), dissous en 2008, donne naissance au « Foyer juif » à la Knesset, depuis entré au gouvernement. Même Tsahal se radicalise avec l'acceptation (*yeshiva hesder*) qui permet dans les années 1965 la création d'écoles militaires (une vingtaine de *mekhinot* actuellement) réservées aux observants sortant des écoles religieuses et lycées orthodoxes. Les hesdernikim symbolisent la réconciliation d'une partie du courant orthodoxe religieux avec l'armée, puisque celle-ci devient l'armée de Dieu, évidemment vouée à défendre les colonies. Cette frange radicale va opposer l'objection de conscience aux ordres gouvernementaux d'expulsion de colonies sauvages. Comme tous les radicaux de toutes les religions, les chefs de file juifs font la distinction entre l'État juif idéal (*Medina Idealite*) et l'État juif réel (*Medina Mamashite*) qui n'est qu'un ersatz d'entité gouvernée par la Torah. Naftali Bennett, chef du parti et du mouvement pro-colonies My Israel, affirme : « Tout est dans la Bible… nous devons donner nos vies pour étendre la souveraineté d'Israël en Cisjordanie. » Comme ministre de l'Éducation, il a exclu du programme de littérature des lycées le roman *Sous la même étoile* (*Haie* en hébreu)[4] de Dorit Rabinyan, qui raconte une histoire d'amour entre un Palestinien et une Israélienne. Côté palestinien, FPLP, Fatah, puis OLP sont laïques. Mais, en 1967, les Frères musulmans créent le Hamas, avec une charte imprégnée de références à l'islam. Après avoir gommé les relents d'antisémitisme qu'elle contenait, la version de 2017 affirme que « la Palestine est la terre sainte qu'Allah a bénie pour l'humanité ». Deux radicalismes religieux intransigeants se font face, l'un dans un système démocratique, l'autre comme mouvement de résistance.

Le Sri Lanka[5] compte une population de l'ordre de 20 millions d'habitants, composée de groupes qui se définissent par le croisement de l'appartenance ethnolinguistique et de l'appartenance religieuse. Schématiquement, le cinghalais est la langue maternelle de 75 % de la population dont environ 70 % se réclament du bouddhisme, et 4 à 5 % du christianisme (principalement catholique). Quant au tamoul, c'est la langue maternelle de 25 % de la population, dont environ 14 % sont hindouistes, 8 % musulmans et le reste chrétien. Au Sri Lanka, le critère identitaire religieux joue un rôle plus complexe qu'en Inde dans les processus de violence politique qui ont affecté le pays depuis l'indépendance de 1948. Deux conflits majeurs ont déchiré l'île : celui du séparatisme tamoul du Nord et de l'Est de 1983 à 2009, et la rébellion des jeunes révolutionnaires appartenant à la majorité cinghalaise rurale contre l'élite au pouvoir (en 1971, puis de 1987 à 1990). Dans le cas du séparatisme tamoul, c'est au nom d'une nation définie par sa langue (le tamoul), son histoire (imaginée comme indépendante) et non pas par sa religion que s'est forgé le mouvement séparatiste. Mais ce mouvement se voulait une réponse à la volonté de domination de la majorité de langue cinghalaise qui identifiait l'intérêt national à la défense du bouddhisme. Dans le second cas, les rebelles comme leurs adversaires appartenaient à la majorité bouddhiste, mais la politisation des moines a joué un rôle dans les processus de violence, un nombre élevé de jeunes moines s'étant engagés aux côtés des rebelles. Depuis 2009, de nouvelles cibles ont émergé, qui rapprochent le Sri Lanka du Myanmar et aussi de l'Inde : les milices des milieux ultra-nationalistes bouddhistes visent également les adeptes des religions chrétiennes.

L'approche statistique du Pew Research Center[6] classe les 25 pays les plus peuplés qui ont connu le plus grand nombre de conflits religieux : la Russie, le Pakistan, l'Indonésie et le Myanmar arrivent en tête. Les communautés les plus stigmatisées – les chrétiens et les musulmans, qui représentent la moitié de la population mondiale – seraient presque à égalité. Les juifs, moins nombreux, connaissent aussi un niveau record. Signe peu encourageant pour l'avenir, la courbe montre clairement une tendance à la hausse pour à peu près toutes les religions étudiées. L'année 2011 fait figure de charnière, selon le Pew, en partie à cause des Printemps arabes.

Les violences « légales »

L'exclusion de l'Autre : le dictionnaire de la haine

Le radicalisme religieux repose sur un triptyque : une foi, un peuple, un territoire, chaque programme contient les trois aspects. Golwalkar, leader du RSS en 1940, y ajoutait la langue (le sanscrit) dans un pays multilingue. La logique consiste à opposer sa propre communauté (c'est-à-dire les « frères » de l'oumma, le Sangh Parivar – la « grande famille » du nationalisme hindou ; la *sangha*, la communauté bouddhique ; le Peuple élu chez les juifs, etc.) aux Autres (*takfiri*, *mécréants*, *kuffar*, *mosser*, *goïm*, *rodef*, *murtad*, *rafida*, *papistes*, *munafiqun*...). Les minorités, les religions syncrétiques (yézidis ou adorateurs du Diable) arrivent juste avant la vermine laïque...

L'Hindutva, pour Vinayak Damodar Savarkar, vise à la transformation de l'Inde en *Hindu Rasthra* (État hindou) et autorise discrimination, conversion, expulsion, voire assassinat des non-hindous avec à terme l'annexion du Pakistan et du Bangladesh. Mahesh Sharma, le ministre de la Culture en charge de l'Éducation mais aussi ceux de l'Agriculture, des Routes et de la Sécurité intérieure prônent une « purification de la société ». En septembre 2015, il défend la nécessité de protéger aussi l'Inde contre l'occidentalisation. Le gouvernement doit « nettoyer tous les éléments du discours public qui ont été occidentalisés et où la culture et la civilisation indienne doivent être restaurées – que ce soit l'histoire que nous lisons, notre patrimoine culturel, ou nos institutions, qui ont été pollués au fil des années[7] ». Le danger de l'occidentalisation constitue un thème récurrent du Sangh Parivar. En 1995, un jugement de la Cour suprême indienne, souvent cité par les milieux extrémistes, a fait de l'Hindutva un synonyme d'indianisation et l'a définie comme un mode de vie et non comme un interdit. Depuis octobre 2016, la Cour suprême a été saisie par les défenseurs de la laïcité inscrite dans la Constitution indienne.

Le terme iranien *Gharzadeghi* est employé en 1962 par l'écrivain Jalal Al-i Ahmad dans un essai, *Occidentosis: A Plague from the West*[8], qui a commencé par circuler sous le manteau pendant la politique de modernisation forcée du shah pour « occidentaliser » l'Iran. Seule la sphère religieuse restait préservée, argument qui servira à l'imam Khomeiny pour rejeter l'acculturation par l'Occident. « Les concepts développés dans ce livre restent utiles pour comprendre le monde d'aujourd'hui. On y trouve les explications sur la crise de civilisation actuelle », écrit l'agence de presse officielle iranienne Fars News, qui évoque une crise à la fois morale, intellectuelle, politique et sexuelle entre l'Occident et l'Orient et une incompréhension mutuelle. Préserver le mode de vie iranien revient donc à éviter la contamination. L'« occidentalité » est un virus à rejeter comme dans la titulature de Boko Haram (l'enseignement à l'occidentale est haram).

En Europe, l'éclatement de la Yougoslavie a opposé des Slaves catholiques, orthodoxes et musulmans parlant la même langue. La mythologie nationale croate qui conjugue racisme et antisémitisme procède ainsi d'une réécriture de l'Histoire. Ante Starcevic, le penseur de l'identité croate, publie en 1857 à Paris avec son compère Eugen Kvaternic *La Croatie et la confédération italienne* dans laquelle il plaide pour une « Grande Croatie ». Le régime oustachi, durant l'occupation allemande en 1943, en fait le père de la Nation. Il prétendait que les Bosniaques étaient des Croates convertis à l'islam, les Slovènes des Croates des montagnes et donc que les Serbes n'étaient que des migrants récents ou des Croates de souche convertis à l'orthodoxie, les pires étant les Slavo-Serbes, une « race de chiens » vendue aux conquérants et donc des « intrus ». La Croatie serait le dernier rempart de l'Occident contre ces envahisseurs. L'union avec la Serbie, imposée par le traité de Versailles qui avait donné naissance à la Yougoslavie, était contre nature. Reprenant ces analyses, les oustachis se considéreront non comme des fondateurs, mais comme les continuateurs d'une Croatie redevenue elle-même, notamment dans son identité religieuse. Les conversions forcées étaient prônées par Draganovic, prêtre catholique selon qui les catholiques d'Herzégovine avaient été convertis à l'orthodoxie par la force au XVIIe siècle. Les œuvres de Starcevic et Kvarternic furent rééditées en 1990 avant l'éclatement du pays, augmentées d'une préface vantant la justesse des analyses de l'auteur. On connaît la suite de l'histoire yougoslave. On pourrait en parallèle démonter la renaissance du nationalisme serbe. Le rôle des hiérarchies religieuses dans la montée des nationalismes qui allaient tuer la Yougoslavie est essentiel[9].

En Israël, le cas paroxystique fut celui des parents ashkénazes refusant les enfants sépharades dans leur école d'Immanuel, en Cisjordanie. Cas tranché par la Cour suprême, qui suscita une manifestation de 100 000 personnes le 17 juin 2010. La diabolisation de l'Autre atteint aussi certains cercles intellectuels. Le journaliste Zeev Sternhell, qui a interviewé les deux députés du Likoud Miki Zohar et Ayelet Shaked[10], pense qu'en Israël naît un racisme proche du nazisme des débuts, voulant modifier la loi fondamentale pour interdire toute rétrocession de terrain aux Palestiniens ou étendre la limite de Jérusalem pour en exclure tous les Arabes. Le vote de la loi récente proclamant Israël comme «État juif», excluant donc les Arabes israéliens d'une citoyenneté complète, est un nouveau pas. Le plan Trump vient donner raison à Netanyahou qui a introduit dans son programme électoral l'annexion de la vallée du Jourdain.

En Ukraine, en 2018 encore, un pope prorusse a refusé de célébrer la messe des morts pour une fillette tuée dans un accident parce que cette dernière avait été baptisée par l'Église de Kiev. «Selon les canons de notre Église, nous ne pouvons pratiquer les rites sur un paroissien d'une autre confession», se justifia Lucas, le métropolite de Zaporojié.

D'un ennemi à l'autre

On pourrait refaire le fil de toutes les diabolisations de l'Autre dans les différents radicalismes, à partir de la même méthodologie : illégitimité historique, territoriale, sociale et politique de l'Autre à partir d'un récit mythologique et d'une réécriture victimaire de l'Histoire; caractéristiques intrinsèques quasi biologiques qui rendent la coexistence impossible; choc traumatique qui tout à coup régénère le discours de rejet... Mais au-delà de l'ennemi principal, les radicaux vont chercher des sous-ennemis : en Asie du Sud, par exemple, les chrétiens deviennent en certains endroits une cible de substitution.

« C'est une persécution directe contre les chrétiens d'Inde » (*La Croix*, 2 avril 2019)

Alors que l'Inde entre en période électorale, Mgr Theodore Mascarenhas, évêque auxiliaire de Ranchi (Jharkhand) et secrétaire général de la Conférence des évêques d'Inde, s'inquiète du durcissement du fondamentalisme hindou dans cet État gouverné par le BJP depuis 2014. Tous les catholiques du diocèse de Ranchi sont des *tribals* (ou *adivasi*), répertoriés dans la Constitution indienne de 1950 sous le nom de *Scheduled Tribes**. Ils sont nombreux dans les zones forestières du nord de l'Inde, majoritairement convertis par des jésuites missionnaires belges au milieu du XIXe. Depuis 2014, le gouverneur Raghubar Das du BJP « cherche clairement à nuire à l'Église catholique, à différents niveaux administratifs » : non-remplacement des enseignants qui partent à la retraite ; plusieurs mois de retard pour les salaires des personnels « pour les 150 écoles (soit 2 000 élèves) dans le diocèse »… Après une grande manifestation de 200 000 diocésains dont de nombreux prêtres et religieuses, dans les rues de Ranchi en 2016, le gouvernement du Jharkhand a fait publier dans les journaux locaux une page entière de condamnation de l'Église, accusée de convertir les *tribals*… Mgr Mascarenhas accuse aussi les théories de l'Hindutva qui affirment que « les chrétiens sont des étrangers, ennemis de la nation. Certains groupes fondamentalistes hindouistes ont déclaré que d'ici à 2025, l'Inde serait une nation hindoue, que les musulmans devaient partir au Pakistan et que les chrétiens devaient partir pour le Vatican ou pour des pays chrétiens… ».

* *Les* Scheduled Tribes *(ST), ou tribus répertoriées, comptent 104 millions de personnes et représentent 8,6 % de la population indienne (recensement 2010).*

Au Pendjab, dans la seconde moitié du XIXe siècle, Mirza Ghulam Ahmad (1835-1908), né à Qadian, se présente comme le Messie annoncé et fonde la pratique Ahmadiyya, qui est exclue comme non musulmane en 1974 par des religieux venant des 72 « sectes reconnues » de l'islam au Pakistan. Le second amendement de la Constitution pakistanaise les déclare officiellement « secte non musulmane ». Le 28 mai 2010, les talibans pakistanais ont attaqué deux mosquées Ahmadiyya à Lahore (98 morts, 120 blessés). Aucun dirigeant musulman dans le monde ne condamna l'acte.

L'exclusion par l'assimilation réglementaire, conversion forcée, déchéance de nationalité

Chacun des radicalismes a sa version du « grand remplacement », menace démographique supposée venir de l'Autre et sa progéniture. L'Association bouddhique du Ladakh, petit pays de 140 000 habitants, avait lancé en 1989 un appel au boycott des musulmans qui souhaitaient le rattachement au Pakistan, appel renouvelé en 1992. En septembre 1990, des manifestations contre cette politique font 400 victimes. En 1992, des violences déclenchent un exode de 100 000 personnes (pas seulement des musulmans) qui fuient la répression ou sont contraintes par la police à signer des papiers d'émigration volontaire vers l'Assam, le Bengale-Occidental, en Inde et au Népal. Aujourd'hui encore la situation n'a pas changé, cette minorité vit toujours dans des camps de réfugiés. Pour l'orientaliste et professeur à la SOAS Andrew Michael Hutt[11], malgré l'idée très répandue que les Tibétains sont pacifiques, la réaction raciste et violente contre les minorités au Bhoutan et au Ladakh à la fin des années 1980 et dans les années 1990 est un rappel du potentiel de conflits ethnico-religieux présent dans ces cultures bouddhistes tibétaines himalayennes idéalisées. Depuis les années 2010, les violences se sont diversifiées : antimusulmanes au Myanmar ; antichrétiennes au Sri Lanka ; antihindouistes (les Lhotshampas) au Bhoutan et au Ladakh…

L'article 370 de la loi fondamentale indienne, récemment abolie par le gouvernement Modi, garantissait une relative autonomie des différents États. Ainsi les décisions votées par le Parlement fédéral n'étaient pas appliquées au Cachemire, à l'exception des domaines de la Défense, des Affaires étrangères, des Finances et des Communications. Selon les dispositions de l'article 35 A, les personnes étrangères au Jammu-et-Cachemire n'étaient pas habilitées à acheter des terrains ni à avoir accès aux emplois publics de la région. Par sa décision récente de suppression du statut spécial, c'est donc l'ouverture d'une politique de recolonisation par l'arrivée de migrants hindouistes, analogue à celle que mènent les gouvernements chinois au Xinjiang avec l'arrivée massive de Han, ou israélien avec les colonies en Cisjordanie.

En Assam, 2 millions de musulmans n'ayant pu faire la preuve administrative de leur présence avant le 24 mars 1971 (date de l'indépendance du Bangladesh) ont officiellement été déchus de leur nationalité et sont devenus des apatrides par décision de la Cour suprême du 31 août 2019. La plupart étaient des réfugiés poussés par la répression des troupes pakistanaises. L'opération de recensement issue d'une loi de 1985 n'avait jamais été mise en œuvre. Ce sont les militants du BJP portés par le succès électoral de Modi qui ont relancé le processus. Ces apatrides sont condamnés à vivre très longtemps dans des camps puisque n'existe aucun accord d'extradition entre Dacca et Delhi. L'Assam est un laboratoire pour l'identité nationale indienne telle que définie par les hindouistes radicaux. Le Premier ministre a promis d'étendre le recensement à l'échelle nationale.

En Thaïlande[12], le mouvement radical bouddhiste a moins pris, le clergé étant globalement discrédité par des scandales de corruption et de détournements de donations. Mais la dénonciation de l'islam leur a refait une virginité. Maha Apichat, un moine influent, avait utilisé Facebook afin d'appeler les fidèles à brûler une mosquée pour chaque moine tué dans le sud du pays, après quoi il a été défroqué[13]. Il fait partie d'un groupe de plus en plus important de religieux thaïlandais qui pensent que le bouddhisme est menacé par l'islam puisqu'une guerre civile fait rage dans le sud musulman du pays depuis douze ans. Au Sri Lanka, le moine Galagoda Aththe Gnanasara, figure de proue du mouvement BBS, est sous le coup de poursuites pour ses discours de haine et insultes : « Le Coran devrait être banni du pays. [...] Si vous ne le faites pas, nous irons de maison en maison et militerons jusqu'à ce qu'il soit interdit. »

Au Myanmar, les moines sont les gardiens du culte, de la nation et de l'identité religieuse. À l'indépendance, en 1948, les militaires qui accédèrent au pouvoir avaient une obsession : préserver l'unité d'un pays marqué par sa pluralité ethnique et ses 137 minorités officiellement reconnues. Pour y parvenir, la junte s'est appuyée sur le Sangha, la hiérarchie bouddhiste, en échange de la construction de monuments religieux et de dons publics. Depuis 1982, la minorité Rohingya ne faisait plus partie des ethnies reconnues par la Constitution : pas de certificat de naissance pour les enfants, interdiction de la langue... L'appellation « Rohingya », ou habitant du Rohang, ancien nom de l'Arakan pour les musulmans, est un point de contentieux avec les autorités pour qui les Rohingyas sont des Bengalis immigrés illégaux qui se sont inventé une identité pour revendiquer des droits. Des historiens pensent qu'ils seraient de lointains descendants de soldats et de commerçants arabes, turcs ou bengalis convertis à l'islam au XVe siècle. Mais pour la majorité des Birmans, ils sont arrivés du Bangladesh voisin, importés par les colons britanniques à la fin du XIXe siècle. En 2007, la Révolution de safran, initiée par des milliers de moines et réprimée dans le sang par le pouvoir militaire, provoqua la fuite des religieux les plus progressistes, « permettant aux éléments les plus conservateurs de prendre le dessus », analyse Kirt Mausert, chercheur à l'Institut pour l'engagement politique et civique (IPACE) à Rangoon. Les Rohingyas chassés n'ont pas de papiers birmans, juste des NVC (National Verification Certificate) que les soldats birmans leur retirent parfois, rendant doublement impossible leur retour dans leurs villages rasés. Aung San Suu Kyi, aujourd'hui conseiller d'État et ministre des Affaires étrangères, parle de « processus national de vérification ». Quand les premiers massacres et exils commencèrent (1978, 1992, 2000, 2016), ils se réfugièrent dans des camps sous tutelle internationale à la frontière. Les agences et les ONG s'y voient interdites par les autorités du Bangladesh, pays d'accueil, d'enseigner le bengali parce que ces réfugiés sont rohingyas et pas bengalis !

Au Sri Lanka, des mouvements tels que le BBS, sur le modèle du Sangh Parivar hindou, cherchent à interdire les conversions, à abolir le droit privé musulman, à proscrire l'abattage halal et à exclure de l'espace public les manifestations religieuses autres que celles du bouddhisme. L'argumentaire développé par les moines dans les meetings dénonce la croissance démographique musulmane tout comme les conversions à des sectes néo-chrétiennes financées par l'étranger. Au début des années 2010, des groupes armés se sont attaqués à la fois à des édifices de culte évangélique et à des quartiers de marchands musulmans. Mais ce mouvement n'a pas encore l'ampleur de celui du Myanmar et le nouveau gouvernement issu des élections de 2015 s'est efforcé de le freiner.

Version française du grand remplacement

La théorie du grand remplacement est défendue en France par l'extrême droite et vise essentiellement les musulmans. Selon Virginie Larousse, rédactrice en chef du *Monde des religions*[14] : « Nombreuses sont les confessions qui ne recensent pas leurs adeptes. En France, les autorités musulmanes ne le font pas. Idem pour le Conseil national des évangéliques de France, organisation la plus représentative qui ne donne aucun chiffre. L'Église catholique, en revanche, recense rigoureusement le nombre de baptêmes d'adultes chaque année ; or l'immense majorité de ces adultes sont des convertis. En tout état de cause, les religions qui "recrutent" le plus en France sont l'islam et les Églises chrétiennes évangéliques. S'il est impossible d'établir des statistiques précises, les études semblent montrer que ces deux religions attirent chaque année sensiblement le même nombre de nouveaux adeptes. En France, il y aurait au total 50 000 personnes converties à l'islam selon Franck Frégosi, spécialiste de l'islam qui souligne le caractère très approximatif de ce chiffre. Si l'on en croit le ministère de l'Intérieur, ils seraient 4 000 Français chaque année. Pour ce qui concerne les Églises chrétiennes, toutes tendances confondues, le nombre de conversions serait de 4 000 à 7 000 par an environ. Pour autant, si l'Église catholique perd un nombre non négligeable de fidèles chaque année, cela ne l'empêche pas d'attirer de nouveaux convertis – environ 3 000 par an. 10 % de ces nouveaux adeptes sont d'anciens musulmans. »

Ces chiffres suffisent à démontrer que le discours du « grand remplacement » s'avère plus politique que démographique.

Le blasphème

> « Un jour j'ai expliqué à un Irlandais que j'étais athée, et il m'a dit : *Soit, mais en quel Dieu vous ne croyez pas, celui des catholiques ou celui des protestants ?* »
>
> Quentin Crisp, écrivain satirique anglais

En 2017, 71 pays possédaient une loi pénale contre le blasphème, solution la plus aisée pour donner satisfaction à la poussée fondamentaliste. 25,4 % de ces pays sont situés au Moyen-Orient et en Afrique du Nord, 22,5 % en Europe, 15,5 % en Afrique subsaharienne et 11,2 % sur le continent américain. Depuis 1986, année d'établissement de la loi au Pakistan, 300 personnes en moyenne sont accusées chaque année de blasphème envers le Prophète ou le Coran. Depuis 1999, tous les ans, les 57 pays de l'Organisation de la coopération islamique (OCI) tentent, devant la Commission des droits de l'homme de l'ONU, de faire passer le concept de « diffamation des religions ». En Indonésie, Basuki Tjahaja Purnama, dit « Ahok », gouverneur sortant de Jakarta, a été condamné le 9 mai 2017 à deux années de prison ferme pour blasphème. D'origine chinoise, l'homme politique appartient à la minorité chrétienne. En septembre 2016, durant sa campagne électorale, il avait cité un verset du Coran, utilisé par ses adversaires pour dissuader les électeurs de voter pour un non-musulman : « Ô les croyants ! Ne prenez pas pour amis les juifs et les chrétiens ; ils sont les amis les uns des autres. Et celui d'entre vous qui les prend pour amis devient un des leurs. Allah ne guide certes pas les gens injustes » (sourate V, verset 51). Il a été accusé par des groupes activistes musulmans de critiquer ce verset et donc d'insulter le Coran, donc de blasphémer. L'agence de presse Églises d'Asie rappelle d'ailleurs que le ministère public avait modifié la qualification des faits en « insulte envers les oulémas », ce qui aurait valu le sursis à l'accusé, mais les cinq juges en ont décidé autrement.

En Inde, la section 295 A du Code pénal stipule que « l'acte malicieux et délibéré de choquer les sentiments religieux d'une quelconque catégorie de citoyens indiens en insultant leur religion ou leurs convictions » est un délit passible de trois ans de prison. Pourtant les nombreux dieux du panthéon hindouiste (Krishna, ou Ganesh et son gros ventre) ont de l'humour. Mais dénoncer le système des castes, n'est-ce pas déjà blasphémer ?

Cela dit, la condamnation à mort pour blasphème semble une spécialité exclusivement musulmane.

Conversion et reconversion

Sept des vingt-neuf États de l'Union indienne ont adopté une loi anti-conversion, qui punit au nom de l'ordre public les conversions obtenues « par la force » ou « par des moyens frauduleux ». Le Ghar Wapsi (retour à la maison) est un programme de réintégration dans l'hindouisme. Il permet la reconversion publique et collective de chrétiens ou de musulmans. Des milliers d'entre eux seraient devenus hindous souvent à l'aide de promesses : ouverture d'écoles, alliances matrimoniales.

Au Bhoutan[15], le seul bouddhisme autorisé est la doctrine du Mahayana (Grand Véhicule) de l'école Drukpa Kagyu. Au fil du temps, d'autres écoles, dont le Kadampa ou le Bön, ont été contraintes d'y adhérer. Le gouvernement n'a jamais fourni de soutien financier ni juridique à d'autres écoles religieuses. Au cours des deux dernières décennies, le Bhoutan a interdit d'accès et démoli de nombreux lieux de culte hindous pour éviter que les Bhoutanais d'origine népalaise, majoritairement hindouistes, ne forment la confession dominante, comme dans l'État voisin indien du Sikkim. Dans le même temps, les autorités s'en sont prises à la minuscule communauté chrétienne du pays. Des conflits familiaux et des suicides ont été présentés comme le résultat de l'« infiltration » des chrétiens. En 2006, deux Bhoutanais ont été jugés pour prosélytisme après avoir été accusés par des habitants de Nagu, dans l'ouest du pays, d'avoir prêché l'Évangile et projeté des films sur le christianisme. Ils ont été remis en liberté suite aux pressions d'instances chrétiennes occidentales. En octobre 2010, un tribunal de Gelegphug, dans le sud du pays, a condamné un chrétien à trois ans de prison pour avoir engendré des « troubles sociaux » avec des films sur le Christ. Au Bhoutan, selon Dorji Tshering, secrétaire du Chhoedey Lhentshog, agence gouvernementale chargée de contrôler les institutions religieuses, l'État considère toute tentative d'évangélisation comme du prosélytisme, la thèse officielle étant que tous les convertis ont agi sous la contrainte ou la promesse d'une récompense. En 2007, Open Doors, association caritative britannique de soutien aux chrétiens persécutés, a classé le Bhoutan au cinquième rang des pays exerçant le plus de discriminations. Selon les nouveaux convertis, si on veut se convertir, il est préférable de choisir le christianisme, car les organisations occidentales peuvent intervenir rapidement pour les défendre. Les Bhoutanais hindouistes d'origine népalaise font de même afin de se protéger des persécutions. Les minorités religieuses du Bhoutan ne disposent d'aucune tribune pour discuter de leurs problèmes, même si le Chhoedey Lhentshog s'est engagé à reconnaître officiellement une organisation chrétienne, à condition qu'elle soit représentante unique.

En Arabie saoudite, les athées et les convertis sont considérés comme des terroristes et passibles de la peine de mort.

« Les races étrangères de l'Hindoustan doivent adopter la culture et la langue hindoues, apprendre à respecter la religion hindoue, ne connaître que celles de la nation hindoue et perdre leur existence distincte pour se fondre dans la race hindoue, entièrement subordonnées à la nation hindoue, ne réclamant aucun privilège et aucun traitement préférentiel – pas même le droit des citoyens » (M. S. Golwalkar, 1939). En Inde, au plus fort des tensions provoquées par les militants hindouistes dans la décennie 1990, ceux-ci n'offraient guère d'autre choix aux musulmans indiens que les trois versions de la dissolution ethnique : soit l'absorption dans l'hindouisme (par l'acceptation du Seigneur Rama), devenant des « Hindous mahométans » ; soit l'expulsion au Pakistan, en Arabie saoudite ou ailleurs ; soit le « cimetière », c'est-à-dire la liquidation et la destruction ou la récupération des biens et des commerces (semblable à une « aryanisation »). Un programme d'extermination fut partiellement mis en œuvre dans l'État du Gujarat officiellement proclamé « laboratoire de l'hindouïté » par les autorités régionales en 2002. Juhapur, en périphérie d'Ahmedabad, le plus grand ghetto musulman de l'État, compte 400 000 habitants (deux écoles publiques, pas de lycée, pas de raccordement aux réseaux d'eau, d'égouts et d'électricité, pas de rues bitumées, ni de bus, mais trois postes de police) et grandit au rythme des émeutes. Vainqueur des élections de 2014, une partie de l'électorat de Narendra Modi pense qu'il faut « remettre les musulmans à leur place », et son gouvernement travaillera, sous l'œil vigilant du RSS, à adopter un Code civil uniforme incluant les minorités religieuses, c'est-à-dire supprimant toute règle spécifique aux musulmans, ou encore à édifier un temple monumental au dieu Rama à Ayodhya… Pour la normalisation du Cachemire, la décision a été prise en août 2019.

Lorsque le régime islamiste des talibans est arrivé au pouvoir en Afghanistan en 1992, des dizaines de milliers d'hindous et de sikhs de Kaboul, littéralement expulsés, sont devenus des réfugiés et ont dû payer une rançon pour entrer au Pakistan sans visa.

En 2015, quatre lois dites « de protection de la religion et de la nation » avaient été adoptées par le Parlement du Myanmar, à partir d'un texte écrit par le Ma Ba Tha. L'espoir que les choses s'améliorent avec la victoire du parti d'Aung San Suu Kyi en novembre 2015, pour laquelle la communauté musulmane avait massivement voté, a été déçu. Mais le 8 octobre 2016, des postes de police installés à la frontière avec le Bangladesh ont été pris pour cibles par de petits groupes d'assaillants rohingyas, causant la mort de neuf policiers. Dans une vidéo reprenant les codes de l'État islamique, l'Armée du salut des Rohingyas de l'Arakan (ARSA) a revendiqué l'attaque. Ses militants disent avoir créé leur groupe en 2012 en Arabie saoudite après des émeutes anti-Rohingyas qui avaient fait plus de 100 morts et déplacé plus de 140 000 personnes.

La ghettoïsation

Le respect du texte religieux fondateur fait prévaloir la forme sur le fond et, par une lecture aussi littérale et exclusive qu'imaginative, impose de se couper des Autres : refus de partager les repas avec d'autres religions ; refus de mélanger les ustensiles de cuisine ; refus de mixité ; isolement des femmes… Quelques adaptations circonstancielles ou technologiques sont cependant possibles : « Les Savants autorisent la masturbation et même l'amour par téléphone», annonce fièrement M.R., jeune islamiste de vingt-deux ans incarcéré à Fresnes (et la répudiation de l'épouse par SMS).

Dans l'hindouisme, le formalisme cultuel de différenciation minimale imposé par le VHP consiste à connaître les rites : rituels de naissance; apprentissage de la hiérarchie des castes; usage des prêtres; pratique des sacrifices et longue incubation culturelle réduite à un petit nombre de gestes : salutation au soleil, combustion matinale d'un bâton d'encens, prononcé de la syllabe AUM et l'invocation de Ram. Même le végétarisme est passé au second plan.

La cacherout juive[16] impose que les ustensiles de cuisine et les services de table soient immergés dans un mikvé (bain rituel) lorsqu'ils ont été fabriqués ou vendus par des non-juifs, même s'ils n'ont jamais été utilisés. L'utilisation antérieure pour des produits non casher doit être annulée par une «cashérisation», puis par l'immersion. Doivent donc être trempés les ustensiles en métal, en verre, certains plastiques réutilisables. Les détergents de lavage de la vaisselle, manuel ou en machine, doivent également avoir fait l'objet d'une certification à la production ponctuelle de lots sous surveillance rabbinique. Les litvish ou yeshivish d'origine lituanienne aux États-Unis (1 million d'individus à New York selon une étude de la UJA-Federation de New York) s'imposent une ghettoïsation volontaire. Certains refusent le métro et n'empruntent que les bus de la communauté, les mariages sont exclusivement endogames sans présentation préalable, système aussi oppressif que dans les pires pratiques musulmanes… Des livres d'anciens membres regroupés dans l'association Off the Derech (hors du chemin) sont nombreux : *All Who Go Do Not Return*, de Shulem Deen[17] ; *La Lamentation du prépuce*, de Shalom Auslander (2008)[18]; *Unorthodox*, de Deborah Feldman (2012)[19];

Libérez-moi, de Leah Vincent (2014)[20] ; *Je suis interdite*, d'Anouk Markovits (2013)[21]… Tous racontent l'oppression sectaire, le rejet complet des Autres, l'expulsion de la communauté (y compris des enfants), les menaces d'internement…

Les partis religieux extrémistes qui ont accepté de rejoindre la coalition gouvernementale en Israël ont posé comme condition que toutes les prérogatives des écoles religieuses yeshivot (financement par l'État, statut d'exception de leurs étudiants) soient restaurées… Le *Times of Israel* constate : « C'est la troisième fois qu'une aide financière pour les yeshivot bat des records depuis mars 2015, depuis que l'administration actuelle est au pouvoir. […] Les coupes budgétaires imposées par l'ancien ministre des Finances Yair Lapid ont été annulées. Le gouvernement a également restauré l'aide au revenu pour les étudiants en yeshiva sans emploi et a annulé la condition imposée aux hommes orthodoxes de prouver qu'ils cherchaient du travail avant d'obtenir un mode de garde subventionné pour leurs enfants. Ces questions ont suscité des accusations de discrimination à l'encontre de la société laïque. L'accord de coalition, comportant 87 clauses, a été signé il y a deux ans par le parti Yahadout HaTorah, l'un des partis ultra-orthodoxes du gouvernement[22]. » Dans le quartier de Mea Shearim, quelques jeunes recrues ultra-orthodoxes faisant leur service ont été violemment prises à partie par des fanatiques d'une autre obédience et n'ont pu être dégagées que par une intervention de l'armée. La loi récente de l'État-nation adoptée le 19 juillet 2018[23] définit Israël comme « le foyer national du peuple juif dans lequel il réalise son droit naturel, culturel, historique et religieux à l'autodétermination propre au peuple juif ». Cela s'ajoute aux quelque 50 dispositions diverses de discrimination mises en place depuis 2009 sur le financement des ONG étrangères, les pénalités contre les institutions qui commémorent la Nakba (catastrophe en arabe), la loi pénalisant les citoyens qui appellent à boycotter les colonies, celle limitant l'accès des ONG de gauche à des écoles, contre l'association d'anciens soldats Breaking the Silence, de suspension des députés arabes, la loi destinée à régulariser des expropriations. Comme le constate Naftali Bennett, dirigeant du Foyer juif, ministre de l'Éducation, puis ministre de la Diaspora et membre du cabinet de Sécurité : « La loi de l'État-nation est devenue utile parce que la Cour suprême, dans une série de ses décisions, a vidé de leur dimension juive [la plupart des lois laïques adoptées antérieurement]. » Les haredim sont concentrés sur une vie juive refusant beaucoup d'aspects du monde moderne avec des quartiers séparés des non-juifs et des juifs laïques. Leurs vêtements noirs (les « hommes en noir » selon l'expression israélienne) les identifient facilement. Leur vision fondamentale est que le monde qui les entoure est une source constante de perversion, d'images de débauche ou violentes. Il faut vivre en groupe, dans des quartiers à part, sous la stricte direction des rabbins. La sexualité est particulièrement centrale. La femme haredi doit avoir une tenue « pudique » (toujours l'obsession sur les cheveux) et toutes les femmes qui entrent dans les quartiers haredi doivent suivre la même règle – comme dans les quartiers salafisés d'Angleterre. Comme les écoles coraniques, ils excluent certaines matières dans un univers où tout est conçu pour qu'aucun doute, même minime, ne puisse s'infiltrer sur la doctrine religieuse. La théorie de l'évolution et les langues étrangères n'y ont pas leur place. « La théorie de l'évolution, j'en ai entendu parler une fois, très furtivement, à la yeshiva quand quelqu'un a dit que certains hommes pensaient qu'ils descendaient du singe », se rappelle Yaakov Fink, ancien ultra-orthodoxe de vingt-six ans. De jeunes Israéliens sortis à grand-peine de ce monde demandent aujourd'hui des comptes à l'État hébreu qui finance une éducation qu'ils jugent désastreuse.

En Grande-Bretagne, des *Sharia zones* avec panneau prescriptif se sont autoproclamées à l'entrée de certains quartiers salafisés.

La justice inégale

À Tibériade, le 13 octobre 2004, une centaine de rabbins d'Israël, représentant toutes les sensibilités, se rassemblent pour la restauration du Grand Sanhédrin (tribunal religieux) et ses 71 dignitaires. Le but : recréer la théocratie du judaïsme en imposant la primauté du Sanhédrin aux instances politiques nationales. En septembre 2005, le rabbin Steinsaltz a été officiellement choisi comme Nassi (le premier président du Nouveau Sanhédrin). Ashkénaze, il appartient à la communauté loubavitch. Le Sanhédrin initial s'était autodissous à Tibériade en 429 après l'abolition de la fonction de son chef par Théodose II afin de faciliter la christianisation du pays.

La justice religieuse tente de se différencier, voire de s'imposer à la justice laïque : le cas canadien est typique. « Des tribunaux islamiques pour les musulmans canadiens », avait réclamé Syed Mumtaz Ali, président de la Société canadienne des musulmans, fondateur de l'Institut islamique de justice civile canadien, et « des tribunaux rabbiniques pour les juifs » par le rabbin Ovadia Yosef, fondateur du Shas. En septembre 1984, Pat Robertson, téléprédicateur américain, suggéra qu'un tribunal religieux spécial soit désigné pour déterminer si un prédicateur qui prétendait avoir reçu un message divin avait été effectivement visité. En Arabie saoudite, un juge peut refuser le témoignage d'un chiite : Nimr Baqr al-Nimr, ayatollah chiite, y a été condamné à la décapitation en 2014. On ne lui reprochait rien sauf d'être chiite. Son neveu, qui avait manifesté pacifiquement pour demander l'égalité des droits pour les chiites, a attendu son exécution, suivie d'une crucifixion sur une place publique jusqu'à ce que ses chairs pourrissent. Celle-ci a eu lieu en 2016 dans un lot de 47 condamnés. Elor Azaria, soldat franco-israélien qui a achevé un Palestinien blessé, a été initialement condamné à dix-huit mois de prison mais sa peine fut réduite à quatre mois, puis il fut libéré au bout de deux jours afin d'assister au mariage de son frère[24]. À en croire un sondage réalisé quelques jours après l'incident, 57 % des sondés estimaient que le soldat n'aurait pas dû être placé en détention et 68 % jugeaient que l'État-major avait eu tort de condamner publiquement son geste. Sa peine a été plus légère que celle d'Ahed Tamimi, jeune Palestinienne de seize ans de Nabi Saleh, condamnée à huit mois de prison par un tribunal militaire pour avoir donné des coups de pied et giflé un soldat israélien. Le ministre de la Défense, le général de brigade Yaïr Golan, numéro deux de Tsahal, déclara, le 5 mai 2016, jour du souvenir de l'Holocauste : « Ce qui me fait frémir dans le souvenir de la Shoah, c'est de déceler avec effroi, chez nous, en 2016, les processus nauséabonds qui se sont déroulés en Europe il y a soixante-dix, quatre-vingts ou quatre-vingt-dix ans. Rien n'est plus facile que de haïr l'étranger, de semer la peur et de se transformer en bête. » De fait, l'un des sujets les plus épineux auxquels est confronté l'État laïque israélien est la place de plus en plus envahissante des religieux dans tous les domaines.

Une violence sanctifiante et purificatrice !

Les anthropologues[25] expliquent que seule une force supérieure autorise à suspendre la compassion et la relation à la mort d'autrui. C'est le rôle joué par la religion qui justifie l'impunité du combattant qui se prend pour Dieu. Comme le déclarait le rabbin Kahane : « La sagesse de la Torah et… le destin divin du peuple juif étaient de réaliser sa grandeur et son exclusivité, de rester séparé des Nations, de peur qu'il ne s'assimile et ne perde son unicité divine, et de retourner à la patrie d'Eretz Israel, chargé de reconstruire un État véritablement juif et indépendant, qui constituerait une société modèle pour l'humanité. » (On trouvera un florilège de ses propos sur le site Rabbi Kahane quotes[26].)

Le passé récent ne porte pas à l'optimisme : les crises d'États multiconfessionnels sont devenues fréquentes (Yougoslavie, Liban, pays d'Asie centrale ex-soviétique, Nigeria, Sri Lanka, Indonésie, Irlande du Nord, Soudan, Inde). Il faut y ajouter les crises d'États multicultuels musulmans (Pakistan, Afghanistan, Syrie, Irak, Bahreïn, Liban, Yémen, Nigeria…). Les actions internationales y perdent leur légitimité, car la guerre est « cosmique », une guerre du Bien contre le Mal, la victoire « certaine » n'est pas à échelle temporelle humaine mais elle apportera la rédemption collective. La difficulté de traiter de l'impact international des radicalismes religieux tient à la multiplicité des causes dont les politologues se sortent en expliquant que la « religion est instrumentalisée par le politique », comme les communistes qui persistaient à défendre les dictatures communistes en expliquant qu'ils n'avaient pas compris Marx. Les pays occidentaux ont eux-mêmes des postures parfois incompréhensibles. Après 2002, M. Modi fut déclaré *persona non grata* en Occident, les États-Unis lui refusant même un visa d'entrée pour cause de non-respect des libertés religieuses. Mais cette politique ne va pas jusqu'à critiquer et interdire de visa des alliés comme l'Arabie saoudite. Quel critère choisir pour identifier la violence religieuse ? Est-ce l'angle terroriste comme le fait l'Institute for Economics & Peace (United States Department of Homeland Security) de 2016 qui recense 150 000 incidents terroristes, mais sans faire la différence sur les ressorts religieux ? D'après une analyse du State Failure Data Set[27] dressant la liste des conflits internes les plus violents entre 1948 et 2003, les conflits religieux en représentaient 25 % en 1976 et 60 % en 2003. Depuis le début des années 1980, une part croissante des attaques terroristes ont été le fait de groupes religieux. En 2002, au moins 77 pays, dont plusieurs pays occidentaux, ont instauré des limites au prosélytisme des minorités religieuses. Si c'est sur le thème de la « liberté religieuse », comme dans une étude du think tank Pew Research Center[28] de janvier 2013, portant sur 198 pays, les conflits religieux au sein d'un même pays ont augmenté à un niveau jamais atteint depuis six ans dans toutes les régions du monde, à l'exception des Amériques. Le rapport constate que la progression de l'intolérance est la plus forte au Moyen-Orient et en Afrique du Nord malgré les Printemps arabes de 2010-2011. L'institut donne pour exemple des attaques contre des églises coptes et des entreprises chrétiennes en Égypte. Les brimades envers les femmes et les contraintes vestimentaires liées à la religion ont également progressé dans près d'un tiers des pays (32 %) contre 25 % en 2011 et 7 % en 2007. Hélas, les groupes religieux américains les plus bellicistes n'apparaissent pas, et Israël non plus. On ne peut aborder la question de la violence

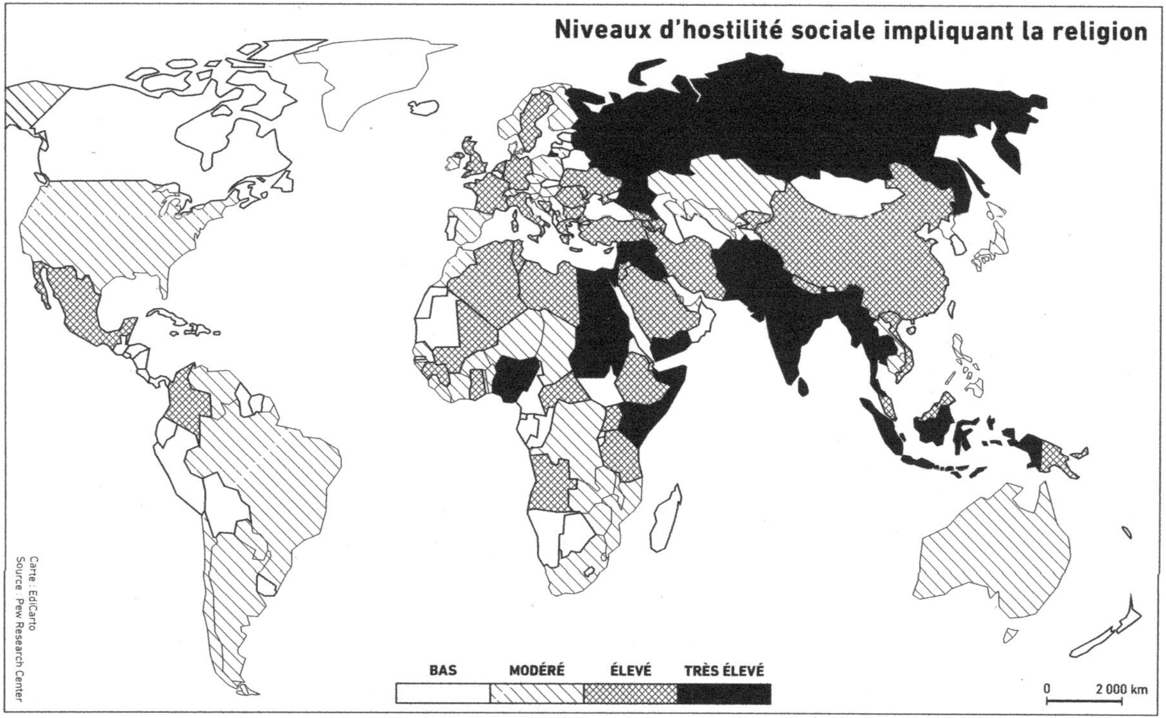

Niveaux d'hostilité sociale impliquant la religion

religieuse contemporaine sans rappeler l'extraordinaire erreur stratégique qu'a été la déclaration de la « guerre globale contre le terrorisme » (d'abord qualifiée de « croisade »). Énoncée par George W. Bush, lui-même *reborn Christian*, elle a légitimé l'action militaire d'invasion de l'Afghanistan, puis de l'Irak (mais toujours pas de l'Arabie saoudite). Ce discours a ouvert la porte à tous les régimes autoritaires désireux d'obtenir l'aide occidentale qui qualifiaient de « terroristes » tous leurs opposants (Rohingyas au Myanmar, djihadistes et Frères musulmans en Arabie et aux Émirats arabes unis, chiites majoritaires à Bahreïn...). Au Myanmar, dans un rapport remis à la CIA, les radicaux bouddhistes aidés par les forces armées massacrant les Rohingyas musulmans se heurtèrent à leur Armée de résistance nationale (ARN), qui fut immédiatement accusée d'être liée à Al-Qaïda, aux talibans, au Harkat-ul-Jihad-al-Islami pakistanais, et même à la Libye, bref d'être « terroriste ». La Chine, plus inventive, énonce la rhétorique des « trois fléaux » contre les Ouïghours du Xinjiang : le terrorisme (plus de 300 victimes en 2014), le séparatisme (ethnique) et l'extrémisme religieux.

Dans ce contexte, la liste des 235 groupes considérés comme « terroristes » établie par le département d'État américain dans le cadre de la guerre globale dès 2002 est un fourre-tout hétérogène mais très sélectif.

Une théologie de la violence

> « Un homme cloué sur une croix ? Si c'était l'emblème de l'islam, je te dis pas ce qu'on dirait. »
>
> Jean-Marie Gourio, *Brèves de comptoir*

L'étude des phénomènes de violence guerrière a peu traité des mécanismes religieux de fabrication de l'ennemi à quelques rares exceptions près[29]. L'histoire longue permet de prendre ses distances avec les argumentaires récents sur la nature pacifique de toutes les religions. Quand celles-ci sont gérées par des clergés dominants, la violence est régulièrement entretenue et explose de façon spasmodique, s'organisant autour de questions de préservation des acquis et de rivalités guerrières. Odon Vallet, historien des religions, rappelle que les rivalités entre écoles bouddhistes se réglaient parfois de manière musclée par l'intermédiaire de moines-soldats. Selon Lydia Aran[30], professeure à l'université hébraïque de Jérusalem, le Tibet fut engagé dans de nombreuses campagnes offensives contre ses voisins, toutes initiées et soutenues par les dalaï-lamas, et les moines de combat *dob-dob* représentaient 15 % de la population des grands monastères gélougpa aux alentours de la capitale. Des révoltes et rivalités furent impitoyablement réprimées par le gouvernement qui utilisait l'armée, ou par l'assassinat. Tsewang Pemba[31], médecin britannique et historien du Tibet qu'il a quitté à neuf ans, considère les *dob-dob* comme des guerriers fanatiques.

D'autres religions, passant du statut minoritaire de persécutés au pouvoir, légitiment leur propre violence au nom de l'Histoire. Selon le rabbin Kahane[32], seuls les juifs sauveront les juifs. C'est donc un étrange mélange de profane et de religieux. Le droit à la terre est fondé théologiquement sur la promesse de Dieu, mais l'action sur le terrain est conduite par la force, dit-il dans son livre de 1983, *Quarante Ans*[33], écrit lors de sa détention pour tentative d'attentat terroriste. Le sionisme religieux en Israël est aujourd'hui l'un des aspects les plus actifs de la société israélienne : à droite, le Hilltop Youth, le site price tag movement, le Manhigut Yehudit (mouvement du leadership juif), et Otzma Yehudit, qui, tout en restant à l'intérieur du camp sioniste religieux, ont adopté l'approche proactive de Kahane, laquelle s'oppose ouvertement à l'État laïque à remplacer par une théocratie. L'adaptation des idées kahanistes dans un contexte religieux sioniste est inquiétante pour qui souhaite la survie de l'État laïque.

La lecture de l'Évangile, version néo-évangélique

Selon un rapport de l'agence de recherche du Congrès, ces vingt dernières années, 84 actes d'« extrême violence » ont visé des cliniques ou des médecins pratiquant des avortements dans le pays : fusillades, bombes, incendies, attaques à l'acide, comme nous l'avons vu plus haut. Depuis 1993, 8 employés de cliniques ont été assassinés par des extrémistes antiavortement considérés par le FBI comme des « terroristes domestiques », donc exclus de la liste de la guerre globale.

Il a fallu près de mille ans pour passer du pacifisme originel et relatif de Jésus dans l'Évangile à la théologie de la « guerre juste » définie par saint Augustin et Thomas d'Aquin pour défendre un pays, récupérer des terres et des biens. Le tout entrecoupé par les persécutions contre les païens dans l'Empire romain. Le cri de « Dieu le veut ! » des premiers croisés de l'Occident latin se lançant à l'assaut de Jérusalem « profanée par les infidèles » (concept mélangeant musulmans et juifs) n'implique pas seulement une guerre « sainte », elle est aussi « sanctifiante ». Le sang versé en terre infidèle ouvre au « martyr » la porte du paradis et le salut éternel. Faute de possibilités lointaines, la croisade servira également contre les orthodoxes (prise de Constantinople en 1204), puis contre les hérétiques albigeois (1209-1211). Après l'expansion musulmane des VIIIe et IXe siècles, l'idée de « croisade » fonde un imaginaire d'exclusion mutuelle durable entre l'islam naissant et la chrétienté. Le terme, repris par George W. Bush au début de sa guerre, fait écho aux divers discours de pasteurs évangéliques, plus bellicistes que leurs ouailles. Trois registres de légitimation sont utilisés dans l'argumentaire de la pensée guerrière des évangéliques[34] : le premier, celui de la guerre juste, développé dans une lettre ouverte adressée au président Bush le 3 octobre 2002, signée par plusieurs ténors de la droite chrétienne, certifiant que la guerre répond aux critères de saint Augustin et de Thomas d'Aquin : droit à l'autodéfense et exigence de maintien de l'ordre face aux déstabilisations des « États voyous » (terme qui n'a rien d'augustinien !) ; le second s'ancre dans le patriotisme de toutes les religions aux États-Unis, bien au-delà des seuls cercles évangéliques qu'il ne faut cependant pas exagérer : l'étude conduite par le Pew Research Center[35] à la veille de la guerre contre l'Irak, en mars 2003, illustre ainsi que le facteur religieux est loin d'être déterminant dans la perception de la guerre. Seuls 10 % des pratiquants interrogés ont estimé l'opportunité de la guerre à partir de leurs croyances. Enfin, troisième argumentaire de légitimation, marginal dans les milieux évangéliques, selon lequel la guerre en Irak allait démocratiser rapidement le Moyen-Orient. Le rôle des néo-conservateurs dans la marche à la guerre a été incontestablement plus décisif que celui des évangéliques, ceux-ci apportant une caution complémentaire à une cause décidée pour des raisons stratégiques. Par contre, un florilège rapide des déclarations des leaders religieux laisse pantois. Charles Frazier Stanley[36], pasteur de la première église baptiste d'Atlanta, dans ses sermons hebdomadaires télévisés, déclarait : « Nous devrions offrir de servir l'effort de guerre de toutes les façons possibles… Dieu bataille avec des gens qui s'opposent à lui, qui se battent contre lui et ses disciples. » Son émission télévisée *In touch* est diffusée sur 204 stations et 7 réseaux satellitaires et la version radiophonique sur 458 stations, plus des enregistrements audio et vidéo, des CD, des DVD, des brochures, des livres et un magazine de dévotion quotidienne sous le même titre. Dans un article du service de la Convention de la presse baptiste, un missionnaire écrit que « la politique étrangère et militaire américaine offre une occasion pour l'Évangile de triompher dans le pays d'Abraham, d'Isaac et de Jacob ». Franklin Graham et Marvin Olasky, le rédacteur en chef du magazine conservateur *World*, annonçaient que l'invasion américaine de l'Irak créerait des perspectives enthousiasmantes pour le prosélytisme auprès des musulmans. Tim LaHaye, le coauteur de la série *Left Behind*, a qualifié la guerre d'« étape essentielle de la marche vers la fin des temps… qui deviendra claire après l'invasion, la conquête et la reconstruction ». Jerry Falwell se vantait que « Dieu est proguerre » dans un article de janvier 2004[37]. Bill Moyers, célèbre journaliste d'investigation, rappelle dans son émission *Faith and Reason*[38] que l'association Christians United for Israel du pasteur John Hagee en appelle à tous les chrétiens pour aider à financer les colonies juives dans les Territoires occupés, expulser les Palestiniens et agir pour une action préventive contre l'Iran. Selon cette même organisation, tout ce qui conduira la Russie à la Troisième Guerre mondiale suivie par Armageddon permettra la seconde venue du Christ et la résurrection des morts. 87 % des chrétiens évangéliques blancs aux États-Unis ont soutenu G. W. Bush en avril 2003 lors de son agression en Irak. L'argumentaire souvent répété était « notre président est un vrai frère dans le Christ et parce qu'il a discerné que la volonté de Dieu est pour que notre nation soit en guerre contre l'Irak, nous le respecterons ». Très peu de pasteurs ont évoqué la doctrine morale chrétienne de la « guerre juste » comme inapplicable dans le cas d'espèce. Le président Chirac explique dans ses *Mémoires*[39] que George W. Bush a tenté de le convaincre que la guerre en Irak était nécessaire pour apporter l'Apocalypse, que l'attaque contre Saddam était l'accomplissement d'une prophétie biblique dans laquelle il avait été choisi pour servir d'instrument au Seigneur.

Le djihad dans l'islam wahhabite a commencé par la guerre contre d'autres Arabes, puis contre l'Empire ottoman « mécréant », et la conquête de la péninsule arabique par Abdelaziz Ibn Saoud au XIXe et au début du XXe siècle contre des principautés musulmanes. Même les soufis eurent leurs partisans musclés (les Bonnets rouges qui amenèrent sur le trône la dynastie des Séfévides), cela bien que la théologie des duodécimains interdise la guerre avant l'arrivée de l'imam caché.

Le bouddhisme est la seule grande religion à n'avoir pas légitimé la « guerre sainte », mais Odon Vallet remarquait dès 2002 que « les pays bouddhistes n'ont pas été épargnés par les conflits sanglants et leurs théologiens ont souvent justifié le nationalisme » mais « sans instituer de guerre sainte »[40]. Preuves en sont, par exemple, le soutien au gouvernement militariste japonais, l'assassinat du Premier ministre sri-lankais Solomon Bandaranaike parce qu'il avait signé en 1957 un accord avec la communauté tamoule. Le Sri Lanka ou le Myanmar montrent l'influence grandissante de moines nationalistes aux sermons très antimusulmans et antichrétiens. Ces pays sont devenus des terres de violence religieuse.

La guerre est le thème principal de l'épopée hindoue du *Mahabharata*. Les principaux critères théologiques sont la proportionnalité, l'utilisation de moyens justes, la nécessité d'une cause et le traitement équitable des prisonniers et des blessés. Mais la philosophie indienne (y compris le jaïnisme et le sikhisme) a également défini le concept non violent de l'*ahimsa* qui veut que celui qui ne fait aucun mal aux êtres animés n'est l'ennemi de personne, n'a plus d'ennemi[41]. Ce fut la logique militaire de Nehru délaissant les questions de défense : « Pas d'ennemi, pas d'armée ! » Probablement impressionnée par la fréquence des coups d'État militaires au Pakistan, l'Inde indépendante négligea son armée. Le BJP, par contre, a mené des actions violentes à forte teneur religieuse pour galvaniser les électeurs, y compris par la construction de temples hindous à la place de mosquées. Les incidents de violence communautaire ont augmenté de 28 % pendant le gouvernement de Modi (822 incidents en 2017), mais en dessous du pic de 2008 avant qu'il ait été élu, ce qui prouve l'ancrage du système institutionnalisé de violence. L'économiste Rupa Subramanya a analysé les rapports d'attaques et les agressions radicales hindoues sur les producteurs laitiers musulmans au titre de la protection des vaches sacrées. Les lynchages sont devenus plus fréquents sous Modi. Mais le Premier ministre, qui refuse de condamner, laisse habituellement les commentaires sur les actes de violence à ses collaborateurs. Au cours de la campagne 2014, la commission électorale a censuré son assistant Amit Shah (aujourd'hui ministre de l'Intérieur) pour avoir appelé les hindous à obtenir « vengeance » sur les musulmans en votant pour le BJP. Plus récemment, il a comparé les migrants musulmans bangladeshis à des « termites ». Modi n'a jamais sanctionné de tels comportements, laissant l'impression qu'il les tolère.

Les conflits dits « ethniques » ou « religieux », surtout lorsqu'ils sont requalifiés en « pogroms » ou « génocides », ont divisé le milieu universitaire entre deux observateurs des conflits intercommunautaires, bons connaisseurs de l'Asie du Sud : Paul R. Brass (université de Washington) et l'Indien Ashutosh Varshney (université du Michigan). Paul Brass a fondé ses analyses à partir de la ville d'Aligarh (Uttar Pradesh) au début des années 1960 et pose la notion de « système institutionnel d'émeutes » pour définir la mécanique centrale de la violence entre hindous et musulmans en vagues successives (1964-1968, 1971, 1979, 1982, 1989, 1992-1993, 2002) et de repli (1950-1960). Il refuse l'idée d'une foule irrationnelle et incontrôlée se livrant à une destruction aveugle, base de la psychologie des masses de Gustave Lebon (médecin français qui s'est le premier intéressé à la psychologie des foules). Selon lui, les acteurs sociaux se pensent en termes historiques dans le « système institutionnalisé d'émeutes » tendu vers un objectif commun. Pensé et encadré par ses dirigeants, préparé par des rumeurs de transgressions (viols ou massacres de femmes ou d'enfants, meurtre d'une vache…), chacun contribue au déroulement de l'événement depuis la préparation jusqu'aux provocations qui culminent avec une cruauté sans retenue. La violence est endémique parce que les émeutes résultent de l'action conjointe d'une grande diversité d'acteurs : idéologues, porte-parole, propagandistes, meneurs, responsables locaux, représentants de l'opinion publique, politiciens, policiers, chefs religieux, chômeurs recrutés, journalistes, voire des sociologues ou des membres de gangs ou de mafias. Ces manifestations sont fréquentes lors d'épisodes paroxystiques : guerre, élections, agitation sociale, lutte contre une décision politique, crise internationale, ou simplement célébrations religieuses, événements locaux à forte charge symbolique. Les dirigeants planifient les opérations en fonction du rapport de force et de lieux symboliques transrégionaux ou nationaux, au nom de la défense de la cause. Les acteurs animent l'événement et précipitent le conflit qui fortifie la solidarité du groupe et l'identité collective face à un ennemi ciblé. Les propagandistes bâtissent le récit collectif en donnant à l'événement sa signification en termes de causalité, de dynamique et de finalité et finalement imposent la « juste » narration. La victoire n'est définitivement acquise qu'avec l'établissement du monopole de l'interprétation et du sens qu'il convient de donner à la crise dans les registres de l'héroïsation et/ou de la victimisation. Le champ sémantique vaut réalité, chacun adopte le bien-fondé de l'animosité « viscérale » contre l'Autre. Ce type de discours légitime les dirigeants chargés de l'entretien de la vengeance. La réussite de l'entreprise en dépend : chacun sait que les événements se déroulent dans « un champ compétitif de systèmes de connaissance », écrit Paul R. Brass. La violence entre hindous et musulmans serait ainsi une sorte de drame théâtral macabre rythmé. Selon Brass, le modèle vaudrait d'être exporté dans des aires culturelles différentes parce qu'il rend intelligibles la genèse, la structure et le comportement des acteurs des émeutes et des massacres partout et à différentes époques*. Ashutosh Varshney, professeur à la Brown University, a mené une enquête approfondie quantitative et comparative de villes indiennes sur ces bases théoriques. Selon lui, les légitimations radicales de la guerre et de la violence ne vont pas chercher dans des pseudo-analyses philosophiques ou théologiques enracinées dans le temps long comme on le voit dans d'autres thématiques de conflit (Hindutva, Destinée manifeste dans les guerres indiennes aux États-Unis, catholiques/protestants en Irlande ; catholiques/orthodoxes ; schisme chiites/sunnites aujourd'hui

* J'ai moi-même analysé la régularité périodique des massacres au Rwanda selon les mêmes critères dans des notes classifiées au ministère de la Défense.

dans le monde musulman…) ou politiques (analyse post-guerre froide, guerre d'Irak). Saint Augustin n'a pas légitimé l'idée du *regime change* employée par les stratèges américains, pur concept impérialiste qui sélectionne les alliés et les Autres, sans réalité stratégique. Le discours radical justifie pour tout croyant tout type de violences (guerre de la vache, expulsion de la terre sacrée, destruction de lieux de culte, lynchages, viols, meurtres, épuration ethnique et bien évidemment guerre internationale illégale). On l'a vu avec l'État islamique ou avec l'invasion américaine de l'Irak, on le voit avec les dénonciations par l'association Break the Silence des pratiques brutales des soldats de Tsahal ou avec les lynchages de bouchers musulmans ou chrétiens par les militants du BJP en Inde.

L'ère post-11-Septembre, l'amoralité de la guerre

Les conditions juridiques et stratégiques de la guerre ont changé. Avec la fin de la guerre froide, lors de la décennie 1990, l'extension du domaine de la guerre est devenue l'extension de la sphère de la paix démocratique par des moyens militaires. Après les attentats du 11 septembre, la guerre justifiée par le maintien de l'ordre international ou par le devoir de protéger, adopté en 2005, présente toutes les caractéristiques d'une guerre d'agression avec des intentions injustes (*regime change*) et des arguments mensongers (Irak) et parfois d'une guerre de destruction (Libye), laissant une situation régionale pire. De l'autre côté, le terrorisme et les violences religieuses n'ont rien à faire du *Jus ad bellum* (droit à la guerre) – concept développé dans la « Summa Theologica » par Thomas d'Aquin pour définir une guerre juste, c'est-à-dire déclarée publiquement, par l'autorité compétente, avec une intention juste et une violence proportionnée.

La montée en puissance depuis une trentaine d'années du mouvement chrétien évangélique est une des clés d'explication de l'imprégnation biblique de la politique américaine. Le révérend Jerry Falwell avait expliqué les attentats du 11 septembre comme une sanction divine, accusant les féministes, les gauchistes et les homosexuels d'avoir attiré les foudres du terrorisme sur l'Amérique (avant de s'en excuser)[42]. Le programme *Pathway to Victory* (Voie vers la victoire) du téléprédicateur Robert Jeffress, aujourd'hui membre du Conseil évangélique de Trump, qui diffuse sur 1200 stations aux États-Unis et 28 autres pays, formule régulièrement des avis politiques[43] : « Je crois que la Bible [...] donne au président (des États-Unis) l'autorité morale d'utiliser toute la force nécessaire, y compris l'assassinat ou même la guerre, pour renverser un dictateur maléfique comme Kim Jong-un. » Il avait annoncé aussi que Barack Obama avait préparé la voie pour l'Antéchrist en 2012[44]. Il qualifia l'attaque cérébrale de Sharon, le Premier ministre israélien, de « punition divine pour avoir abandonné la bande de Gaza aux Palestiniens... "Dieu considère cette terre comme sienne. Lisez la Bible, il dit : *C'est ma terre*... Ariel Sharon était un homme très agréable... Mais voilà qu'il est sur le point de mourir. Il était en train de partager la terre de Dieu, et je dirais : malheur à tout Premier ministre qui prend la même direction pour apaiser l'Union européenne, les Nations unies et les États-Unis d'Amérique. Dieu a dit : *Cette terre m'appartient. Vous avez intérêt à la laisser tranquille*[45] *!*" ». La caution religieuse permet de faire l'économie de l'analyse de la crise, de la légitimité et de l'efficacité de l'action militaire et du résultat recherché. Le concept de *regime change*[46] justifie « la déposition armée d'un régime hostile, et son remplacement par un autre – idéalement démocratique et libéral sans affecter la société – est devenu avec l'Irak un *casus belli* suffisant. Pourtant la justification stratégique de la guerre en Afghanistan était faible, car les talibans avaient tout d'abord été bien accueillis par la population afghane lassée des brutalités des moudjahidine au pouvoir – les mêmes devenus ensuite alliés de l'OTAN dans son opération Enduring Freedom. On inventa la cause des « femmes afghanes opprimées ». Comme l'a reconnu Donald Rumsfeld, il n'y avait aucune preuve disponible de la responsabilité des talibans. L'invasion de l'Irak en 2003 fut totalement fondée sur des mensonges. On créa le néologisme « dommages collatéraux » pour regretter la mort de victimes innocentes, concept antinomique de la logique terroriste aveugle d'Al-Qaïda, puis de Daech, ne faisant plus la distinction entre victimes civiles et militaires. Al-Qaïda, puis Daech, invoquèrent la responsabilité collective des démocraties libérales qui avaient suivi les États-Unis dans cette invasion pour justifier des attaques terroristes n'importe où dans le monde.

En Israël, les dommages ne sont plus collatéraux. En février 2003, Avigdor Lieberman, fondateur et dirigeant du parti religieux Israel Beytenu, alors ministre des Transports, déclare : « Je propose de les (les prisonniers palestiniens dans les prisons israéliennes) transporter en autocar jusqu'à la mer Morte pour les noyer. » Au cours d'un meeting électoral en mars 2015, il récidive à propos des Arabes israéliens : « Ceux qui sont de notre côté méritent beaucoup, mais ceux qui sont contre nous méritent de se faire décapiter à la hache. » « Il n'y a pas de gens innocents à Gaza » : comme ministre de la Défense (2016-2018), il ordonne le tir à balles réelles contre des manifestants non armés qui approchent de la clôture entre Israël et les Territoires. Le 13 janvier 2009, selon le *Jerusalem Post*, il déclare à l'université Bar-Ilan de Tel-Aviv : « Nous devons continuer à combattre le Hamas comme les États-Unis ont combattu le Japon lors de la Seconde Guerre mondiale. Ainsi, l'occupation du pays n'a pas été nécessaire. » Cet homme, ministre dans une grande démocratie, n'est pas différent d'Ahmadinejad, président de la république islamique d'Iran qui disait vouloir rayer Israël de la carte. Le terrorisme n'est qu'une des formes de la violence radicale, la guerre illégale d'occupation légitimée par des motifs religieux ou le déclenchement d'une guerre illégale avec les mêmes fondements étant semblables. Chez les décideurs américains, personne ne semble s'être demandé si une population irakienne privée d'eau, d'électricité, de police, de sécurité, sans routes ni ponts (détruits), donc livrée aux pillages après la campagne intensive de bombardements américains, allait se satisfaire de la nouvelle « démocratie » de l'Irak « libéré de Saddam Hussein ». L'insurrection antiaméricaine qui s'ensuivit aurait dû ouvrir un débat sur les limites de l'action militaire, ne serait-ce que pour reconnaître que Chirac avait eu raison. Non point ! Comme les sociologues l'avaient constaté dans l'Allemagne ravagée par les bombardements en 1945, la population se solidarise avec celui qui la protège, pas avec celui qui la bombarde. Depuis la fin de la guerre froide et la disparition de l'ennemi soviétique, la justesse d'une guerre ne se mesure plus qu'à l'aune de l'opinion intérieure dans les démocraties, comme l'a démontré l'intervention en Libye par exemple.

La géopolitique des radicalismes

Chacun de ces radicalismes projette une cartographie idéale du monde et un rapport constant avec les diasporas qui brouillent les frontières nationales comme les frontières de sécurité. La solidarité religieuse devient dès lors une composante des relations internationales.

L'idéologie de l'Hindutva considère que bouddhisme et sikhisme sont des religions hindouistes et que l'aire de l'hindouisme inclut historiquement le versant sud de l'Himalaya et l'Hindu Kush, évidemment le Pakistan, le Bangladesh et le Sri Lanka et l'Afghanistan, terre bouddhiste avant l'arrivée des musulmans. La propagande insiste sur les persécutions actuelles contre l'hindouisme au Cachemire, au Bangladesh, au Pakistan, en Afghanistan, au Sri Lanka, au Kazakhstan, en Malaisie, en Arabie saoudite, aux Fidji, à Trinité-et-Tobago, en Italie et enfin aux États-Unis et au Canada (voir carte p. 329). Bien qu'interdite d'accès aux pays musulmans du golfe Persique et plus encore en Arabie où vivent de grosses communautés indiennes, en 1990 l'organisation Vishva Hindu Parishad (VHP)[47] affirmait disposer de 65 sections étrangères reliées par le biais de son journal en anglais *Hinduism Today* et par de nombreuses publications en hindi et en langues vernaculaires.

Le Sud-Est asiatique musulman est aussi redessiné et prend la forme de l'État nousantarien[48], carte découverte en décembre 2001 à Singapour après une arrestation de suspects préparant des attentats. La Jemaah Islamiyah revendique la création d'un État (Daulah Islamiyah Nusantura) comprenant l'essentiel des territoires musulmans, à savoir les provinces sud de Malaisie, Singapour, le sultanat de Brunei, l'Indonésie et des provinces sud des Philippines. Ces renseignements connurent un grand écho médiatique peu après les attentats du 11 septembre comme une sorte de chaînon manquant dans le puzzle Al-Qaïda.

En 2002, le Premier ministre thaïlandais Thaksin Shinawatra inscrit la lutte contre les insurgés musulmans dans le cadre de la guerre globale contre le terrorisme. Depuis 2004, dans les quatre provinces du Sud, une guérilla violente est menée par des groupes comme le Gerakan Mujahideen Islam Pattani qui a déclaré le djihad contre les populations bouddhistes et la junte militaire. Il serait lié au Front Moro des Philippines et au Mouvement pour un Aceh libre (Gerakan Aceh Merdeka) d'Indonésie qui depuis les accords de paix et les élections de 2009 applique la charia à tous les habitants. Une police et des tribunaux religieux ont été mis en place, de même que des châtiments dont le plus commun est la flagellation : en février 2018, des chrétiens l'ont été pour avoir joué à un jeu jugé contraire aux lois islamiques. Les bénéficiaires de la manne saoudienne ont été nombreux, en Malaisie (l'Assemblée de la jeunesse malaisienne), en Indonésie (le Conseil indonésien islamique de prédication, l'Union islamique). L'aide financière concernait également les écoles religieuses (madrasas), les universités, des bourses pour étudier au Proche-Orient[49]. L'essentiel des cadres des mouvements insurrectionnels est passé en Arabie saoudite[50].

Pour le radicalisme juif, les citations bibliques pour étendre *Eretz Israel* ne manquent pas : « En ce jour-là, l'Éternel fit alliance avec Abraham, et dit : *Je donne ce pays à ta postérité, depuis le fleuve d'Égypte jusqu'au grand fleuve, au fleuve d'Euphrate* » (Gn XV, 18) ; « J'établirai tes limites depuis la mer Rouge jusqu'à la mer des Philistins, et depuis le désert jusqu'au fleuve ; car je livrerai entre vos mains les habitants du pays, et tu les chasseras devant toi » (Ex XXIII, 31) ; « L'Éternel chassera devant vous toutes ces nations, et vous vous rendrez maîtres de nations plus grandes et plus puissantes que vous. Tout lieu que foulera la plante de votre pied sera à vous : votre frontière s'étendra du désert au Liban, et du fleuve de l'Euphrate jusqu'à la mer occidentale» (Dt XI, 23-24). Visiblement ce Dieu, très peu compatissant, n'avait pas en tête une cartographie très précise et de ce fait la géopolitique des radicaux juifs ne l'est pas davantage (voir carte p. 328). La guerre du Liban a été validée par le rabbin Eliezer Waldman, un des fondateurs de la colonie de Kyriat Arba : «Nous disons que le rôle d'Israël est de mettre de l'ordre dans le monde… (selon le prophète Isaïe)[51].» Les guerres d'Israël participent donc du processus messianique. La prise de Jérusalem se traduit immédiatement par la revendication religieuse de reconstruction du Temple et l'interdiction absolue de rétrocession de quelque terre que ce soit aux Palestiniens. Le rabbin Zvi Yehouda haCohen Kook redéfinit la problématique : «Nous ne sommes pas des conquérants d'un pays étranger. Nous retournons dans notre foyer, dans la patrie de nos ancêtres, Il n'y a pas ici de terre arabe, c'est un héritage divin», concluant : «que la main qui signera des concessions soit coupée[52]». L'objectif immédiat est Hébron, où s'installe en 1969 une première colonie que l'armée se refuse à expulser. La revendication suivante consiste à demander à pouvoir prier sur l'esplanade des Mosquées. Le 21 août 1969, un jeune Australien, Denis Rhan, bénévole dans un kibboutz, qui avait entendu des voix, incendie la mosquée pour, selon ses dires, «permettre aux juifs de reconstruire le Temple», l'homme n'est pas juif mais néo-évangélique, disciple de la Worldwide Church of God de Californie. Le radicalisme juif violent trouve un second souffle avec le rabbin Meir Kahane pour qui le juif n'est vraiment libre que s'il est fort, violent et agressif[53]. La guerre du Kippour de 1973, qui menace sérieusement Israël, se traduit par la théologie de la Rédemption. Les accords de désengagement du canal de Suez et de certaines parties du Golan signés en 1974 déclenchent la colère des radicaux. Le rabbin haCohen Kook le répète : « Cette terre (la Judée-Samarie, Jéricho, et les hauteurs du Golan) n'appartient pas aux goïms. » Le Bloc de la foi se crée en 1974 afin d'empêcher toute rétrocession et développer la colonisation, même contre l'avis du gouvernement. En 1977, Menahem Begin, fervent partisan de la colonisation, va chercher à New York la bénédiction de Menachem Mendel Schneerson, le grand rabbin des Loubavitch. Mais la négociation en cours avec l'Égypte se conclut par la visite en Israël de Sadate le 19 novembre 1977, qualifié de « Menteur… Hitler sur le Nil » par des colons. En 1978, le Jewish Underground, dont les membres provenaient particulièrement du Goush Emounim, prévoyait de faire sauter le dôme du Rocher et des attentats contre des librairies chrétiennes. Malgré l'accord signé le 26 mars 1979, des tentatives de colonisation du Sinaï et des attentats contre des maires palestiniens se poursuivent. Alan Goodman, Américain de Baltimore, tire le 11 avril 1982 sur des gardes sur l'esplanade des Mosquées ; Yona Avrushmi lance une grenade contre une manifestation de La Paix maintenant le 10 février 1983… En 1984, Yehuda Etzion, fondateur du groupe Hai Vekayam demandant le droit pour les juifs de prier sur l'esplanade des Mosquées, conçoit un nouveau complot pour faire sauter le dôme du Rocher. Enfin, en 1994, l'attentat dans la mosquée des Patriarches à Hébron perpétré par Baruch Goldstein, médecin originaire de Brooklyn, kahaniste et émigrant récent, fait capoter les efforts de paix en cours. Dans son livre *Les Chemises jaunes. Chronique d'une extrême droite raciste en Israël*[54], l'historien Simon Epstein fait le parallèle entre le discours de Kahane à la Knesset et celui des nazis sur les différentes catégories d'êtres humains : « Pour la première fois depuis sa création, l'État d'Israël a comme Premier ministre potentiel un homme (Begin) qui pense comme un juif, agit comme un juif, fait face à la télévision avec une kippa sur la tête, et exprime clairement ce que nous avons attendu d'entendre de la bouche de Ben Gourion, Sharett, Eshkol, Golda, Rabin, Peres, etc. Menahem Begin, le Premier ministre potentiel d'Israël, fait face à la Nation et au monde et remercie Dieu, le seul petit mot que le Abba Eban polysyllabique (ministre des Affaires étrangères israélien de 1966 à 1974, qui parlait aussi l'arabe) trouve impossible à prononcer. » Kahane dépose alors deux projets de loi, l'un contre les lieux de contact entre juifs et non-juifs proche des règles de l'apartheid (mariage, relations sexuelles…) et un projet de « loi de citoyenneté israélienne et échange de population » dont l'intitulé se suffit à lui-même[55]. L'attentat du 25 février 1994 dans la mosquée d'Hébron commis par Baruch Goldstein, médecin à Kyriat Arba qui refusait de soigner des Arabes, était destiné à venger la mort de Meir Kahane, assassiné à New York par un musulman américain le 5 novembre 1990. Le rabbin Dov Lior déclare : « Puisque Baruch Goldstein a agi au nom de Dieu, il doit être considéré comme un juste » et sa tombe devient l'objet d'un culte des colons. Assiste à l'enterrement un jeune nommé Yigal Amir, futur assassin de Yitzhak Rabin le 4 novembre 1995, qui déclare à son procès qu'il avait eu l'aval des autorités religieuses : « Sans le jugement halakhique ou l'accusation de Rodef prononcée contre Rabin par quelques rabbins que je connais, j'aurais eu du mal à tuer. Un tel meurtre doit avoir du soutien. » Il fréquentait l'université Bar-Ilan qui délivre le même enseignement que celui de la Yeshiva University of New York. C'est dans la ville américaine que Rabin fut pour la première fois qualifié de « chef de Judenrat » et pendu en effigie.

Les répressions des différentes Intifadas (révoltes des pierres) sont toutes approuvées par les religieux du Bloc de la foi : la première, qui débute en décembre 1987, fait 2 044 morts palestiniens ; la deuxième, en septembre 2000, à la suite de la visite d'Ariel Sharon sur l'esplanade des Mosquées, tue 3 057 Palestiniens ; la troisième après l'opération Plomb durci contre Gaza fait 1 300 morts. Le rabbin Yitzhak Shilat reprend le thème des envahisseurs : « Nous n'avons jamais invité les nomades palestiniens à venir s'installer dans notre pays. Ces étrangers s'y sont infiltrés pendant que nous n'étions pas là[56]. » Toute négociation ou proposition de paix est systématiquement condamnée : évacuation du Sinaï en 1981 ; accords d'Oslo en 1993 ; retrait de Gaza en 2003 ; autonomie de l'Autorité palestinienne en 1994-1995 ; initiative du roi Abdallah en mars 2002, incluant la reconnaissance d'Israël et rejetée parce que contraire à la Torah. De leur côté, des imams lancent des fatwas interdisant la vente de terres ou d'immeubles à des juifs. Les colons qui résistent à la force publique demandent à être jugés par le tribunal religieux et pas par la justice publique. Les militaires sont appelés à refuser l'évacuation des colonies. Le gouvernement devient la cible de critiques fondées sur la Torah qui interdirait sous peine de mort de trahir les juifs, de céder de la terre juive ou de menacer la sécurité de juifs. Yitzhak Rabin et Shimon Peres sont des *mosser* (juif qui en appelle aux autorités non juives, considéré comme aussi dangereux qu'un meurtrier, passible d'exécution même sans avertissement) ou des *rodef* (juif sur le point de tuer un autre juif ou d'aider à son meurtre, et en tuer un permet de sauver une vie juive sans procès). En 2012, plusieurs lieux de culte chrétiens sont tagués et l'Institut du Temple publie un texte violent contre les chrétiens, qualifiés d'idolâtres. Dans son livre *A Place Among the Nations. Israel and the World*[57], Benyamin Netanyahou écrit page 25 que ce ne sont pas les Romains en 135 qui ont expulsé les juifs mais les Arabes en 637 (prise de Jérusalem) qui ont donc « usurpé la terre des juifs ». En 2004, un ancien rabbin en chef ashkénaze, Avraham Shapira, chef de l'Union des rabbins pour le Grand Israël, l'un des leaders du Parti national religieux, se prononce sans équivoque contre toute évacuation des colons de Gaza. « Il est clair et évident que, selon la Torah, la remise de parties de notre Terre sainte à des non-juifs, y compris des parties de Gush Katif (colonies juives dans la bande de Gaza), est un péché et un crime. Par conséquent, toute pensée, idée ou décision ou tout semblant d'action de quelque nature que ce soit pour évacuer les résidents de Gush Katif et remettre la terre à des non-juifs est opposé à Halakha [...], par conséquent, rien ne doit être fait pour aider l'expulsion de leurs maisons et des terres, et tout fait pour l'empêcher[58]. »

Le bouddhisme japonais eut ses moines officiers qui qualifièrent de « juste cause » la guerre contre la Chine (1895) ou la Russie (1905) et estimèrent la mort des ennemis compatible avec la compassion bouddhiste. Au Tibet, les divergences doctrinales entraînent d'innombrables escarmouches comme en 1947, où, lors de la répression gouvernementale contre les partisans de l'ancien régent, le monastère de Sera est bombardé par les mortiers de l'armée tibétaine (200 moines et 15 soldats tués). Selon un témoignage de CNN, deux groupes ethniques sont particulièrement menacés au Tibet : l'ethnie han chinoise vivant à Lhassa et les membres de la minorité musulmane Hui[59]. En 2008, lors des émeutes à Lhassa contre l'arrivée massive de Chinois han, nombre des magasins et des restaurants attaqués et détruits étaient tenus par des musulmans hui et un groupe tenta de prendre d'assaut la principale mosquée de la ville. En 2012, des moines bouddhistes sri-lankais fondamentalistes s'organisent autour du mouvement BBS (« Force du pouvoir bouddhiste ») contre les musulmans mais aussi les chrétiens. En juin 2015, leur chef Galagoda Aththe Gnanasara a provoqué des émeutes antimusulmanes dans les villages méridionaux du Sri Lanka, maisons incendiées, 4 tués et au moins 80 blessés. Mais au lieu d'arrêter Gnanasara, le président a simplement exhorté « toutes les parties concernées à agir dans la modération ». En Thaïlande, marquée par une rébellion séparatiste musulmane dans le sud du pays, les bonzes étant régulièrement pris pour cibles, Banjob Banaruji, moine bouddhiste radical, prend en 2015 la tête d'une campagne pour faire du bouddhisme « mis en danger par l'islam » la religion d'État. D'autres moines copiant le Myanmar promettent « le même sort qu'aux Rohingyas, des enfants aux personnes âgées », présentant leurs adversaires musulmans comme des djihadistes, alors qu'au Sri Lanka l'islam radical n'a pas vraiment pris pied. Au Myanmar, d'après le recensement publié en 2014, 88 % de la population pratique le bouddhisme essentiellement theravada[60]. Dans les années 2000, des moines originaires du sud du pays ont lancé une campagne baptisée « 969 » – chiffre sacré, référence aux trois joyaux du Bouddha – pour l'opposer au 786 de la numérologie islamique et appellent au boycott des commerces musulmans. Le moine Ashin Wirathu, issu d'un milieu modeste de Mandalay, condamné à une peine de onze ans pour incitation à la haine raciale, prend la tête du mouvement à sa sortie de prison en 2012. Wirathu « le Vénérable » n'est entré en religion qu'à l'âge de seize ans. Au fil des ans, il est parvenu à concilier ambitions personnelles et familiales, devenant en quelque sorte le roi des moines. « Les récits d'espionnage ont forgé mon sens tactique autant que ma conscience politique », dit-il*. Il occupe le terrain :

* Voir le documentaire de Barbet Schroeder *Le Vénérable W.* (2017.)

opérations de restauration du patrimoine, collectes de sang, programmes de microcrédits ou d'assistance juridique, création du premier établissement d'enseignement supérieur bouddhiste entièrement gratuit à Rangoon grâce à une donation d'un riche homme d'affaires. À l'entrée de son centre à Mandalay, un panneau de photos d'exactions imputées à des groupes djihadistes (têtes coupées, cadavres sanguinolents) accueille les 2800 novices tous les jours. Il se rend célèbre avec des mantras islamophobes comme : « Il vaut mieux épouser un chien qu'un musulman. » Le mouvement 969 fut interdit un an plus tard, suite à de violentes émeutes interraciales. Wirathu créa alors Ma Ba Tha, ressuscitant la peur millénaire du déclin de la société et du grand remplacement démographique. Son groupe revendique plus de 10 millions de sympathisants (sur 51 millions de Birmans). Ses sources de financement sont obscures. Officiellement, Ma Ba Tha tire l'essentiel de ses revenus de ses activités de prêche et des donations de la communauté bouddhiste, mais en réalité le groupe dispose de moyens colossaux. Les volontaires portent des tee-shirts *No Rohingya*. L'accusation fréquente de menace démographique est aussi employée en Inde, car le taux de natalité des musulmans – qui ne comptent que pour 27 % de la population – est légèrement supérieur à celui des bouddhistes.

La révolution chiite iranienne en 1979 et la guerre Iran-Irak (1980-1988) marquent le début de la confessionnalisation des conflits dans le Moyen-Orient contemporain en créant un antagonisme systématique (Arabes contre Perses, sunnites contre chiites, etc.). Le shah d'Iran, considéré comme le grand frère contre les communistes, n'avait jamais employé l'argument religieux. Par contre, l'Arabie saoudite dans sa propagande a constamment incité à la dénonciation du chiisme.

La révolution puis la guerre, en faisant sortir ce dernier de l'occultation historique du régime du shah, en fait le fer de lance de l'islam anti-impérialiste, contre la synthèse sunnito-baasiste et les monarchies sunnites du Golfe, soutiens de l'Irak. En réaction à la renaissance chiite, des pays comme l'Arabie saoudite ont soutenu, voire relancé une radicalisation sunnite salafiste antichiite qui se manifeste violemment au Pakistan, en Afghanistan, en Syrie, en Irak, en Arabie, au Yémen, au Bahreïn, au Nigeria… Les manifestations contre les caricatures du Prophète publiées par *Charlie Hebdo* ont lieu dans une vingtaine de pays – la plupart ne parlant pas le français – avec des chiffres délirants (1 million de personnes à Grozny, chez le dictateur le plus férocement répressif)… Au Niger, 68 églises, maisons ou orphelinats chrétiens sont détruits à Niamey, Zinder ou Gouré et au Nigeria il y a 25 morts chrétiens.

Durant la Seconde Guerre mondiale, les Rohingyas combattirent avec les Britanniques contre les Japonais et donc aussi contre les bouddhistes qui, eux, luttaient aux côtés de Tokyo pour l'indépendance. À l'indépendance de l'Inde, en 1948, le gouvernement leur dénia la citoyenneté, les qualifiant d'immigrants. De 1947 à 1961, un mouvement insurrectionnel local, Moudjahidin Rohingya, combattit les forces gouvernementales dans le nord de l'Arakan pour l'autonomie ou mieux la sécession et l'annexion par le Pakistan oriental. Le mouvement s'éteignit au début des années 1960, les moudjahidine ayant perdu la plus grande partie de leurs soutiens. Dans les années 1970, les persécutions reprennent et de nouveaux mouvements armés renaissent. Les combats culminent en 1978 quand le gouvernement birman lance une opération massive nommée Naga Min (Roi Dragon). Dans les années 1990, la Rohingya Solidarity Organization (RSO) reprend les attaques contre les autorités birmanes près de la frontière du Bangladesh, auxquelles le gouvernement réagit par l'opération Clean and Beautiful Nation sans parvenir à désarmer la RSO. Évidemment, il entend aujourd'hui intégrer la répression dans le cadre de la guerre globale contre le terrorisme. Une vision géopolitique se développe dès les années 1990 au Myanmar, définissant une aire bouddhiste s'étendant historiquement de l'Afghanistan à la Malaisie, envahie par l'islam qui fait de la question rohingya une question musulmane. Jusqu'en 2016 les tensions mettaient aux prises les Arakanais, l'armée et les Rohingyas, autour de questions principalement identitaires, mais aussi économiques et foncières. Mais le 9 octobre 2016, pour la première fois, un groupe armé venant du Bangladesh, sous le nom de Harakah al-Yaqin (HaY, Mouvement de la foi) et se revendiquant comme « rohingya », attaque des postes de police birmans. De très violentes opérations de ratissage font fuir 75 000 personnes au Bangladesh. Le 25 août 2017, seconde offensive contre 30 postes de police et de l'armée. Face à cet assaut en règle, l'armée birmane mène une politique de terreur pour déplacer les populations avec destruction des biens et des récoltes. Dans le discours des autorités et des insurgés, les combats et le terrorisme passent désormais au premier plan et deviennent une question de guerre religieuse. L'International Crisis Group (ICG) a démontré que le groupe HaY avait des liens avec l'Arabie saoudite et le Pakistan et qu'une formation clandestine avait été donnée aux villageois de l'État de Rakhine plus de deux ans avant les attentats, comprenant l'utilisation des armes, la guérilla, les explosifs et les IED (engins explosifs improvisés). Selon l'ICG, le chef du HaY est né au sud de Karachi d'un père migrant rohingya avant de se déplacer enfant à La Mecque ; « bien que non confirmé, il y a des indications qu'il est allé au Pakistan et peut-être ailleurs, et qu'il a reçu une formation pratique dans la guérilla moderne[61] ». Les talibans, l'État islamique et Al-Qaïda dans le sous-continent indien ont souvent condamné la violence contre les Rohingyas et appelé au djihad contre les autorités bouddhistes. Les autorités insistant sur la dimension sécuritaire de la répression la banalisent en affirmant que la situation dans l'État de Rakhine serait comparable à celle des autres zones de conflit du pays dans les États Kachin (au nord) et Shan (à l'est). Cependant, en Arakan, l'ampleur des violences, leur dimension ethnico-religieuse ciblée et méthodique sont inédites. Le groupe armé le plus célèbre est sûrement la Rohingya Solidarity Organization (RSO), active de 1982 à 2001, reliée aux réseaux islamistes transnationaux, avec des combattants formés en Afghanistan. Mais elle est minée par les dissensions internes et ne parvient pas à exister militairement, ni à peser politiquement. Au Myanmar lors des pogroms de 2012, Aung San Suu Kyi s'était tue, et a rejeté les accusations de l'Occident. Le 12 décembre 2017, deux journalistes birmans couvrant le conflit sont arrêtés en vertu d'une loi coloniale de 1923. Le 20 décembre 2017, le gouvernement birman stoppe après trois ans la collaboration avec Yanghee Lee, la rapporteure spéciale des Nations unies[62]. La gestion des réfugiés par les gouvernements birman et bangladais est un processus d'épuration ethnique non dite. Dacca est réticent à accueillir les réfugiés rohingyas dans la durée, dans des camps susceptibles de devenir des foyers de militantisme, et promeut un projet de relocalisation de 100 000 réfugiés sur l'île inhabitée de Bashan Char. Côté birman, leur retour serait mené sur une base volontaire soumise à autorisation au cas par cas par les autorités, cela ouvrant la possibilité de refus massifs. Le ministère birman de l'Immigration conseille à son homologue bangladais de privilégier les candidatures des familles hindoues. L'ARSA a suspendu les combats dès le 5 septembre 2017. Malgré cela, les flux de réfugiés vers le Bangladesh se poursuivent. À la mi-décembre 2016, ils étaient 650 000. *In fine*, de 700 à 900 000 Rohingyas seraient installés au Bangladesh… sur un effectif total estimé de 1 million. Un point de non-retour semble donc franchi : l'Arakan n'existe plus, puisque l'essentiel de sa communauté est au Bangladesh.

Au Sri Lanka, habité par la crainte que les colonisateurs et les missionnaires chrétiens réduisent l'identité sri-lankaise, s'est développé depuis le XIXe siècle un nationalisme bouddhiste qui a persisté dans la Constitution après l'indépendance en 1948. L'activisme est devenu plus ouvertement politique en 2004, car les moines fondent le Parti du patrimoine national (JHU) dont neuf membres sont élus. Bien qu'il n'ait jamais cautionné la violence, le JHU a soutenu le « parti de la liberté ». Les moines conféraient une légitimité religieuse à la revendication de protéger la majorité bouddhiste cinghalaise. Le BBS a émergé au cours de cette guerre, développant une réécriture des origines du Sri Lanka, excluant des communautés autochtones et non cinghalaises, et exagérant les craintes d'une menace pesant sur le bouddhisme pour justifier la violence. Le moine radical birman Shin Wirathu fut invité au Sri Lanka par le BBS. Les deux organisations affirment que, même si le bouddhisme prédomine dans leur propre pays, globalement, il est menacé. « Nous voulons le protéger, c'est pourquoi nous avons signé un protocole d'entente sur la formation d'alliances dans la région asiatique », dit le porte-parole du BBS Dilanthe Withanage.

La mécanique des violences religieuses : rumeur, mobilisation des acteurs, attaque ciblée puis générale, diabolisation étendue aux autres cultes…

Les radicaux souhaitent tous remodeler la planète. Thomas Hegghammer[63], chercheur du Norwegian Defence Research Establishment, pense que les objectifs des djihadistes valent pour l'ensemble des radicalismes :

– changer l'organisation sociale et politique de l'État ;

– restaurer la souveraineté religieuse sur le territoire « occupé » ou dominé par des mécréants ;

– corriger le comportement moral et religieux des autres pratiquants ;

– défendre la communauté religieuse des menaces extérieures dans une géopolitique locale ou planétaire ;

– enfin, cas extrême, revendiquer la pratique juste et faire la guerre aux autres radicaux.

Typologie des violences radicales

La violence thématique : la guerre de la vache en Inde

Le 28 septembre 2015, à Dadri (Uttar Pradesh), Mohammad Akhlaq a été lynché parce que soupçonné d'avoir consommé du bœuf. Dans une interview pour *Églises d'Asie*, Zafarul Islam Khan, président de All India Muslim Majlis-e Mushawarat (AIMMM), qui rassemble différents groupes musulmans, déclarait : « Les émeutes et les massacres qui éclatent régulièrement font partie de la stratégie bien huilée du Sangh Parivar, matrice fondamentaliste du RSS et de son aile politique, le BJP. […] Sa stratégie consiste à polariser la société hindoue sur l'enjeu de la protection des vaches pour faire croire que ce parti est le seul capable de défendre l'Inde contre les musulmans ennemis. Les émeutes du Gujarat ont été provoquées en grande partie par la stratégie électorale du BJP pour les élections de 2003.» Les musulmans les plus pauvres consomment généralement de la viande de buffle parfois désignée comme «viande de bœuf», d'où des situations dramatiques. Le terrorisme hindouiste (*saffron terror*) est actif : bombes devant la mosquée de Malegaon en 2006, contre le Train de l'Amitié entre l'Inde et le Pakistan en 2007 (67 morts), attaque du lieu saint du soufisme Ajmer Dargah, en 2007, etc. Le *modus operandi* est répétitif, les émeutes et les meurtres sont alimentés par des rumeurs. Les radicaux hindous organisent alors des processions devant les mosquées, diffusent de la musique par haut-parleurs à l'heure de la prière, montent de toutes pièces de fausses théories comme celle, délirante, du *love jihad* (voir plus haut, p. 146) mais efficaces pour crisper les hindous. Dans les États dirigés par un gouvernement BJP, l'interdiction est étendue à tous les bovidés. Les nouvelles lois autorisent la police à perquisitionner à n'importe quel moment y compris pour contrôler la nourriture, mesure plus symbolique qu'efficace.

La violence architecturale : la destruction des lieux de culte

Les lieux de culte de l'Autre sont les cibles favorites des destructions parce que marques architecturales visibles. Sous l'époque ottomane, les mosquées devaient s'élever plus haut que les églises et le son des cloches ne pas couvrir la voix du muezzin. La reconquête chrétienne s'est accompagnée, en Croatie au XVIIIe siècle et en Serbie au XIXe, de la destruction quasi systématique des mosquées. En 1984, Yehuda Etzion, fondateur du groupe Hai Vekayam qui voulait permettre aux juifs de prier sur l'esplanade des Mosquées, participe à un complot pour faire sauter le dôme du Rocher. « La destruction des grands centres bouddhistes par les musulmans aux XIIe et XIIIe siècles a été vécue comme un traumatisme historique qui a forcément laissé des traces », estime Sofia Stril-Rever, indianiste[64]. Le dynamitage des bouddhas de Bamiyan par les talibans au printemps 2001 et, plus généralement, l'essor de la mouvance islamiste radicale ont alimenté l'émergence d'un courant fondamentaliste au sein du bouddhisme. Construites entre le IIIe et le VIe siècle, ces statues de cinquante-cinq et trente-huit mètres de haut faisaient partie de l'ensemble religieux de la vallée, bouddhiste du Ier au XIIIe siècle. Les talibans afghans alléguèrent que c'étaient des idoles. Mollah Omar expliqua à l'époque que « les musulmans devaient ressentir de la fierté à la destruction d'idoles. Leur destruction était un acte de louange à Dieu ». Des incidents similaires ont lieu actuellement dans le nord-ouest du Pakistan où des islamistes radicaux ont fait exploser une sculpture de Bouddha de quarante mètres, datant d'environ mille trois cents ans, dans l'« émirat » de la région nord-ouest de la vallée de Swat. Les islamistes ont pu agir sans aucune interférence de la part de l'État. Vishaka N. Desai, présidente de l'Asia Society basée aux États-Unis, rappelle : « Il y a un grand nombre de sites bouddhistes importants dans la vallée de Swat et dans d'autres régions du nord-ouest du Pakistan… Tous sont menacés de destruction, à cause de la voix influente du dirigeant islamiste Mollah Fazlullah[65] », l'homme fort de la région qui n'a que vingt-huit ans. Il commande une milice estimée à

4 500 hommes qui a menacé de mort des membres de la minorité chrétienne dans la région – environ 1 000 personnes – s'ils ne se convertissaient pas, selon le journal suisse *Neue Zürcher Zeitung*. Une école chrétienne pour filles a été contrainte de fermer, autorisée à rouvrir à la seule condition que toutes les filles adoptent le port de la burka. Au Sri Lanka[66], une version révisionniste de l'histoire de la suprématie bouddhiste est diffusée par les films, les livres, les programmes télévisés et les journaux. On annonce fréquemment des « redécouvertes » de temples bouddhistes et des statues de Bouddha sont placées dans des zones sacrées des musulmans ou des Tamouls. Dans les sources chaudes de Kanniya, une plaque en cinghalais et en anglais explique que le site que les Tamouls relient à un mythe hindou était en réalité le site d'un ancien monastère bouddhiste. À Kuragala, dans les collines centrales, le ministère de la Culture a construit un *stupa* bouddhique dans une caverne musulmane soufie pour les mêmes raisons. Dans le nord du Sri Lanka dominé par les Tamouls et à l'est où vivent la plupart des musulmans du pays, des monuments nationaux ont été érigés pour honorer les rois bouddhistes.

L'Inde a été le théâtre d'un certain nombre de campagnes de haine architecturale. Un millier de conflits architecturaux éclatèrent déjà entre 1890 et 1895, notamment dans le nord de la colonie, puis de façon récurrente au Bengale et à Bombay. Plus récemment, le VHS commença son activité politique sur des sujets comme l'interdiction des conversions, la planification des naissances, une standardisation des mœurs (interdiction de la polygamie), l'abattage des bovins, le refus des immigrants musulmans du Bangladesh… En 1984, les cortèges furent dirigés vers la mosquée Mir Baqi d'Ayodhya. Le slogan était : « Nous bâtirons le temple et la nation hindoue. » La liste diffusée alors par les militants mentionne 3 000 temples détruits par les musulmans. Trois sont symboliques : la mosquée Babur (fermée), la grande mosquée à Varanasi (Bénarès) et la mosquée de Mathura. En 1986, les cadenas de la mosquée d'Ayodhya, fermée par les autorités après les manifestations, sont enlevés. Les hindouistes qui avaient placé des statues de dieux hindous dans la petite mosquée d'Ayodhya crièrent alors au miracle, disant avoir reconnu des piliers du temple hindou dans les murs de la ville, censée être le lieu de naissance du dieu Ram, symbole du *Ramayana*. La télévision indienne venait d'en diffuser une adaptation en 1988 et 1989 suivie peu après par celle du *Mahabharata*. Un juge fit à nouveau cadenasser les portes de la mosquée. Le 9 novembre 1989, jour où le mur de Berlin tombe, les radicaux hindouistes posent devant 300 000 personnes la première pierre du futur temple devant la mosquée d'Ayodhya. L. K. Advani, le leader du BJP, fait une tournée dans le pays, laissant derrière lui une dizaine de villes ravagées et 600 morts dont 45 devant la mosquée. À l'appel du BJP, on commença à cuire des briques pour la reconstruction du temple dans près de 270 000 villages en Inde mais aussi en Guyane, à Maurice, en Afrique du Sud et dans une cinquantaine d'autres pays. Le 6 décembre 1992, une foule de 150 000 personnes prend d'assaut la mosquée, la détruit et commence la construction d'un temple provisoire. Le 27 février 2002, l'incendie d'un train de pèlerins à destination d'Ayodhya est causé par des musulmans, et coûte la vie à 59 hindous. Les représailles dans les jours suivants firent plus de 1 000 tués et 75 000 réfugiés. La Commission nationale consultative des droits de l'homme chargée d'enquêter démontra la responsabilité des autorités du Gujarat accusées par les ONG d'avoir planifié des tueries avant l'incendie du train. Les troubles intercommunautaires, d'abord dans cet État où vit une importante minorité musulmane, s'étendirent dans tout le pays avec couvre-feu pendant plusieurs semaines. À Bombay, les émeutes entre habitants de quartiers communautaires, orchestrées par les partis nationalistes hindous ou des groupes criminels, furent particulièrement violentes, les tirs sans sommation de la police causant de nombreux décès. En mars de l'année suivante, la ville est frappée par plusieurs attentats terroristes. Au total, ces événements ont coûté la vie à près de 2000 Indiens. Porté par cette vague radicale, le BJP gagne les élections générales de 1996, 1998, 1999 et enfin 2014.

Le Taj Mahal

Fin juin 2017, le ministre en chef de l'État de l'Uttar Pradesh (Nord), Yogi Adityanath, a fait du Taj Mahal sa cible : « Quand un étranger vient en Inde, il emporte souvent un bibelot à l'effigie du Taj Mahal ou d'un autre minaret. Mais cela ne représente pas notre culture. […] Aujourd'hui, le Premier ministre, Narendra Modi, offre la *Gita* [livre sacré hindou, *NdA*] aux étrangers… Cela représente notre culture. » Ce membre du BJP dirige l'État indien le plus peuplé (200 millions d'habitants mais avec 19 % de musulmans). Il aimerait gommer le Taj Mahal de la mémoire collective sous prétexte qu'il n'est pas hindou. Construit en 1643 par l'empereur moghol musulman Shah Jahan pour servir de dernière demeure à sa femme décédée Mumtaz Mahal, le bâtiment est inscrit au patrimoine mondial de l'humanité. Le nouveau gouvernement régional veut réorienter les touristes vers le patrimoine hindou, et dans une récente brochure il l'a remplacé par différents lieux de pèlerinage hindous et bouddhistes. Début octobre, le député régional du BJP, Sangeet Singh Som, déjà accusé d'avoir incité aux pogroms antimusulmans de Muzaffarnagar en 2014, réplique en rappelant la période de domination musulmane de l'Inde (1526-1857) :

Shah Jahan « a emprisonné son père et persécuté des milliers d'hindous. Il est dommage que cette personne ait une place dans l'Histoire ». Un autre député du parti explique que les Moghols auraient construit le Taj Mahal sur les ruines d'un ancien temple hindou, théorie développée par l'intellectuel révisionniste Purushottam Nagesh Oak, fondateur de l'Institute for Rewriting Indian History (1989). Dans *Taj Mahal: The True Story*[67], il écrit que tous les plus célèbres bâtiments laissés par les Moghols, comme le Fort rouge de Delhi, étaient des œuvres hindoues « reconverties ». En fait, Shah Jahan, qui a ruiné son pays pour construire le Taj Mahal, n'a ni emprisonné son père ni massacré des hindous, et ce mausolée, comme beaucoup d'autres monuments moghols, est de pure facture musulmane. Au bout de plusieurs semaines de controverses, le gouvernement régional s'est rendu compte de l'impact destructeur de cette campagne contre l'emblème national, et il a cherché à éteindre la colère qu'il avait allumée. Le 26 octobre, Yogi Adityanath a trouvé l'argument ouvriériste adéquat : peu importe qui l'a érigé, ce qui compte c'est qu'« il a été construit grâce au sang et à la sueur d'ouvriers indiens ». Ouf !

En Europe, pour mémoire, rappelons que les Serbes, les premiers, ont pratiqué de façon radicale le « mémoricide »[68], parallèle à l'épuration ethnique : dans les territoires conquis par eux pendant le récent conflit, non seulement les populations non serbes ont été expulsées, mais toute trace de leur ancienne présence, dont leurs lieux de culte, a disparu. C'est ainsi qu'aujourd'hui en république de Srpska (zone serbe de Bosnie), il ne reste qu'une vingtaine des quelque 1 400 mosquées qui s'y dressaient il y a dix ans.

On trouvera ci-dessous la liste de la compétition dans la destruction architecturale entre le régime wahhabite et Daech. Si ce dernier semble l'emporter, c'est qu'il dispose de moyens explosifs modernes, et non pas par manque de conviction des wahhabites.

Les destructions wahhabites

Mosquées : la mosquée de la tombe de Hamza ibn Abd al-Muttalib, l'oncle du Prophète ; la mosquée de Fatima Zahra, la fille du Prophète ; la mosquée d'al-Manaratain ; la mosquée et la tombe d'Ali al-Ouraydhi ibn Ja'far as-Sadiq ; quatre mosquées de la bataille du Fossé à Médine ; la mosquée d'Abou Rashid ; la mosquée Salman al-Farsi ; la mosquée Raj'at ash-Shams. Les tombeaux et cimetières : Janna al-Baqi à Médine entièrement rasé ; Jannat al-Mu'alla, l'ancien cimetière de La Mecque ; tombeau de Hamida al-Barbariyya, la mère de l'imam Musa al-Kazim ; le tombeau d'Amina bint Wahb, la mère de Mahomet, détruit et brûlé en 1998 ; tombeau des Banu Hashim à La Mecque ; tombeaux de Hamza et d'autres martyrs de la bataille d'Uhud ; le tombeau d'Ève à Djedda, scellé avec du béton en 1975 ; la tombe d'Abdullah ibn Abd al-Muttalib, le père de Mahomet, à Médine. Un bâtiment a été construit au XXIe siècle sur la maison où serait né Mahomet en 570. Après sa redécouverte pendant les travaux d'extension de La Mecque en 1989, la maison de Khadija, première femme de Mahomet, a subi le même sort ; la maison de Mahomet à Médine où il vécut après son départ de La Mecque ; la première école islamique (Dar al-Arqam), où Mahomet enseigna, a disparu aujourd'hui sous l'extension de la mosquée Masjid al-Haram. En 1994, le mufti Abdelaziz ibn Baz, plus haute autorité religieuse du régime wahhabite, lance une fatwa stipulant qu'il « n'est pas permis de glorifier les bâtiments et les sites historiques ». De tels rites sont considérés comme *chirk* parce que, comme le prétendait Abd al-Wahhab, ils conduisent au polythéisme. Entre cinq cents et six cents mausolées et d'autres monuments de l'islam des origines ont été démolis ; 95 % des bâtiments datant de plus de mille ans auraient été rasés durant les vingt dernières années.

Les destructions de Daech

Daech a eu une activité destructrice plus diversifiée parce que travaillant dans des pays de vieille culture. Les mosquées et sanctuaires chiites ont été particulièrement visés depuis 2014.

La mosquée Al-Kouba Husseiniya à Mossoul et le sanctuaire Saad ben Aqeel Husseiniya de Tall Afar. Le sanctuaire sunnite d'Ahmed al-Rifai dans le district de Mahlabiya. À Mossoul, la tombe de la Fille (*Qabr al-Bint*), sanctuaire dédié à une jeune fille qui selon la légende mourut d'un chagrin d'amour. Le sanctuaire aurait abrité en outre la sépulture de l'historien Ibn al-Athir. En juin 2014, l'État islamique détruit au bulldozer le sanctuaire de Fathi al-Ka'en. À Mossoul, l'organisation cible également des tombes dans le cœur d'un sanctuaire. Elle détruit en la minant l'une des tombes du prophète Daniel. Le 24 juillet 2014, deux mosquées de Mossoul, dont l'une abriterait le tombeau du prophète Jonas ; le 25 juillet, le sanctuaire de l'imam Aoun al-Din, datant du XIIIe siècle, un des rares monuments ayant survécu aux Moghols, est rasé. Le 27 juillet, l'EI détruit le tombeau du prophète Jirjis (Georges). Le 24 septembre 2014, la mosquée Al-Arba'in à Tikrit. Le 26 février 2015, c'est la mosquée Khoudr. À la même période, il ordonne le retrait de tous objets décoratifs et fresques des mosquées de la ville même ceux qui disent des versets du Coran considérés comme « une forme pervertie de créativité, qui contredit les fondements de la charia ». Un imam de Mossoul opposé à cet ordre est exécuté. En mars 2015, l'EI y aurait également rasé au bulldozer la mosquée Hamou al-Kadou, construite en 1880, puis des sanctuaires soufis à coups de masse et de bulldozer à Tripoli en Libye. En juin, ils font exploser les tombes ancestrales de Mohamed ben Ali et Nizar Abou Bahaedine près de Palmyre, enfin le 21 juin 2017, la grande mosquée al-Nouri à Mossoul ainsi que le minaret al-Hadba.

Les églises et sanctuaires chrétiens

Le 16 juin 2014, les membres de l'EI ont reçu instruction de détruire toutes les églises chrétiennes de Mossoul. Le 26 juillet, c'est l'église de la Vierge-Marie, le 21 septembre, le Mémorial du génocide arménien, trois jours plus tard, l'« église verte » du VIIe siècle à Tikrit. En 2015, l'EI rase l'église Al-Tahera de Mossoul, l'Église catholique chaldéenne de Saint-Markourkas, le monastère des Saints-Behman-et-Sarah (Ve siècle), le monastère de Mar Elian dans le gouvernorat de Homs à coups de bulldozer. En 2016, le monastère de Saint-Élie de Mossoul, plus ancien monastère d'Irak, rasé au bulldozer. En juin 2015, 20 % des 10000 sites archéologiques que compte l'Irak étaient sous le contrôle de l'État islamique.

Deux grandes statues de lions assyriens, extraites du site d'Arslan Tash et datant du VIIIe siècle av. J.-C., sont détruites au bulldozer dans le centre-ville de Rakka. En janvier 2015, sur le site de Ninive, destruction des murs d'enceinte. Deux mille livres issus de la collection de la bibliothèque de Mossoul brûlés devant les caméras. Le 26 février, c'est la destruction de nombreux objets d'art ancestraux du musée de Mossoul d'époque assyrienne, dont une grande statue de Lamassu détruite au marteau-piqueur. En mars 2015, une vidéo montre la destruction systématique du site de Nimroud, cité du XIIIe siècle av. J.-C. Les grands reliefs monumentaux du palais d'Assourbanipal sont martelés, découpés puis brisés au marteau-piqueur. Devant la dureté des bas-reliefs, le site est totalement dynamité à l'aide d'explosifs posés à même les sculptures. En avril, destruction des ruines de la forteresse de Bash Tapia, de l'église Notre-Dame-de-l'Heure pillée puis détruite à l'aide d'explosifs. Le 22 mai 2015, Daech à Palmyre détruit les grands reliefs non transportables de la cour du musée dont le Lion de Palmyre. Le temple de Baalshamin, divinité antique, est détruit à l'explosif. Quelques jours auparavant, l'ancien directeur des antiquités de Palmyre, âgé de quatre-vingt-deux ans, est exécuté. Le 30 août 2015, une partie du temple de Baal est détruite à l'explosif. En septembre, destruction des tombeaux d'Elahbel, Khitot et Jamblique (IIe siècle). Le 4 octobre, l'Arc de Triomphe de Septime Sévère est détruit en raison de son ornementation. En mars 2017, la reprise de Palmyre par les forces du régime syrien confirme que le tétrapyle ainsi que la porte monumentale du front de scène du théâtre romain ont été endommagés à l'explosif.

Casse-tête : quand un temple est multicultuel

Bouddhisme, hindouisme, islamisme en Inde : la dispute autour du temple de Bodhgaya (*Religioscope*, 24 août 2002)

Désireux de reprendre le contrôle du temple de Bodhgaya (Bihar) où le Bouddha aurait eu l'illumination il y a deux mille cinq cents ans, des moines demandent à l'ONU d'intervenir. La gestion du temple de Bodhgaya qui est un des quatre plus grands lieux de pèlerinage bouddhiste, repose sur un délicat équilibre entre hindouistes et bouddhistes mais avec une majorité d'hindous. Bhadant Nagarjun Surai Sasai, un bonze japonais qui préside le All-India Mahabodhi Temple Liberation Action Committee (AIMTLAC), entend « libérer » le temple de tout contrôle non bouddhiste, car il se plaint des « idoles hindoues » introduites sur le site qui porteraient atteinte à la pureté du bouddhisme. Bodhgaya accueille les différents courants du bouddhisme indien et internationaux (Myanmar, Thaïlande, Japon, Corée...). Mais les bouddhistes ne sont pas unanimes. Au mois de janvier 2002, à Bodhgaya, des Tibétains du mouvement de libération du temple critiquent le dalaï-lama, accusé d'être un « agent des fondamentalistes hindous », allant jusqu'à déclarer que le Kalachakra (principal support de l'enseignement du bouddhisme tibétain) n'avait « rien à voir avec le bouddhisme ». Ils accusent les Tibétains de porter atteinte à la sainteté du temple en y pénétrant chaussés. Les mouvements hindouistes soutenus par le VHP et le RSS contestent le monopole bouddhiste sur le site au motif que Bouddha n'était pas seulement une divinité bouddhiste adorée comme un Vishnu incarné, ils se refusent donc à voir dans le bouddhisme une religion séparée et considèrent bouddhisme et sikhisme comme des sous-groupes de l'hindouisme. Le 7 juillet 2013, un attentat à la bombe a lieu contre le temple bouddhiste de Mahabodhi, vieux de deux mille cinq cents ans, suivi d'une série de neuf explosions qui ont blessé deux moines : l'un tibétain et l'autre birman. Ces explosions sont revendiquées par une organisation terroriste islamique pour venger les Rohingyas. Les explosions en série n'ont causé aucun dommage à l'arbre sous lequel Bouddha a atteint l'illumination. Deux autres bombes, l'une sous la statue de quatre-vingts pieds du Bouddha et l'autre près du temple de Karmapa, ont été désamorcées.

Les violences catégorielles

L'Autre est un casting ouvert que seuls les maîtres à penser de la radicalisation peuvent détecter et hiérarchiser. Dans la guerre cosmique que chaque radicalisme entend mener, les violences sont d'abord catégorielles.

Les journalistes et les intellectuels

Plus de 100 journalistes ont été assassinés par les GIA en Algérie entre 1993 et 1997[69]. Au Myanmar, 2 journalistes, Wa Lone et Kyaw Soe Oo, risquent quatorze ans de prison pour avoir pris connaissance de documents de police prouvant un massacre de 10 musulmans rohingyas commis par l'armée. Après l'assassinat de l'avocat musulman U Ko Ni, conseiller juridique de la présidente de la NLD, en janvier 2017, le moine U Wirathu a rendu hommage à Kyi Lin, l'assassin. Le *Myanmar Now* a publié un article accusant U Wirathu d'avoir ainsi trahi son statut de moine et son journaliste Ko Swe Win a partagé l'article sur son compte Facebook. Le 31 juillet 2017, le directeur du journal, Swe Win, est poursuivi en diffamation par le moine U Wirathu sur la base de la loi 66 D héritée du régime militaire qui prévoit une peine pouvant aller jusqu'à trois ans de prison pour toute personne publiant des propos « diffamant, dérangeant, visant à orienter l'opinion ou menaçant ». Il est également poursuivi pour avoir publié des propos diffamants à l'égard du moine bouddhiste Ashin, connu pour son discours islamophobe sur Facebook.

En Inde, des intellectuels qui défendent la laïcité ont été visés : meurtres de Narendra Dabholkar et M. M. Kalburgi, intellectuels rationalistes ; du responsable politique communiste Govind Pansare et de la directrice de l'hebdomadaire *Gauri Lankesh Patrike*, Gauri Lankesh[70], assassinée le 5 septembre 2017. Connue pour ses prises de position contre les extrémismes religieux de tous bords, opposée au système des castes, elle était accusée d'être animée par la « haine de l'hindouisme ». Quelques heures avant sa mort, elle avait posté sur les réseaux sociaux des articles condamnant la décision du gouvernement indien d'expulser des musulmans rohingyas réfugiés en Inde. En novembre 2016, le responsable de l'information au sein du BJP, Amit Malviya, avait lancé une menace à peine voilée à destination des journalistes indiens en les invitant à « prendre note » de cette condamnation. Sur les réseaux sociaux, plusieurs extrémistes hindous avaient appelé à sa mort, puis se sont réjouis de son assassinat sur Twitter.

Le gouverneur du Pendjab pakistanais, Salman Taseer, a été tué en janvier 2011 par son garde du corps pour avoir remis en cause les lois antiblasphème et pris la défense de la chrétienne Asia Bibi. L'enterrement du meurtrier exécuté le 29 février 2012 a été l'occasion pour des centaines de milliers d'islamistes de célébrer l'assassin, leur « héros ». Selon Iftikhar Muhammad Chaudhry, responsable politique ayant occupé différents portefeuilles ministériels, Mumtaz Qadri, le meurtrier, était dans son droit, car Salman Taseer avait commis un blasphème en remettant publiquement en cause les lois antiblasphème. Le 7 mai 2016, un blogueur chiite d'une quarantaine d'années, Khurram Zaki, favorable au dialogue entre les religions, a été abattu. Il s'était rendu célèbre par une manifestation devant la mosquée Rouge d'Islamabad contre le directeur qui avait refusé de condamner les attentats des talibans contre une école de l'armée à Peshawar du 16 décembre 2014 : 150 morts, surtout des enfants. Plusieurs photos le présentaient en compagnie de membres du clergé chrétien pakistanais, lors de processions religieuses. Il arrivait même qu'il porte la croix en ces occasions. Il dirigeait le site Internet letusbuildpakistan dans lequel il dénonçait irrégularités démocratiques et extrémisme religieux.

On retrouve à un bien moindre degré de gravité la défiance des évangéliques américains à l'égard des journalistes. Une enquête du Pew Research Center révèle que les évangéliques blancs sont plus inquiets que tout autre grand groupe religieux américain et sont également les plus enclins à accuser les journalistes d'être responsables de *fake news* : 59 % d'évangéliques blancs affirment que les fausses informations sont un « très gros problème » aux États-Unis, et 27 % supplémentaires estiment qu'il s'agit d'un « relativement gros problème ».

Les intellectuels démocrates sont aussi particulièrement visés. Les Algériens avaient déjà payé un lourd tribut entre 1993 et 1998, intellectuels francophones ou arabophones non islamistes qualifiés de « communistes ». Kamel Daoud, le journaliste et romancier algérien, est toujours la cible d'une fatwa en forme d'appel au meurtre, lancée par Abdelfattah Hamadache, imam d'une mosquée d'Oran. La Tunisie a aussi été frappée. L'opposition et la société civile tunisienne réclamaient depuis des mois le démantèlement d'Ansar al-Charia, groupe dirigé par Abou Iyadh, vétéran d'Al-Qaïda en Afghanistan, déjà accusé d'avoir organisé l'attaque en septembre 2012 de l'ambassade des États-Unis à Tunis. Les meurtres en février 2013 de Chokri Belaïd et du député Mohamed Brahmi avaient entraîné la chute d'un premier gouvernement Ennahdha qui s'était refusé à interdire le groupe. Les autorités tunisiennes accusent les djihadistes de préparer une vingtaine d'assassinats de personnalités publiques et des attentats pour déstabiliser le pays. L'activité culturelle est aussi l'objet d'opérations coup de poing. Pour la première de la représentation de la pièce de Lotfi Abdelli *Made in Tunisia, 100 % halal* (*Fabriqué en Tunisie, 100 % halal*), des centaines de salafistes ont occupé le théâtre en plein air où devait se tenir le spectacle, le jugeant blasphématoire envers l'islam, et se sont mis à prier. La pièce n'a pas pu se dérouler.

Les modérés, les mauvais croyants

La palme revient encore une fois à l'Arabie saoudite : Raif Badawi est un jeune blogueur saoudien, créateur en 2008 du site Free Saudi Liberals dans lequel il militait pour une libéralisation morale de son pays. Accusé d'apostasie par une fatwa du cheikh saoudien Abdul-Rahman Al-Barrak pour avoir notamment déclaré que « musulmans, chrétiens, juifs et athées sont tous égaux », car le cheikh considère que, quand bien même il ne s'agissait pas de la propre opinion de Badawi mais du compte rendu de l'opinion de tiers, celui-ci aurait dû la répudier expressément. Condamné ensuite pour « insulte à l'islam » à 1 000 coups de fouet distribués en vingt séances hebdomadaires de 50 flagellations, à une amende de 1 million de riyals (266 000 dollars) et une interdiction de voyage de dix ans à l'expiration de sa peine de dix ans de prison, il est emprisonné depuis juin 2012. Son avocat est également emprisonné et a demandé l'asile politique, comme son épouse, réfugiée politique au Canada. Raif Badawi a été sept fois primé par des ONG et universités internationales (aucune française). En mars 2008, le même Al-Barrak avait émis une fatwa contre deux journalistes du journal *Al-Riyadh*, Abdullah bin Bijad Al-Otaibi et Yousef Aba Al-khail, qui devraient être jugés pour apostasie pour leurs « articles hérétiques » concernant leur catégorisation des « mécréants », puis il demande leur mise à mort s'ils ne se repentent pas. Il s'était également illustré par une fatwa disant : « Celui qui permet la mixité (hommes-femmes) permet des choses interdites (par la religion) et celui qui leur permet est un kafir et cela signifie la défection de l'islam. [...] Soit il se rétracte, soit il doit être tué... parce qu'il désavoue la charia. » Début septembre 2017, le plus haut juge saoudien, Cheikh Saleh al-Luhiane, a déclaré que les propriétaires de chaînes de télévision satellitaires qui diffusaient un contenu « immoral » méritaient la mort.

Les alliés radicaux du Premier ministre israélien considérant les juifs américains progressistes comme des « dégénérés » du judaïsme ont exigé la dénonciation du compromis longuement négocié pour accorder devant le Mur des lamentations un espace pour les juifs réformés en juin 2017. Après le massacre de la synagogue Or L'Simcha de Pittsburgh (11 morts), le grand rabbin ashkénaze d'Israël David Lau a refusé d'employer le terme de synagogue parce que le lieu est occupé par une congrégation qui n'est pas ultra-orthodoxe.

La liste des assassinats est longue et traverse tous les grands radicalismes : en Inde après celui de Gandhi, il y eut les meurtres de Narendra Dabholkar et M. M. Kalburgi, intellectuels et journalistes ; de Gauri Lankesh ; une tentative contre Umar Khalid, leader étudiant qualifié de « naxaliste urbain ». En 1956, au Sri Lanka, ce sont le Premier ministre, S. W. R. D. Bandaranaike, le gouverneur du Pendjab, Salman Taseer, le ministre fédéral des Minorités religieuses, Shahbaz Bhatti (de confession catholique, il avait appelé à un amendement de la loi sur le blasphème) qui sont assassinés par des hommes se réclamant d'une mouvance islamiste. Ramachandra Guha, biographe de Gandhi qui a enseigné à la London School of Economics, vient de refuser sous la pression de groupes nationalistes hindous sa nomination dans l'université privée d'Ahmedabad, principale ville du Gujarat[71]. L'Akhil Bhartiya Vidyarthi Parishad (ABVP), syndicat étudiant hindouiste, considère que son travail est « antihindou, ne respecte pas la grandeur du passé de l'Inde, sème la discorde dans les esprits des étudiants et a pour résultat de désintégrer la nation ». L'ABVP, qui en veut surtout à son analyse critique du mouvement hindouiste, du système de castes ainsi que de l'histoire religieuse indienne, a menacé de mener des actions violentes si la direction n'annulait pas sa nomination. Selon des sources citées par les médias indiens, l'université aurait aussi subi de fortes pressions politiques du pouvoir. Comme dans les autres pays gérés par des radicaux, le parti du Premier ministre Narendra Modi est lancé depuis des années dans un projet de réécriture de l'histoire indienne, visant à faire passer la mythologie hindoue pour des faits historiques.

Les bouddhistes modérés ont également été ciblés par des tenants de la ligne dure. En juin 2014, le révérend Watthareka Vijitha Thero a été enlevé, battu jusqu'à l'inconscience, ligoté et circoncis de force parce qu'il était pour une coopération entre les bouddhistes et les musulmans. Les autorités l'ont accusé de faux témoignage et emprisonné. Quelques semaines plus tôt, Vijitha Thero avait tenu une conférence de presse pour mettre en évidence les griefs de la communauté musulmane dans un rassemblement interrompu par le BBS. Gnanasara, leur chef, avait menacé : « Si vous êtes impliqué dans ce type de trahison stupide à nouveau, vous serez pris et jeté dans la rivière Mahaweli. »

Les laïcs sont une vermine

Rappelons qu'en Arabie saoudite le laïc est considéré comme un terroriste.

Taslima Nasreen : la paria

Gynécologue et écrivaine, la jeune femme décrit la condition des femmes au Bangladesh, dans ses éditoriaux, puis dans les romans qu'elle commence à écrire au milieu des années 1990. En septembre 1993, une fatwa est prononcée contre elle pour avoir critiqué l'islam au Bangladesh. Elle s'enfuit de son pays en 1994 à la suite de la parution de son livre *Lajja*[72] (La honte) dénonçant l'oppression musulmane sur une famille hindoue. Elle passe les dix années suivantes entre Berlin, Stockholm et New York. Après une conférence en Inde en 2007, une prime de 500 000 roupies est offerte par un groupe islamiste pour sa décapitation. Elle fuit Calcutta à la suite de violentes manifestations contre sa présence, les autorités indiennes ne lui délivrent plus que des visas temporaires et lui refusent plusieurs fois la naturalisation. Elle modifie sa biographie interdite en Inde pour rendre les autorités indiennes plus souples. Elle reçoit le prix Simone-de-Beauvoir et se réfugie définitivement en Europe après avoir été accusée de blasphème par des musulmans indiens. En février 2010, on lui attribue la publication d'un article qui provoque des émeutes et entraîne la mort de deux hommes en Inde. Elle y affirmait notamment que les musulmanes devaient « brûler leurs burqas ». Elle reçoit un « passeport de citoyenneté universelle » symbolique, au siège de l'UNESCO, à Paris. Le 30 avril 2010, dans un entretien publié par *Le Figaro Madame*, elle reproche aux fondamentalistes leur misogynie qu'elle considère comme une réaction aux progrès des droits des femmes dans de nombreux pays. Selon elle, on ne pourra pas compter sur les musulmanes qui sont contentes de porter le voile et de glorifier leur soumission pour améliorer le sort des opprimées. Tant qu'une société sera basée sur la religion, tant que la loi ne reconnaîtra pas l'égalité des sexes, la politique ne pourra pas faire avancer la cause des femmes. Elle estime que les personnes peuvent évoluer, pas les dogmes religieux, car ils s'appuient sur des textes sacrés censés porter la parole de Dieu. Le conflit idéologique n'est pas entre christianisme et islam, mais entre fondamentalisme et laïcité, entre croyances irrationnelles, aveugles, obscurantistes, et la raison.

Les radicaux juifs ont eux aussi des comportements violents contre la diversité des Autres : en 2015, la même semaine, un juif ultra-orthodoxe a agressé six personnes au couteau lors de la Gay Pride à Jérusalem et un bébé palestinien est mort dans une attaque au cocktail Molotov menée contre une maison par des juifs extrémistes. Comme le déclarait le rabbin Kahane à la Knesset : « Le moment est venu d'isoler les gauchistes psychopathes et les pseudo-intellectuels dont la haine de la religion reflète si efficacement leur propre dégoût[73]. »

L'Autre n'est pas toujours un être humain et le mal se cache partout pour les théologiens de la radicalisation

Le téléprédicateur Cheikh Muhammad al-Munajjid[74], qui apparaît souvent à la télévision saoudienne, a déclaré que les souris devraient être exterminées comme « des agents de Satan ». La charia requerrait, selon lui, l'extermination de tous les rongeurs y compris Mickey, la célèbre souris de Walt Disney accusée de rendre les souris sympathiques aux gens. La contradiction est venue d'Égypte, pays dans lequel Mickey doit sans doute avoir de la famille, où Soad Salah, une prêcheuse aux émissions très regardées, a déclaré à l'*Egyptian Gazette* que l'édit (fatwa) de M. Mounajid « ternit l'image de l'islam. [...] Une fatwa doit se baser sur la connaissance, la logique et la raison. Oui, selon les préceptes de l'islam, les souris doivent être tuées. Mais il est illogique de traiter un personnage animé en tant que souris vivante et vouloir le tuer ».

Il reste cependant la question des trois petits cochons. Jean-Loup Chiflet, dans *Le Bouquin de l'humour*, constate que : « Les trois petits cochons furent soulagés quand ils apprirent que le Grand Méchant Loup s'était converti à l'islam[75] » mais auront-ils leur place dans les Disney World saoudiens ?

En 1999, Jerry Falwell[76] décrétait que l'Antéchrist était un homme juif et qu'il était sans doute déjà né. Peu après, il s'en prenait à Tinky Winky, un personnage de l'émission pour enfants *Teletubbies*, affirmant qu'il s'agissait d'un personnage d'homosexuel moralement dangereux pour les enfants…

Les cibles secondaires

Les autres sectes ou minorités religieuses deviennent par extension des cibles de substitution. Narendra Modi avait mis en garde, pendant sa campagne électorale, contre la menace (chrétienne) d'une « révolution rose ».

Selon Shibu Tomson Thomas, fondateur de Persecution Relief[77], une organisation de défense des chrétiens, les attaques menées par des hindouistes ont doublé depuis 2017 : 736 agressions en 2017, contre 348 en 2016 (attaques physiques ou verbales contre des prêtres, des pasteurs ou des fidèles, destructions d'églises et de bâtiments ecclésiaux…). La situation a empiré dans les 19 États (sur 29) gouvernés par le BJP. Le prosélytisme chrétien ayant été comparé au terrorisme, le nombre d'attaques contre des églises est passé de 14 en 2000 à plus de 100 en 2003, accompagnées d'actes de flagellation, d'incendies criminels, de sacrilèges, de menaces de mort, de violations du culte, de lapidations, de sévices, de restrictions et d'ingérences dans des funérailles dont la prise de contrôle d'une église de l'Avent convertie en un temple bouddhiste.

Les nationalistes cinghalais identifient le christianisme à l'Occident qui conspire pour affaiblir le bouddhisme. Le BBS affirme aussi que les Cinghalais ne devraient pas louer de propriétés aux musulmans, et le secrétaire de l'organisation, Gnanasara Thero, a affirmé que les « soi-disant démocrates » détruisaient la race cinghalaise. Le moine Akmeemana Dayarathana Thero, fondateur de Cinghalais Echo, autre groupe bouddhiste ultra-nationaliste, dresse un tableau géopolitique virulent : « Regardez autour du monde – la Malaisie, l'Indonésie, le Pakistan, l'Afghanistan et d'autres pays étaient tous des pays bouddhistes mais les musulmans ont détruit leur culture et se sont emparés du pays. Nous avons peur qu'ils fassent la même chose ici. »

La controverse opposant en 1975 le dalaï-lama et Gueshe Kelsang Gyatso, fondateur de la communauté des adeptes de Shougden (Shugden Supporters Community ou SSC), est une version tibétaine de persécution religieuse mêlant querelle de pouvoir, intolérance religieuse, accusations réciproques de terrorisme et d'ingérence chinoise, et s'est conclue par quelques morts comme il se doit. Le dalaï-lama avait demandé que les sécessionnistes cessent la pratique du culte Shougden et que ceux qui refusent de le faire soient expulsés des monastères et ne participent plus aux cérémonies, qualifiant Dordje Shougden d'esprit malfaisant. À Dharamsala, en 1997, Lobsang Gyatso, un proche du dalaï-lama qui dénonçait l'expansion de la secte, est assassiné avec plusieurs de ses étudiants probablement en raison de ses écrits. Les observateurs s'accordent à penser que le meurtre est lié aux pratiquants de Shougden, dont un cadre reconnut l'implication en 2015. La Western Shugden Society accuse le dalaï-lama de détruire les quatre grandes traditions du bouddhisme tibétain pour renforcer son emprise sur le pouvoir politique en exil.

Les violences collectives : massacres et pogroms, purification ethnique

La philosophie pacifiste de Nehru n'a pas empêché les violences intracommunautaires de ponctuer la vie politique de l'Inde. Dès les années 1960, des formations de jeunes de classes moyennes diplômés sans emploi, ni relations, se battent avec des membres du Parti du Congrès, des communistes et des musulmans en expliquant le concept de «juste violence». Ils ouvrent des Maisons du peuple avec bureaux de chômage, système d'entraide, de réseaux. La logique sociale et le sentiment d'appartenance à la communauté viennent doubler l'identité religieuse. La politique autoritaire de l'état d'urgence (1975-1977) décrétée par Indira Gandhi et son fils Sanjay interdit le RSS dont les cadres en prison vont se radicaliser.

Au début des années 2000, la *saffron terror*, « violence safran » (de la couleur de la robe religieuse), va répliquer par la violence à la vague d'attentats islamistes que connaît l'Inde à la suite de celui du 12 mars 1993 à Bombay (257 morts et 700 blessés). La première violence identifiée frappe Graham Staines, missionnaire chrétien, et ses deux enfants en janvier 1999. Puis il y aura les émeutes au Gujarat (68 morts) en 2002 ; des attaques en 2007 sur le site soufi Ajmer Dargah ; en février 2007, bombe dans le Samjhauta Express (66 morts) ; le 29 septembre 2008, 3 bombes à Malegaon (8 morts) ; en 2007 à Hyderabad sur la mosquée Mecca Masjid (14 morts)… La violence safran se traduisit également par des attaques contre des boucheries (291 victimes dont 35 personnes lynchées en huit ans). Les militants auraient été aussi impliqués dans un complot visant à tuer le président du RSS, Mohan Bhagwat, et un autre pour assassiner le vice-président de l'Inde Hamid Ansari. Le ministre de l'Intérieur indien Raj Kumar Singh a déclaré qu'au moins 10 personnes avaient des liens étroits avec l'organisation Sanatan Sanstha, groupe hindou extrémiste fondé en 1999 par un hypnothérapeute, Jayant Balaji Athavale, dont l'objectif était la « restauration du royaume divin » et qui clamait que la violence contre le mal n'est pas de la violence. L'organisation décernait des quotients spirituels à ses fidèles, notamment des hommes d'affaires et des hommes politiques influents, tout score dépassant 60 % étant réservé à ceux qui se sont soi-disant libérés du cycle des réincarnations. L'hebdomadaire *Panchajanya*, qui assure la propagande du RSS, justifie le lynchage à mort d'un musulman soupçonné d'avoir mangé du bœuf, déclenchant un scandale dont la presse anglophone se fait l'écho. Selon l'auteur de l'article, Vinay Krishna Chaturvedi[78], les textes fondateurs de l'hindouisme

« ordonnent de tuer ceux qui tuent des vaches », car il s'agit d'un « péché ». « Les Indiens musulmans ne sont que d'anciens hindous » que l'envahisseur moghol a convertis de force « en leur mettant du bœuf dans la bouche », estime-t-il[79].

Au Sri Lanka, depuis 2009[80], de nouveaux éléments conflictuels rapprochent la situation de violence de celle du Myanmar et de l'Inde : les milieux ultra-nationalistes bouddhistes ont constitué des milices visant les musulmans et les néo-évangéliques. Durant la guerre civile, les Tigres de libération de l'Eelam tamoul s'étaient souvent attaqués à des symboles du bouddhisme (temple de la Dent à Kandy), avaient massacré des moines ainsi que des musulmans qui refusaient de se soumettre à leur autorité. En revanche, les sanctuaires hindous et leurs desservants sont toujours restés à l'écart de toute implication politique. Après la défaite des Tigres (mai 2009) et la montée en Asie, d'une part d'un islamisme radical importé par les imams wahhabites et les migrants de retour de la péninsule arabique, d'autre part de l'activisme des sectes néo-chrétiennes notamment après le tsunami de 2004, la conflictualité a pris un nouveau tour. Le mouvement BBS créé par le bonze Kirama Wimalajothi sur le modèle du Sangh Parivar hindou a cherché à faire interdire les conversions, à abolir le droit privé musulman, à proscrire l'abattage halal, à exclure de l'espace public les manifestations religieuses autres que celles du bouddhisme. Il a accusé une association musulmane, la All Ceylon Jamiyyathul Ulama, d'être une organisation « terroriste ». Dilanthe Withanage, porte-parole du parti BBS sri-lankais, renouvelle l'analyse dans une interview[81]. Après la victoire sur les Tamouls, les musulmans sont dorénavant la cible principale, puis les chrétiens évangéliques qu'ils accusent de convertir sournoisement les gens. Lors d'un meeting à Maharagama, le 17 février 2013, Galagoda Aththe Gnanasara, le secrétaire général du BBS, déclare : « Nous avons un gouvernement créé par des bouddhistes cinghalais, qui doit rester bouddhiste cinghalais. C'est un pays cinghalais, avec un gouvernement cinghalais. Les valeurs démocratiques et pluralistes tuent la race cinghalaise » et enjoint à la foule de « devenir une force de police civile secrète pour lutter contre l'extrémisme musulman. […] Les prétendus démocrates sont en train de détruire la race cinghalaise » et il cite la croissance démographique musulmane, les conversions à des sectes néo-chrétiennes financées par l'étranger et le déclin moral et démographique de la communauté bouddhiste. En février 2013, le responsable du BBS Kirama Wimalajothi demande l'interdiction de la burqa dans le pays. Le mouvement n'a pas pris l'ampleur qu'il a connue en Inde ou au Myanmar et le nouveau gouvernement issu des élections de 2015 s'est efforcé de le freiner, mais il demeure un important facteur de violence.

Point de départ des émeutes de 2012 au Bangladesh ? Une série d'attaques, le 29 septembre 2012, à Ramu Upazila, contre 12 temples et monastères bouddhistes et contre des monastères et des maisons par des foules locales, à partir d'une rumeur faisant allusion à une image de profanation d'un Coran sur un faux compte Facebook sous un nom masculin bouddhiste. La violence islamiste s'était ensuite propagée à Ukhia Upazila, dans le district de Cox's Bazar, et à Patiya Upazila dans celui de Chittagong, où des monastères bouddhistes, sikhs et des temples hindous furent également ciblés. Près de 25 000 personnes auraient participé à la violence.

La purification ethnique

L'autre aspect récurrent des guerres religieuses est la volonté de « purifier » le territoire sacré, comme le fit Daech contre toutes les minorités yazidies, chrétiennes ou même chiites.

Au Myanmar, que 700 à 900 000 citoyens musulmans ont fui à la suite des violences, réduisant leur présence à quasi rien, la terreur est qualifiée de nettoyage ethnique par les Nations unies. Des groupements nationalistes proposent d'ores et déjà des incitations financières à des familles bouddhistes pour s'installer dans les villages désertés et font pression sur les autorités pour créer des Bengali free zones, afin de retrouver la proportion démographique musulmans/bouddhistes qui prévalait avant la Seconde Guerre mondiale. Ensuite pour empêcher leur retour, on parle de « processus national de vérification » des papiers qu'on leur a enlevés.

D'autres modalités peuvent aboutir au même résultat : en 2016-2017, en Cisjordanie, y compris à Jérusalem-Est, les autorités israéliennes ont procédé à un grand nombre de démolitions de biens appartenant à des Palestiniens, dont 423 habitations et bâtiments construits sans permis israélien, impossible à obtenir pour un Palestinien. Plus de 660 personnes ont ainsi été expulsées de force. Beaucoup de démolitions ont eu lieu dans des communautés bédouines et pastorales que les autorités israéliennes voulaient déplacer contre leur gré. Les familles de Palestiniens qui avaient mené des attaques contre des Israéliens ont subi des sanctions collectives : à Sheikh Jarrah (Jérusalem-Est), les autorités ont expulsé de leur maison 8 membres de la famille Shamasneh et autorisé des colons israéliens à s'y installer. Elles ont par ailleurs démoli des dizaines d'habitations palestiniennes en Israël dans des villes et villages palestiniens du Triangle, en Galilée et dans des villages bédouins « non reconnus » de la région du Néguev. La police israélienne a démoli le village bédouin d'Umm al-Hiran afin d'édifier une ville juive sur les lieux. En avril 2017, la Knesset a adopté une loi qui augmentait les amendes pour les constructions sans permis, imposait des frais de démolition très élevés aux personnes dont les maisons avaient été détruites et limitait les possibilités de recours devant les tribunaux pour contester un ordre de démolition ou d'expulsion (loi non applicable aux colonies sauvages !). En août, les autorités ont démoli pour la cent seizième fois le village d'Al-Araqib, dans le Néguev, et les habitants ont reçu l'ordre de verser 362 000 shekels (environ 100 000 dollars) à l'État en compensation du coût de la démolition et des frais d'avocat.

À chaque mesure prise par le gouvernement israélien contre les implantations sauvages, des juifs extrémistes se vengent et attaquent des cibles palestiniennes. La seule ligne rouge est l'attaque contre l'armée israélienne, quand la Cour suprême confirme l'évacuation d'un poste avancé illégal. Une cinquantaine de jeunes dans une base militaire, près de Naplouse, ont insulté et attaqué à coups de pierres des soldats puis ont saboté plusieurs véhicules militaires. La classe politique israélienne a vivement condamné les auteurs qui ne respectent plus ni la loi civile, ni la loi juive (que dire de la loi internationale ?). Cette attaque a été attribuée aux Jeunes des collines. La politique du gouvernement à leur égard est ambiguë. Ils vivent en hors-la-loi mais, sur le terrain, l'armée laisse faire par passivité. Comme les salafistes, les Jeunes des collines constituent un monde à part : ils ne votent pas, rejettent l'autorité étatique et beaucoup d'entre eux ne font pas l'armée, qui souvent les refuse parce qu'ils ont un casier judiciaire. Ils n'hésitent pas à faire face à Tsahal en s'interposant avec des armes pour empêcher la destruction d'une implantation sauvage. La «guerre des juifs» entre Israéliens laïques et religieux extrémistes représente un risque grave sur deux fronts différents : l'un politique avec le mouvement des implantations si l'État d'Israël opère un abandon de la Judée et de la Samarie; l'autre religieux si des rabbins comme Dov Lior s'incrustent dans les institutions de l'État. Mais des rabbins orthodoxes ont demandé l'arrêt du procès de l'assassin de Duma (un bébé palestinien de dix-huit mois mort carbonisé) après des accusations supposées de torture contre la police, qui rendaient les aveux de l'assassin irrecevables. En 2019, dans un village proche d'Hébron, 15 oliviers ont été arrachés avec, à proximité, les slogans «Morts aux Arabes» et «Vengeance» peints à la bombe sur deux rochers. Sur un troisième, une étoile de David rouge. En 2019 toujours, un jeune Israélien de seize ans, élève de la yeshiva Pri haaretz dans l'implantation de Rehelim en Cisjordanie, a lancé une pierre de deux kilos contre un véhicule, tuant Aisha Rabi, une Palestinienne âgée de quarante-sept ans et mère de huit enfants. L'enquête a révélé que 5 étudiants étaient impliqués dans l'attentat. Le comité de défense des meurtriers a protesté contre l'implication de Tsahal dans l'enquête et dit que les suspects n'avaient pas été autorisés à prier et à exercer d'autres obligations religieuses au cours des moments d'interrogatoire prolongés. Selon le Shin Bet, l'année avait déjà été marquée par une hausse significative des incidents violents.

Rappelons que l'épuration ethnique a été portée à son comble dans l'Europe post-guerre froide par la guerre entre Serbes orthodoxes et Croates catholiques, tous revendiquant les Bosniaques musulmans comme des convertis de force à l'islam : 150 000 morts dont deux tiers de civils et 4 millions de personnes déplacées.

En Inde, la nouvelle loi sur la citoyenneté de 2019 stipule que hindous, chrétiens et sikhs ayant fui le Bangladesh, le Pakistan et l'Afghanistan depuis plus de six ans peuvent obtenir la citoyenneté mais exclut explicitement les musulmans. Le ministre de l'Intérieur a justifié cette discrimination par le fait que, leurs bourreaux étant musulmans, il n'était pas possible de les inclure dans la liste. En septembre 2019, les autorités indiennes avaient alors exclu quelque 4 millions de musulmans vivant dans l'État d'Assam, frontalier du Bangladesh, avec le risque que cette population se retrouve apatride.

Au Xinjiang chinois, c'est le grand remplacement à l'envers des 21 millions d'habitants. Le mélange de Ouïghours, Kazakhs, Ouzbeks, Kirghizes turcophones et musulmans compte environ 11 millions d'habitants. Les 9 millions restants sont en majorité des Han (Chinois) passés de 6 % en 1949 à plus de 40 % en 2006, sans compter les militaires. Dans les années 1980[82], l'idéologie islamiste prit racine chez certains indépendantistes ouïghours, influencés par le succès des moudjahidine en Afghanistan, par la conquête du pouvoir par les talibans puis dans les années 1990 par la montée en puissance d'Al-Qaïda. Des mouvements islamistes djihadistes ouïghours, dont le Parti islamique du Turkestan oriental (PITO), se sont implantés au Xinjiang, leurs leaders se sont réfugiés en Afghanistan à la fin des années 1990. L'année 2009 avait été marquée par les émeutes de juillet dans la capitale du Xinjiang, Urumqi (plus de 200 morts et des centaines de blessés). Depuis lors, un grand nombre d'actes violents d'Ouïghours ont éclaté au Xinjiang, le plus souvent à l'arme blanche contre des représentations de l'autorité de Pékin (postes de police, sièges locaux du parti, bâtiments gouvernementaux). Les années 2013 et 2014 marquent un tournant pour trois raisons :

le nombre de victimes a augmenté de manière considérable, passant de quelques dizaines de morts entre 2010 et 2012 à une centaine en 2013 et environ 300 en 2014. Deuxièmement, les attaques ont visé des lieux publics fréquentés (places, gares, marchés) plutôt que des symboles de l'autorité. Troisièmement, les attaques ont frappé aussi d'autres grandes villes du reste de la Chine comme l'attentat suicide à la voiture piégée sur la place Tian'anmen à Pékin en octobre 2013 (2 morts et 40 blessés), l'attaque à l'arme blanche à la gare de Kunming dans le Yunnan en mars 2014 (31 morts et 140 blessés), ainsi que deux attaques à l'arme blanche à la gare de Canton en mai 2014 et mars 2015 (respectivement 6 et 13 blessés). Ces attaques ont été revendiquées par le PIT. Depuis cette date, le programme officiel « vivre-ensemble » impose une immigration chinoise massive, une homogénéisation culturelle sinisatrice et un contrôle étroit de la population. Le programme Faire famille place les fonctionnaires han dans les familles pour surveiller adultes et enfants et identifier les comportements subversifs. La langue ouïghoure laisse progressivement la place au chinois dans le système scolaire depuis les années 2000, dispositif extrajudiciaire de « transformation par l'éducation » mis en place en Chine dans les années 1990 pour rééduquer les membres de la secte Falun gong. Plus d'un million de fonctionnaires sont impliqués dans les zones rurales du Sud où se concentre la défiance à l'égard de Pékin. Le chercheur Michael Clarke appelle cette politique la « palestinisation du Xinjiang[83] ». L'Assemblée de la région autonome du Xinjiang avait voté dès 1994 une loi réformant les régulations religieuses régionales afin de « moderniser » le dispositif d'accréditation des imams, de contrôle des mosquées et des structures d'enseignement religieux : sont proscrits, par exemple, le port des barbes dites « anormales », le voile dans l'espace public ou des prénoms musulmans marqueurs. En 2017 est adopté un nouveau train de contrôle des supports de diffusion des contenus religieux ou politico-religieux. Une vaste campagne de santé régionale avait déjà permis de réaliser le fichage ADN de plus de 19 millions de personnes. L'étude de comportements « inhabituels » doit permettre d'anticiper et de classer les individus en fonction de leur degré de loyauté et du risque sécuritaire : séjours à l'étranger dans l'un des 26 pays à risque (équivalent chinois du Muslim Ban de Trump), contacts avec des étrangers ou des compatriotes ayant séjourné à l'étranger, avoir l'application interdite WhatsApp, ne pas boire d'alcool, ne pas fumer, manger halal, faire le ramadan... Depuis quelque temps des condamnations lourdes ont été prononcées contre des intellectuels. Ainsi, l'ancien directeur du bureau pour la supervision de l'éducation du Xinjiang et l'ancien président de l'université du Xinjiang ont été récemment condamnés à mort pour « tendance séparatiste ». Les autorités affichent des taux de rééducation « déradicalisation » élevés et se félicitent de la baisse des actes de violence depuis quelques mois. Selon le théologien et expert Adrian Zenz, plus de 10 % de la population ouïghoure serait passée par ce dispositif ou bien serait actuellement internée pour des durées indéterminées.

L'exode des Ouïghours a internationalisé la menace. Des militants sont vraisemblablement actifs dans les pays d'Asie du Sud-Est pour accueillir les Ouïghours chinois vivant à l'étranger, régulièrement contactés et mis sous pression par les autorités chinoises pour rentrer, livrer des informations ou renoncer à toute action politique. Les autorités chinoises ont à plusieurs reprises accusé les représentations diplomatiques turques de faciliter leur fuite en fournissant des papiers d'identité aux émigrants. Une fois sur place, ils sont de nouveau pris en charge puis envoyés en Syrie dans les camps d'entraînement du Parti islamique du Turkestan (PITO) ou de groupes rebelles. Ils seraient environ 4000 combattants, sans compter leurs familles, dans les rangs du PIT en Syrie, d'après les estimations officielles israéliennes, syriennes et chinoises, sans préciser toutefois s'il s'agit de Ouïghours venus de Chine ou – plus vraisemblablement – d'Asie centrale, d'Afghanistan et de Turquie. Dès 2012, le PITO luttait aux côtés de la branche syrienne d'Al-Qaïda, le Front al-Nosra, avec qui il contrôlait encore d'importants territoires dans la province d'Idlib, en Syrie. L'assassinat d'un otage chinois sur le territoire de l'État islamique en novembre 2015, la publication en février 2017, par Daech, d'une vidéo violente mettant en scène des combattants ouïghours menaçant de « faire couler des rivières de sang » en Chine et la revendication, en juin 2017, de l'assassinat de deux otages chinois enlevés dans les environs de Qetta au Baloutchistan sont quelques signes de la radicalisation et de l'internationalisation du problème ouïghour. D'après Ji Zhiye, président du think tank China Institutes of Contemporary International Relations (CICIR), « le nombre de djihadistes capturés entrant aux frontières chinoises en 2017 était plus de dix fois supérieur à celui de l'année précédente[84] ». Aucune donnée n'est toutefois disponible pour analyser et mettre en perspective ce chiffre. Le contrôle des frontières chinoises au Xinjiang étant dissuasif, les intérêts économiques chinois à l'étranger créent des vulnérabilités, par exemple en août 2016, un attentat suicide à la voiture contre l'ambassade de Chine à Bichkek (Kirghizistan) faisant 3 blessés.

Le conflit cosmique

« Il faut limiter l'expansion de la puissance militaire des États confucéens et islamiques, stopper la réduction de la capacité militaire de l'Occident », telle est l'analyse que fait Huntington de l'ensemble islamo-bouddhique dans *Le Choc des civilisations*[85], livre salué comme la nouvelle pensée stratégique de l'après-guerre froide.

Selon Robert C. Fuller[86], professeur à l'Université Bradley (Illinois), les chrétiens fondamentalistes voient l'Antéchrist un peu partout : dans le monde musulman, le féminisme, l'homosexualité, la musique rock et l'humanisme laïque, la Communauté économique européenne ou l'introduction de codes-barres sur des produits universels. Cette obsession de l'Antéchrist avait par le passé justifié des chasses aux sorcières en Nouvelle-Angleterre, des attaques contre les catholiques dans les années 1800, des accusations contre les juifs dans les années 1900, enfin lors des raids Palmer, procureur général des États-Unis, de novembre 1919 à janvier 1920, contre les radicaux et particulièrement les anarchistes issus de l'immigration. Aujourd'hui, les théories du complot se focalisent sur un agenda homosexuel secret.

Le sionisme chrétien peut facilement verser dans le fanatisme religieux contre des musulmans comme dans le magazine *Midnight Call* (la voix prophétique pour la fin des temps). Les envois promotionnels du magazine incluent des suppléments comme « le retour prophétique en Israël », « l'islam, Israël et les États-Unis » et « la vérité cachée sur le Moyen-Orient ». Le livre *Saddam's Mystery Babylon*[87] prétend révéler l'agenda caché de l'entité dénoncée dans la Bible. Les attaques les plus virulentes sont déployées contre tout effort de paix globale, notamment ceux de l'Union européenne, et les Nations unies sont considérées comme faisant partie du plan de l'Antéchrist pour un gouvernement mondial. Il ne faut pas oublier le discours d'intolérance à l'encontre d'autres pratiques du culte : « Vous dites que vous êtes censés être corrects avec les épiscopaliens et les presbytériens et les méthodistes, etc. Je n'ai pas à être conciliant avec l'esprit de l'Antéchrist. Je peux aimer les gens qui ont de fausses opinions mais je n'ai pas à être conciliant avec eux » (Pat Robertson dans son talk-show *The 700 Club*, 14 janvier 1991). Le débat le plus cocasse est celui qui oppose, aux États-Unis, les Black Hebrews – qui lisent l'Ancien Testament comme la preuve que les premiers juifs étaient noirs et qu'ils en sont les descendants, mettant en parallèle l'esclavage, l'exode subi suivi de la délivrance – et les Black Muslims qui estiment que les juifs ont été impliqués dans le commerce des esclaves et sont des suceurs de sang.

De la « juste violence » au terrorisme sacrificiel

Dans le bouddhisme existe une longue tradition de mort auto-infligée comme forme d'ascèse ou de protestation. L'immolation des moines vietnamiens par le feu durant la guerre du Vietnam en juin 1963 avec Tich Quang Duc, en signe de protestation contre le traitement infligé aux bouddhistes (par le président chrétien Ngo Dinh Diem) se poursuivit à un rythme soutenu (parfois 13 dans la même semaine). Idem au Tibet, où au moins 152 moines, nonnes et laïcs tibétains se sont immolés au Sichuan chinois, selon l'association International Campaign for Tibet (ICT) ; 121 sont morts. Mais on est là dans le cas du sacrifice pour la cause, pas contre l'Autre. Les véritables nouveautés viennent d'abord de la prolifération de la technique de l'attentat suicide : plus de la moitié de ceux-ci, organisés entre 1981 et septembre 2003, l'ont été par des organisations laïques (la principale étant celle des Tigres tamouls[88]). Mais la technique est passée chez les religieux, associée à la garantie du paradis dont les djihadistes se sont fait une spécialité. Le nombre de femmes prêtes au sacrifice, par exemple en Tchétchénie avec les « veuves noires », va croissant. Les attentats en famille sont un nouveau bras armé de Daech au niveau local. Le 13 mai 2005, en Indonésie, une mère accompagnée de ses deux filles, âgées de neuf et douze ans, fait exploser sa bombe dans une église ; simultanément ses deux fils font de même à l'église Sainte-Marie ; enfin son époux, Dita Oepriarto, soupçonné d'être le chef de la cellule locale de la Jeremaah Ansharut Daulah (JAD), qui a prêté allégeance à Daech, attaque l'Église pentecôtiste. Le lendemain 14 mai, c'est une famille de 5 personnes sur deux motos qui fait exploser le commissariat de Surabaya. Ces parents croient en une récompense divine et que leur famille sera réunie dans l'au-delà. Un père qui commet un attentat suicide seul laisse derrière lui sa femme et ses enfants stigmatisés à vie comme « famille de terroriste ». De même, les femmes devenues mères semblent préférer impliquer leurs enfants dans la même idéologie. Ainsi, ces familles choisissent de faire leur *amaliyah* avec la supposée garantie de se retrouver ensemble outre-tombe.

Le militarisme messianique : néo-évangéliques, bouddhistes et juifs radicaux

Matthew Rothschild, rédacteur en chef du magazine *The Progressive*, a qualifié l'administration Bush de « militarisme messianique », faisant écho à l'histoire de l'apocalyptique diabolisation de l'anticommunisme qui a dominé la culture américaine du XXe siècle. Lorsque Ronald Reagan qualifie l'Union soviétique d'« empire du Mal » au début des années 1980, ses actions étaient celles de la droite chrétienne alliée aux Faucons, ex-libéraux devenus néo-conservateurs. Après l'effondrement du communisme en Europe, les États-Unis ont recentré leur légitimité de défenseurs de la civilisation mondiale contre les païens et les barbares des « États voyous ». Kees van der Pijl, professeur de l'université du Sussex, explique dans ses différents ouvrages la mutation stratégique post-guerre froide : « Aujourd'hui, l'idéologie missionnaire construite autour de la dichotomie civilisation/barbarie doit satisfaire les goûts d'un public occidental […] parce que chaque stratégie hégémonique doit s'appuyer sur les fondations disponibles […] si elle veut être efficace. Par conséquent, dans l'administration Bush, la fin de l'Histoire comme axe de pensée qui fait valoir que pour atteindre la forme définitive en termes de civilisation […] il faut neutraliser les États "embourbés dans l'Histoire" comme des racailles potentielles. » Cette vision dualiste est celle de la plupart des droites chrétiennes et de faucons militaristes dans le mouvement néo-conservateur. Sociologiquement. Spirituellement, la communauté évangélique a une propension à valoriser l'engagement militaire et le maintien de la prépondérance militaire américaine. À l'époque de la guerre froide, l'absence d'équivalence morale entre l'Union soviétique et les États-Unis rendait l'égalité des risques nucléaires intolérable. Depuis, les évangéliques défendent la légitimité du recours à la force lorsqu'un ou plusieurs pays menacent la sécurité internationale ou bafouent les droits de l'homme, valeurs « divines et universelles ». Ils ont condamné les hésitations américaines en Serbie, au Rwanda et au Kosovo (mais toujours rien sur l'Arabie saoudite !). L'universitaire américain Michael Lind[89] a résumé avec humour l'intérêt de cette alliance des néo-conservateurs et des évangéliques : « Dès 2000, par une opération à la Frankenstein, la tête sans corps du néo-conservatisme du Nord-Est avait été cousue sur le corps sans tête du fondamentalisme du Sud[90]. » Les néo-conservateurs manquaient d'un socle électoral et les protestants évangéliques de clés pour accéder à Washington, leur rapprochement leur a permis de se renforcer mutuellement. Bruno Tertrais, expert français des États-Unis, rappelle les traits suivants : « Refus du relativisme culturel au bénéfice de l'intangibilité des valeurs occidentales, respect de la religion et de sa place dans la société américaine, retour aux textes anciens et méfiance à l'égard des Lumières, sentiment d'une mission à accomplir, absence de réticences quant à l'usage de la force et soutien quasi inconditionnel à Israël[91]. » Le soutien à la démocratie n'était pas au départ mobilisateur parmi les protestants évangéliques comme pouvait l'être la défense de la liberté religieuse ou le soutien à Israël. Ces thématiques éminemment néo-conservatrices ont en effet l'avantage d'être en parfaite cohérence avec l'ambition évangélique de moraliser la politique étrangère. Trump s'inscrit ainsi dans la lignée de Ronald Reagan. Il instaure dès son accession au pouvoir le Conseil évangélique. Les évangéliques ne sont pas tous arriérés et ignorants sans instruction, socialement marginaux, ultra-conservateurs, fanatiques. Certains des groupes chrétiens les plus théologiquement conservateurs, qui adoptent des scénarios apocalyptiques, restent aussi impliqués dans le travail pour la paix, la justice sociale, et la justice économique et la plupart votent comme la majorité des citoyens. Certaines Églises ont d'ailleurs dénoncé la prééminence accordée aux néo-évangéliques dans le recrutement de ce Conseil. En mars

2003, 77 % des évangéliques soutenaient la guerre en Irak contre seulement 36 % des protestants afro-américains et 44 % des Américains sans préférence religieuse. Afin de justifier spirituellement ces prises de position bellicistes, les évangéliques s'appuient sur le chapitre 5 du livre des Juges de l'Ancien Testament et les écrits de saint Augustin. L'Ethics & Religious Liberty Commission de la SBC n'a pas hésité à déclarer la guerre en Irak comme « guerre juste » et à la soutenir. Mais elle a été la seule dénomination à prendre officiellement position en faveur de la guerre, démontrant que la communauté évangélique n'est ni homogène ni unifiée, à l'image de Jim Wallis[92], à la tête de la communauté évangélique progressiste Sojourners qui la juge politiquement « illégale, irraisonnable et immorale » et religieusement contraire aux écrits bibliques : « Une nation ne tirera plus l'épée contre une autre » (Es II, 4). De plus, la communauté évangélique reste divisée sur les cas iranien et nord-coréen, entre intervention militaire et action diplomatique.

Quelques déclarations de pasteurs évangéliques[93] du Conseil présidentiel

Michele Bachmann, sénatrice républicaine, n'exclut pas des frappes nucléaires contre l'Iran et reste un ferme soutien d'Israël.

Pat Robertson, télévangéliste, ancien candidat républicain à la présidentielle, affirme sa solidarité totale avec Israël : « Nous ne devrions pas demander (à Israël) de se retirer (des Territoires occupés). Nous devons rester avec eux et lutter »… Il cite le livre de la Genèse, dans lequel Dieu a accordé à Abraham et à ses descendants l'ancien pays de Canaan, maintenant considéré comme l'Israël moderne. Sa campagne vise à recruter 1 million de chrétiens dans 100 000 églises évangéliques pour une prière de masse pour Jérusalem, promouvoir le tourisme chrétien et l'achat de produits israéliens. Les Arabes et les musulmans seraient de possibles agents de l'Antéchrist. Les damnations les plus graves et maléfiques sont réservées aux efforts de paix de l'Union européenne, athéiste et décadente, et aux Nations unies, considérées comme faisant partie du plan de l'Antéchrist pour un « nouvel ordre mondial » et un « gouvernement mondial ».

À la Maison-Blanche, c'est l'administration de George W. Bush qui a été la plus réceptive aux thèses des protestants évangéliques. Bush nomme des évangéliques à de très hauts postes comme le ministre de la Justice, John Ashcroft, pentecôtiste, et s'entoure de conseillers néo-conservateurs (Paul Wolfowitz, Stephen Hadley, Elliott Abrams, Douglas Feith) qui obtiennent toute son attention après le traumatisme du 11-Septembre. Richard Land décrit ainsi leurs relations avec les différentes administrations : « Pendant l'administration Reagan, ils donnaient assez souvent suite à nos appels téléphoniques [...]. Pendant l'administration Clinton, ils ont arrêté d'accepter nos appels téléphoniques. [...] Dans cette administration (Bush fils), ce sont eux qui nous appellent et nous demandent : Que pensez-vous de cela[94] ? », preuve de l'influence et du pouvoir politique qu'a acquis la communauté au cours du demi-siècle passé. Représentant presque 40 % de l'électorat de George W. Bush en 2004, les évangéliques sont puissants électoralement et jouent de trois argumentaires : leur lecture des Écritures offre une référence sociale, politique mais aussi un « guide diplomatique » ; certains de leurs représentants siègent au Congrès (sénateurs Tom DeLay, Bill Frist, Rick Santorum, James Inhofe) ou travaillent dans l'Administration (Michael Gerson, John Ashcroft, Kay

Coles James) ; enfin leur certitude d'être indispensables : « Ce qui confère du pouvoir aux évangéliques aujourd'hui, c'est que les Républicains croient qu'une victoire sans eux est impossible. » Le point de contact privilégié était longtemps l'Office of Public Liaison et sa directrice adjointe, Jennifer Korn. Leur succès diplomatique majeur a été le transfert de l'ambassade américaine à Jérusalem : le pasteur Robert Jeffress qui officie à la First Baptist Church de Dallas, conseiller évangélique de Trump, a mené la campagne « sur la nécessité de reconnaître Jérusalem comme capitale d'Israël », ajoutant que, « de fait, nous n'avons pas eu fort à faire pour convaincre cette administration : c'était une promesse de campagne que le président Trump a été heureux de tenir parce qu'il en est convaincu ». Parmi eux figure notamment le groupe My Faith Votes que préside Mike Huckabee, ancien candidat à la primaire républicaine et père de Sarah Huckabee Sanders, la secrétaire de presse de la Maison-Blanche. Le groupe a incité ses sympathisants à envoyer des messages à la présidence via son site Internet. L'autre groupe évangélique, American Christian Leaders for Israel, a joué dans le même sens. Nouveau « peuple élu » par Dieu, les différents courants évangéliques américains se disent encore chargés d'une mission universelle de conversion et de réforme du monde[95] grâce à d'importants moyens financiers. Ils mènent une lutte radicale contre l'homosexualité, l'homoparentalité, l'avortement, la recherche sur les embryons… La séparation de l'Église et l'État a été instituée dès 1791 à la ratification du Bill of Rights, mais les États-Unis perçoivent la religion et l'affirmation de la foi, quelle qu'elle soit, comme un facteur de liberté et non d'oppression. Alors qu'en France la chose religieuse est en complète déconnexion avec la sphère diplomatique, la diplomatie américaine replace régulièrement ces questions au cœur des débats internationaux. Le mouvement évangélique n'est pas organisé de manière hiérarchique. Les Églises sont indépendantes et aucun organe de direction ne montre la voie commune à suivre. Mais les publications de leurs organisations, les déclarations de leurs leaders et les sondages au sein de leur communauté traduisent les mêmes grandes tendances en matière de politique étrangère qui en font une véritable force sur la scène politique américaine actuelle.

Contradictions et dérapages

L'hétérogénéité de la communauté évangélique américaine, tiraillée entre tendances traditionalistes et d'autres plus modérées, fait apparaître des positions contradictoires. Jerry Falwell et Pat Robertson sont les champions des déclarations-scandales, souvent en termes haineux à l'encontre des protestants non évangéliques, des féministes, des homosexuels, ou des « libéraux ». Jerry Falwell a comparé le sida au « châtiment d'un Dieu juste contre les homosexuels », tandis que le sénateur Jesse Helms demandait que les aides antisida soient réduites, car les homosexuels contractaient cette maladie à cause de leur « conduite délibérée, dégoûtante et révoltante ». L'antisémitisme et l'islamophobie des milieux évangéliques reviennent parfois à la surface. En 2002, les Archives nationales américaines ont rendu public l'enregistrement d'une conversation de 1972 entre le président Nixon et le révérend Billy Graham qui disait regretter l'« étreinte » des juifs sur les médias américains et conseillait de la rompre « ou le pays irait aux égouts ». Cet incident n'a fait qu'accentuer la méfiance de la communauté juive américaine déjà perplexe devant le scénario évangélique de la fin des temps qui prévoit une conversion automatique ou une destruction des juifs. Par ailleurs, la confusion entre islamisme radical et religion musulmane est commune. Franklin Graham, en 2001, traitait l'islam de religion « violente » et Jerry Falwell insistait sur le caractère « terroriste » du Prophète. En 2005, 49 % des protestants évangéliques considéraient que l'islam était une religion plus susceptible qu'une autre d'encourager la violence ; 47 % avaient une opinion défavorable contre 26 % une opinion favorable de l'islam. Ces chiffres étaient respectivement de 36 % et 39 % dans l'ensemble de la population américaine.

Géopolitique imaginaire des « terres promises » : le mytherritoire

Les zones de friction interculturelle sont multiples : l'Ukraine aux marges de l'orthodoxie vue de Moscou ; l'Irlande dans le christianisme ; le Moyen-Orient – ce que Mathieu Guidère appelle « la guerre des islamismes »... Mais les frictions sont aussi interreligieuses : islam des Ouïghours aux marges du confucianisme chinois ; islam du Cachemire aux lisières de l'hindouisme ; sud de la Thaïlande, de la Malaisie et des Philippines au contact du bouddhisme et du christianisme ; Boko Haram au Nigeria, zone sahélienne et Somalie au contact du christianisme africain (Éthiopie et Kenya) ; Rohingyas au Myanmar ; minorités hindouistes et chrétiennes au Sri Lanka contre le radicalisme bouddhiste... Ces radicalismes dans leur triptyque sacré – une foi, un peuple et un territoire – ont une géopolitique rêvée ne tenant aucun compte de l'existant, justifiant des colonisations hindoues au Cachemire, juives en Cisjordanie, bouddhistes au Myanmar... C'est le « mytherritoire[96] ». Le discours théologico-impérialiste se sert beaucoup des comparaisons internationales. La violence centrale provoque des répliques sismiques dans les diasporas avec des prolongements en Occident, en Russie, Asie centrale, etc. Cette logique l'a emporté lors des débordements consécutifs aux frappes israéliennes sur Gaza : en juillet 2014, en France, à Sarcelles, les commerces tenus par des juifs ou des chrétiens d'Orient ont été visés par les émeutiers. Le front des nouvelles guerres de religion semble partout et nulle part à la fois. Plus qu'à une guerre de religion, nous assisterions à une « anarchie confessionnelle », selon l'expression de Mohamed-Ali Adraoui[97]. C'est donc un (ou des) fléau(x) transnational(aux) qu'il faut affronter.

Avec tous les exemples cités ici, on a du mal à adhérer à la thèse de l'instrumentalisation de la religion par le politique, on peut au contraire estimer que ce sont les religions qui ont instrumentalisé le politique. Le propos du rabbin Kahane définit parfaitement les bases idéologiques et géopolitiques : « L'État d'Israël n'est ni oriental ni occidental ; ce n'est pas un "État laïque" ; ce n'est pas une personne qui doit être calquée sur "les nations". C'est un État *juif* unique en son genre. C'est un État dont la personnalité, le caractère, le comportement et la structure doivent être le reflet du judaïsme. » « Mon père a vu un miracle : ces terres ont été désolées pendant deux mille ans, rien n'y poussait jusqu'à ce que les juifs reviennent », thème colonial classique de la Palestine comme « terre sans peuple pour un peuple sans terre ». « À leur retour, la terre a réagi ! Et mon père a trouvé triste qu'aucun chrétien ne leur vienne en aide, alors que ces gens accomplissent la parole divine et qu'on les a tant persécutés. » La « Restauration » est en œuvre : « Les vignes, c'est un premier pas vers le retour du Messie à Jérusalem, une fois le Temple reconstruit », déclare Nate Waller, fervent tenant du sionisme chrétien. « Beaucoup de chrétiens questionnent notre démarche, mais c'est juste un retour à la base. C'est la chrétienté qui a perdu son chemin, pas nous. »

Contrairement au droit international moderne, le droit islamique traditionnel, comme la chrétienté médiévale, est fondé sur l'idée de l'État universel. Les musulmans partagent le monde en deux territoires, le *Dar al-Islam* (demeure de l'islam où s'applique la loi de Dieu) et un autre qui n'est pas soumis à la loi divine et qu'il faudra soumettre, le *Dar al-Harb* (la demeure de la guerre). La doctrine islamique classique dessine une société internationale hiérarchisée et conflictuelle caractérisée par l'inégalité entre nations musulmanes et non musulmanes. La oumma est supérieure aux Autres et la défense de la loi divine justifie le recours à la violence si nécessaire. Le prosélytisme a prééminence sur la paix. Pour Louis Gardet : « La communauté musulmane, sous sa forme idéale, n'est pas, elle, supranationale, mais bien la seule nation qui ait un plein droit à exister sur Terre[98]. » Pour les radicaux, les gouvernements « véritablement » musulmans sont ceux qui à la fois œuvrent pour le renforcement de la foi à l'intérieur de la communauté et repoussent vers l'extérieur les limites du *Dar al-Islam*. L'islam aurait plus que jamais une mission morale à l'échelle de l'univers, la refuser équivaut à en renier les fondements mêmes. Partagées par sunnites et chiites, ces idées ont été développées par un ayatollah chiite irakien, Mohammed Bakr al-Sadr : « Une des implications politiques de l'État islamique (qu'il souhaite) est son comportement sur la scène internationale, celui-ci n'a pas pour principe l'exploitation et le pillage des peuples faibles que pratique la civilisation occidentale, ni l'intérêt réciproque comme le prétend cette même civilisation. Mais la base de ce comportement réside dans la vérité, la justice et l'aide aux opprimés de la Terre entière[99] ». Daech a développé trois conceptions de la violence

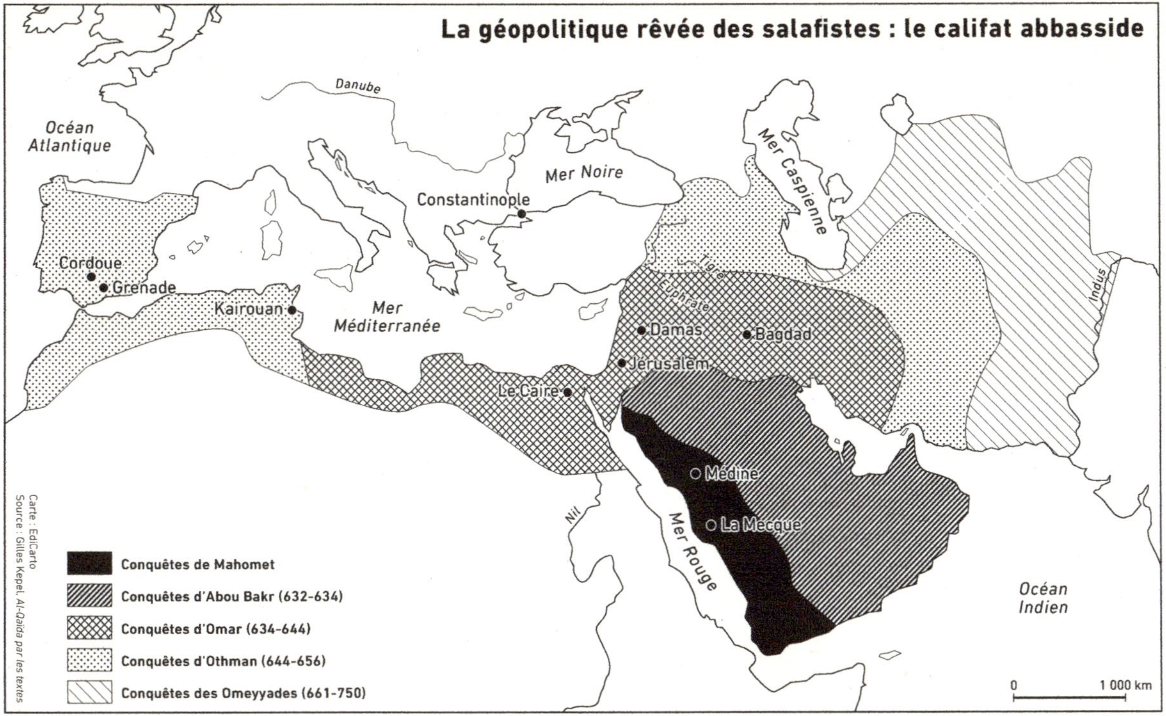
La géopolitique rêvée des salafistes : le califat abbasside
Océan Atlantique
Danube
Mer Noire
Constantinople
Mer Caspienne
Cordoue
Grenade
Kairouan
Mer Méditerranée
Tigre
Euphrate
Indus
Damas
Bagdad
Jérusalem
Le Caire
Nil
Médine
La Mecque
Mer Rouge
Océan Indien
0
1 000 km
Conquêtes de Mahomet
Conquêtes d'Abou Bakr (632-634)
Conquêtes d'Omar (634-644)
Conquêtes d'Othman (644-656)
Conquêtes des Omeyyades (661-750)
Carte : EdiCarto
Source : Gilles Kepel, Al-Qaïda par les textes

collective dans le manuel *Gestion de la barbarie* d'Abou Bakr Naji[100] : l'appel individuel à la résistance mondiale (Abou Moussab al-Souri) ; l'acte terroriste local ; et enfin l'émigration en pays de Cham (Husayn ibn Mahmud). La réalité montre que dans l'attente de la réalisation paradisiaque finale, l'oumma est aujourd'hui plus que n'importe quelle aire religieuse déchirée par une guerre de religion sunnites/chiites.

ERETZ ISRAEL PROMIS PAR LA BIBLE

Comme nous l'avons vu plus haut : « En ce jour-là, l'Éternel fit alliance avec Abraham, et dit : *Je donne ce pays à ta postérité, depuis le fleuve d'Égypte jusqu'au grand fleuve, au fleuve d'Euphrate* » (Gn XV, 18) ; « En ce même temps, Israël sera, lui troisième, uni à l'Égypte et à l'Assyrie / Et ces pays seront l'objet d'une bénédiction. L'Éternel des armées les bénira, en disant : *Bénis soient l'Égypte, mon peuple / Et l'Assyrie, œuvre de mes mains / Et Israël, mon héritage !* » (Es XIX, 24-25.) « Je rendrai ton nom grand [Abraham], et tu seras une source de bénédiction. Je bénirai ceux qui te béniront, et je maudirai ceux qui te maudiront ; et toutes les familles de la Terre seront bénies en toi » (Gn XII, 2-3) ; « Demandez la paix de Jérusalem. Que ceux qui t'aiment jouissent du repos ! » (Ps CXXII, 6.) Cette carte imaginaire (voir page suivante) se retrouve également chez les néo-évangéliques.

La Terre promise selon les radicaux juifs

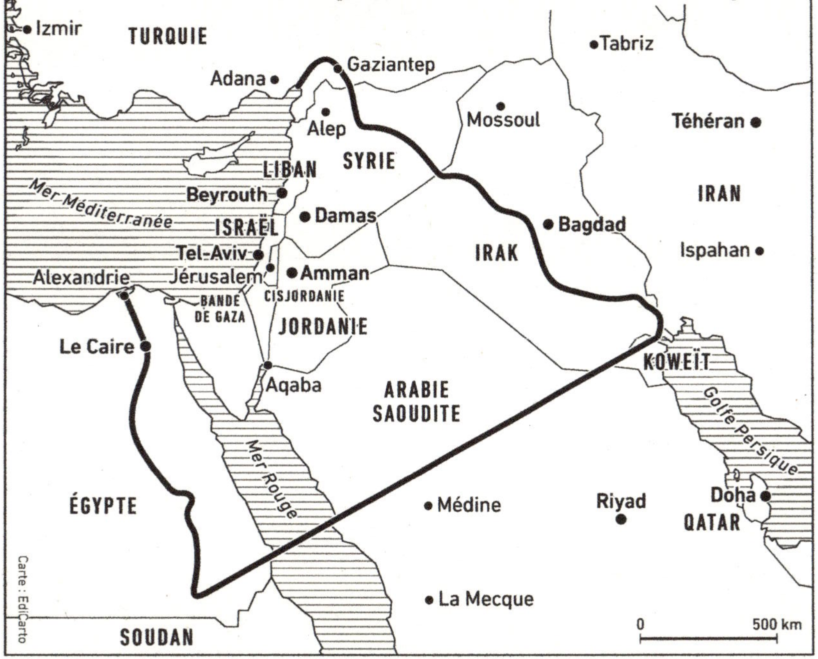

Quelques zones de conflit

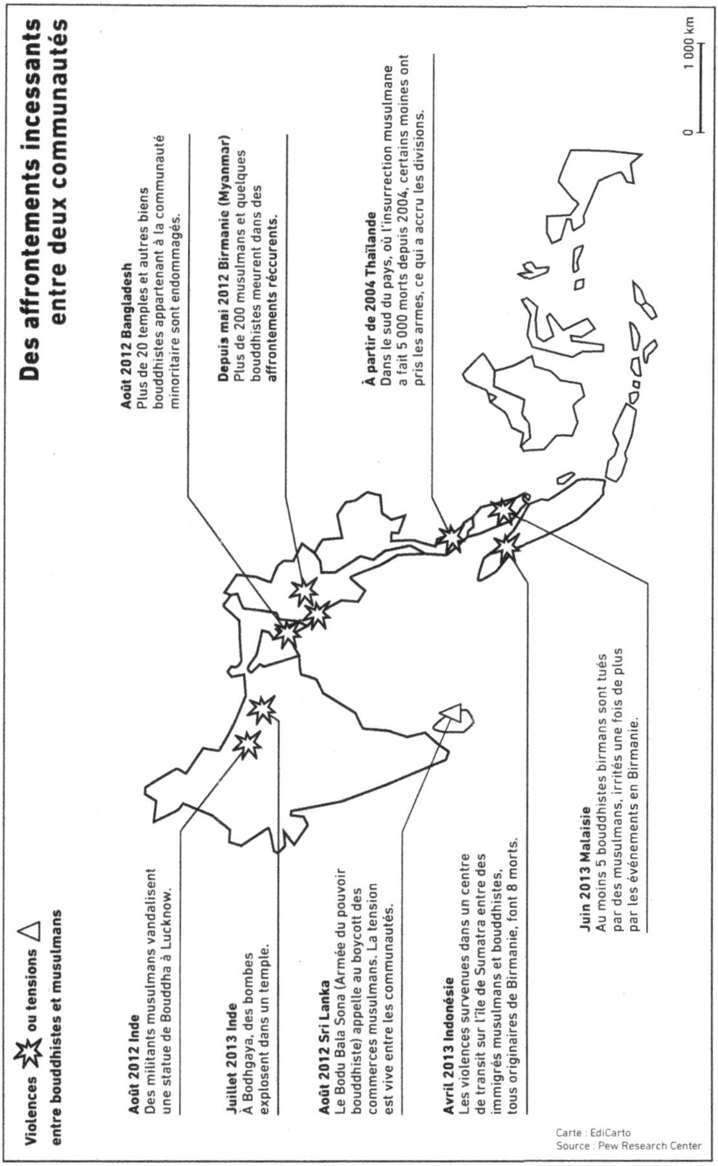

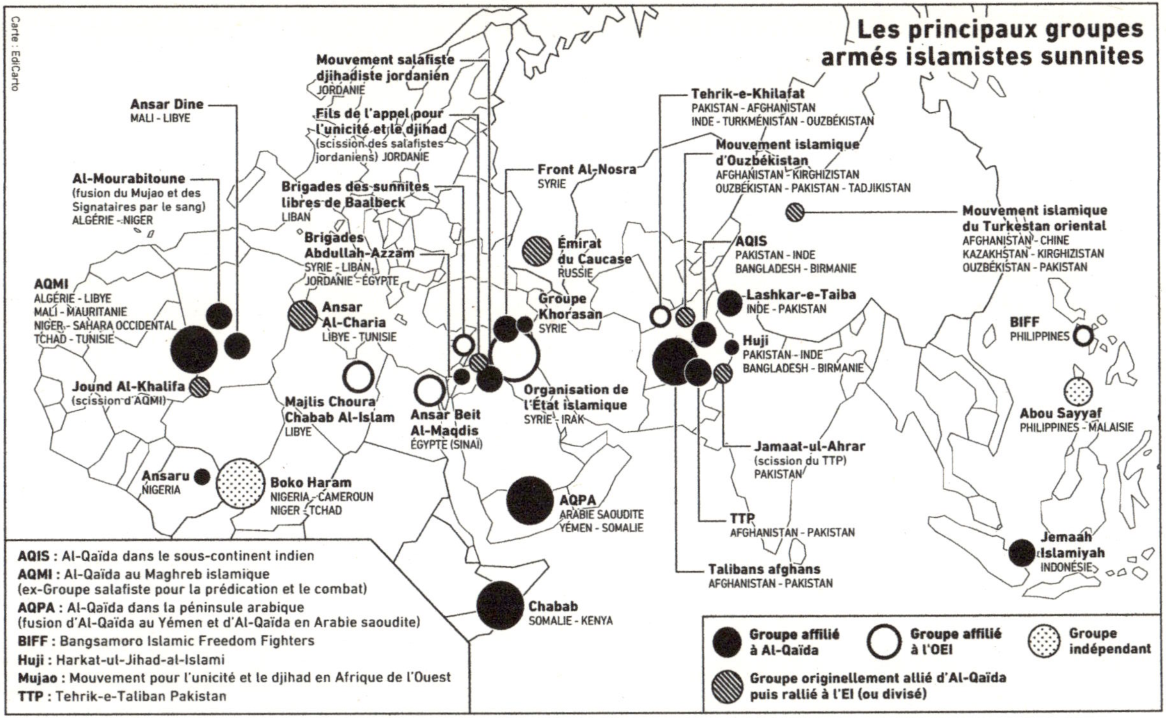
Les principaux groupes armés islamistes sunnites
Carte : EdiCarto
Ansar Dine
MALI - LIBYE
Al-Mourabitoune
(fusion du Mujao et des Signataires par le sang)
ALGÉRIE - NIGER
AQMI
ALGÉRIE - LIBYE
MALI - MAURITANIE
NIGER - SAHARA OCCIDENTAL
TCHAD - TUNISIE
Jound Al-Khalifa
(scission d'AQMI)
Ansaru
NIGERIA
Boko Haram
NIGERIA - CAMEROUN
NIGER - TCHAD
Mouvement salafiste djihadiste jordanien
JORDANIE
Fils de l'appel pour l'unicité et le djihad
(scission des salafistes jordaniens) JORDANIE
Brigades des sunnites libres de Baalbeck
LIBAN
Brigades Abdullah-Azzam
SYRIE - LIBAN
JORDANIE - ÉGYPTE
Ansar Al-Charia
LIBYE - TUNISIE
Majlis Choura Chabab Al-Islam
LIBYE
Ansar Beit Al-Maqdis
ÉGYPTE (SINAÏ)
Front Al-Nosra
SYRIE
Émirat du Caucase
RUSSIE
Groupe Khorasan
SYRIE
Organisation de l'État islamique
SYRIE - IRAK
AQPA
ARABIE SAOUDITE
YÉMEN - SOMALIE
Chabab
SOMALIE - KENYA
Tehrik-e-Khilafat
PAKISTAN - AFGHANISTAN
INDE - TURKMÉNISTAN - OUZBÉKISTAN
Mouvement islamique d'Ouzbékistan
AFGHANISTAN - KIRGHIZISTAN
OUZBÉKISTAN - PAKISTAN - TADJIKISTAN
Mouvement islamique du Turkestan oriental
AFGHANISTAN - CHINE
KAZAKHSTAN - KIRGHIZISTAN
OUZBÉKISTAN - PAKISTAN
AQIS
PAKISTAN - INDE
BANGLADESH - BIRMANIE
Lashkar-e-Taiba
INDE - PAKISTAN
Huji
PAKISTAN - INDE
BANGLADESH - BIRMANIE
Jamaat-ul-Ahrar
(scission du TTP)
PAKISTAN
TTP
AFGHANISTAN - PAKISTAN
Talibans afghans
AFGHANISTAN - PAKISTAN
BIFF
PHILIPPINES
Abou Sayyaf
PHILIPPINES - MALAISIE
Jemaah Islamiyah
INDONÉSIE
AQIS : Al-Qaïda dans le sous-continent indien
AQMI : Al-Qaïda au Maghreb islamique
(ex-Groupe salafiste pour la prédication et le combat)
AQPA : Al-Qaïda dans la péninsule arabique
(fusion d'Al-Qaïda au Yémen et d'Al-Qaïda en Arabie saoudite)
BIFF : Bangsamoro Islamic Freedom Fighters
Huji : Harkat-ul-Jihad-al-Islami
Mujao : Mouvement pour l'unicité et le djihad en Afrique de l'Ouest
TTP : Tehrik-e-Taliban Pakistan
Groupe affilié à Al-Qaïda
Groupe affilié à l'OEI
Groupe indépendant
Groupe originellement allié d'Al-Qaïda puis rallié à l'EI (ou divisé)

Le rejet de l'ordre international[101] : ONU, ONG, UNESCO, HCR

Les protestants évangéliques américains croient en la destinée particulière de leur pays et en son exceptionnalisme, comme d'ailleurs les Saoudiens pour le leur. « L'Amérique a été bénie par Dieu », affirme simplement Richard Land, président du Southern Evangelical Seminary, en Caroline du Nord. Mais cette « bénédiction » crée des responsabilités à l'égard du monde au-delà de ses propres intérêts en défendant des valeurs et des droits proclamés universels : « Il relève de nos obligations en tant que citoyens chrétiens de faire ce qui est en notre pouvoir pour s'assurer que notre gouvernement ne soit pas seulement le gouvernement d'une nation avec des intérêts, bien que nous soyons une nation et que nous ayons des intérêts, mais que nous défendions aussi une cause et cette cause est la liberté. » De l'exceptionnalisme le chemin est court vers l'unilatéralisme, surtout s'il est mandaté par Dieu. Beaucoup des protestants évangéliques considèrent que les États-Unis ne devraient pas être bridés par un système multilatéral dont les organisations ont souvent mauvaise presse, jugées corrompues et immorales. Certains tirent argument des prophéties sur la fin des temps contre le « rassemblement » : « Quand les mille ans seront accomplis, Satan sera relâché de sa prison. Et il sortira pour séduire les nations qui sont aux quatre coins de la terre, Gog et Magog, afin de les rassembler pour la guerre ; leur nombre est comme le sable de la mer » (Ap XX, 7-8).

Malgré les résolutions du Conseil de sécurité de l'ONU découlant de la quatrième convention de Genève, dont l'article 49-6 interdit à la puissance occupante

« de déporter ou de transférer une partie de sa population civile dans les territoires qu'elle occupe », l'État juif soutient que ce texte ne s'applique pas à la Cisjordanie dans la mesure où aucune souveraineté n'y était reconnue par la communauté internationale avant la guerre des Six-Jours et moins encore à Jérusalem-Est annexée unilatéralement. La colonisation se poursuit donc : en 2016 les colons sont 385 900 dans 130 implantations de Cisjordanie, aux côtés de 2,6 millions de Palestiniens. Plus de 200 000 Israéliens vivent aussi à Jérusalem-Est annexée, face à 300 000 Palestiniens. Le mitage de la Cisjordanie plus la construction du mur rendent aujourd'hui impossible la création d'un État palestinien.

L'Union des moines patriotes est à l'origine d'une série de manifestations organisées à Rangoon contre la mission d'observation sur la situation des Rohingyas dans l'État d'Arakan, confiée à Kofi Annan, ancien secrétaire général de l'ONU. « Nous ne voulons pas de Kofi Annan, ce fils de p... Bouddha a dit que nous devions protéger notre pays. Je pense que c'est de la responsabilité des moines de défendre l'identité nationale », proclame U Thu Seikkta, personnage central de la « terreur bouddhiste ». L'accord de réinstallation des Rohingyas au Myanmar conclu sous l'égide de l'ONU est limité par Rangoon à ceux pouvant prouver qu'ils étaient résidents avant la grande vague de massacres de 2017, alors qu'ils n'avaient droit à aucun papier officiel. La réinstallation se ferait alors dans des zones différentes de leur habitat d'origine. En 2016, le groupe a aussi organisé le rachat puis la libération de centaines de moutons destinés aux sacrifices pour l'Aïd el-Kébir. À Meiktila[102], ville de 900 000 habitants, l'importante communauté musulmane non rohingya a été en 2013 la cible d'une flambée de violence et 2 000 musulmans ont trouvé refuge au stade de football. Aujourd'hui, la jungle a envahi la mosquée centenaire, le cimetière a été rasé pour y construire un centre d'affaires, vide depuis. Seules trois mosquées subsistent sur la vingtaine que comptait la ville. Des « cartes vertes » ont récemment été distribuées aux musulmans de Meiktila en remplacement de leurs papiers d'identité détruits lors des émeutes. Devenus citoyens associés, ils sont privés de nombreux droits, comme celui d'aller à l'université, de monter une entreprise ou encore de se présenter à des élections.

Conclusion

« En ce jour du 22 août 2019, nous réaffirmons notre soutien indéfectible aux victimes des violences fondées sur la religion et les convictions, et manifestons ce soutien en faisant tout ce qui est en notre pouvoir pour prévenir de telles attaques et en exigeant que les responsables soient amenés à répondre de leurs actes », déclare António Guterres, secrétaire général de l'ONU. Tardive et bien impuissante prise de conscience onusienne !

Max Weber puis Marcel Gauchet ont parlé de « désenchantement du monde » pour désigner le processus de recul des croyances. Ils semblent s'être trompés, mais peut-on compter sur les financiers qui dirigent le monde pour le réenchanter ? On assiste à un fait social total défini par ce que le sociologue Marcel Mauss appelle « les faits sociaux totaux [...] [qui] mettent en branle dans certains cas la totalité de la société et ses institutions ». L'actuel fait radical est planétaire et procède de la reconstruction d'un modèle nouveau avec d'autres solidarités répressives et rigoristes. Constater que la sémantique confessionnelle[1] a imprégné toutes les analyses et tous les discours politiques dans les crises et dans les débats des sociétés démocratiques démontre que les analyses ont longtemps négligé la dimension religieuse violente de la nouvelle géopolitique. « La géopolitique devient inopérante quand elle néglige les invariances religieuses », constatait Jean-François Colosimo, éditeur spécialiste des religions. Cet essai tente de démontrer que c'est la religion sous sa forme la plus radicale qui aujourd'hui instrumentalise le politique et pas le contraire, qu'elle légitime théologiquement la violence et détermine la géographie de la majorité des crises violentes depuis la fin de la guerre froide : Balkans, Irlande, Chypre, Israël/Palestine, guerre Iran/Irak, guerres sunnites/chiites ; catholiques/protestants au Rwanda et en Irlande, Soudan, etc. La religion est plus qu'un facteur parmi d'autres, plus qu'un « vernis » ou un « masque », comme le constate Jean-François Bayart sur les religions en Afrique[2]. Le radicalisme religieux ferme le champ politique puisqu'il prétend être dépositaire d'une légitimité divine supérieure à toute loi humaine. Comme disait l'évangélique sioniste Franklin Hamlin Littell, ministre méthodiste et spécialiste de l'Holocauste, fondateur des Christians Concerned for Israel : « Pour la sécurité d'Israël, il est besoin d'une alliance inconditionnelle qui ne soit pas fondée sur des motifs politiques, mais sur des bases religieuses[3]. »

La similitude des processus d'émergence de ces radicalismes est troublante, car un certain nombre de principes théologico-politiques les rassemblent : d'abord des reconstructions mythologiques identiques appuyées sur une mythification du passé et un passé victimaire réécrit, une « mytho-histoire », le tout appliqué sur un « mytherritoire » béni par Dieu ou par le passé reconstruit. La lecture littérale du ou des textes sacrés permet de valoriser un temps béni des origines dont les règles de vie doivent être répétées. Dieu doit gouverner les choses et les hommes selon les textes sacrés. L'objectif final est l'instauration d'un régime théocratique comme le califat par l'État islamique, d'un gouvernement du savant religieux au-dessus ou à côté du prince d'une tête religieuse qui dit le bien, sorte de *Velayat-e faqih* iranien, le rétablissement d'un Sanhédrin voulu par les juifs intégristes ou le Conseil religieux de pasteurs évangéliques auprès de Donald Trump.

Il n'y a pas de radicalisme premier qui aurait fait naître les autres. Le renouveau intellectuel de contestation des progrès scientifiques, du darwinisme et de la colonisation chrétienne les a fait apparaître de façon très concomitante dans la seconde moitié du XIXe et au début du XXe siècle. L'islam radical est la forme la plus perceptible en Occident, ailleurs ce sont les radicalismes juif, bouddhiste ou hindouiste qui massacrent. On ne peut pas lutter contre un radicalisme par un autre. En 1991, avec une prémonition certaine, l'islamologue Gilles Kepel publiait *La Revanche de Dieu : chrétiens, juifs et musulmans à la reconquête du monde*[4]. Il démontrait comment, depuis la fin des années 1980, le paradigme religieux a fait irruption dans les décombres de la guerre froide qui lui avait laissé le champ libre. Des mouvements chrétiens, juifs et musulmans émergeaient dans l'espace social et politique, profitant du désarroi général consécutif à l'effondrement des utopies séculières. Tous ces fondamentalismes portent des projets de reconstruction du monde qui puisent dans les textes sacrés et veulent imposer les règles de la société de demain. Leurs militants sont jeunes, éduqués, pas seulement issus des classes défavorisées, modernes, et veulent peser dans la société soit « par le haut » en tentant de s'emparer du pouvoir, soit « par le bas » en étendant sans cesse l'emprise de réseaux communautaires. Tous combattent violemment l'esprit des Lumières, l'universalisme et la laïcité, l'égalité de la femme et la libération des mœurs, même si chaque doctrine religieuse a sa marque propre qui aggrave les conflits avec les autres confessions et fait fleurir un radicalisme violent. Olivier Roy, spécialiste du monde persan, limitait le constat à la « fin de l'islam politique » en se focalisant sur le rapport Occident/monde musulman. La nouveauté aujourd'hui est l'émergence violente des radicalismes hindouiste et bouddhiste qui démontrent que ce qu'on croyait être une spécificité des religions abrahamiques est insuffisant. Les idéologies radicales religieuses offrent un « totalitarisme religieux en kit » qui a pris la suite des défunts nazisme et marxisme. C'est une dimension singulière et déterminante dans la cristallisation de la violence et la fabrication de l'ennemi générant tout un répertoire de comportements, de significations et d'émotions, réinstallant l'eschatologie dans l'Histoire, multipliant les fractures en situation multicommunautaire et rejetant toute égalité entre les hommes. Elles peuvent servir à délimiter des ghettos et des zones frontières associées à des mesures de défense contre les dangers de « contamination ». Les fondamentalismes, comme retour à la pureté de la lettre du texte sacré et aux commencements mythologiques, réécrivent l'Histoire et les radicaux légitiment la violence pour recouvrer une dette, venger une violence passée, empêcher le « grand remplacement », réparer la perte d'un territoire ou rejeter l'action modératrice, qu'elle soit individuelle ou internationale. La « pureté ethnico-religieuse » est imposée par la force par crainte de damnation.

Le facteur religieux était vu par les analystes américains comme un facteur « normal » des relations internationales, soutenant même les formes religieuses les plus intolérantes comme le wahhabisme, alors que les stratèges européens le considéraient comme presque négligeable[5]. Les séquelles de ces deux extrêmes sont encore perceptibles aujourd'hui. Penser comme l'historien et économiste Georges Corm que l'approche par le radicalisme religieux est réductrice de la géopolitique et ne servirait qu'à légitimer la thèse du « choc des civilisations » laisse de côté les radicalismes évangéliques et juifs devenus facteurs de déstabilisation et de blocage dans les relations internationales. Écarter l'hypothèse religieuse dans les guerres sunnites/chiites au Pakistan, en Afghanistan, Irak, Syrie, au Yémen, à Bahreïn, au Liban et même au Nigeria paraît difficile. Corm marque sa différence avec le philosophe et historien Leo Strauss en écrivant : « L'instrumentalisation du fait religieux renoue avec la vraie matrice des totalitarismes modernes à savoir les guerres de religion en Europe. » C'est une démarche de politologie classique, une approche des situations de guerre par une analyse multifactorielle. Personne ne donne une causalité unique aux conflits mais la résurgence du religieux les teinte très différemment. Il faut repenser le rôle de la religion dans les relations internationales, comme le constatait Hubert Védrine dans sa préface à *Dr. Saoud et Mr. Djihad*[6]. Durant la guerre froide, les religions étaient seulement regardées comme un barrage contre le communisme. La liberté de conscience était la thématique affichée du « monde libre », fermant les yeux sur les alliés très intolérants religieusement. Aujourd'hui, cette thématique est dépassée avec la radicalisation croissante dans nombre d'aires religieuses et la question devient celle de la liberté de conversion et de la liberté des athées, et non plus de la seule liberté religieuse. La géopolitique n'est pas réductible aux conflits religieux, certes, mais le mépris marqué à l'égard de la dimension religieuse est un héritage des sciences sociales de la première moitié du XXe siècle.

Il faut constater l'extraordinaire croissance des diplomaties religieuses et de leur impact international : l'Arabie saoudite menait une diplomatie religieuse salafiste depuis sa naissance en 1932, qui mènera aux attentats du 11 septembre, pourtant très peu d'études ont été menées sur le sujet[7]; la révolution iranienne marque la prise de pouvoir des chiites dans l'islam révolutionnaire et le traumatisme sera particulièrement fort dans les pays sunnites qui soutiendront le socialiste laïque Saddam Hussein dans sa guerre contre Téhéran; par contre, Fathi Shaqaqi, membre des Frères musulmans, qui dans son livre *Khomeiny : la solution islamique et l'alternative* (Le Caire, 1979) y voyait la synthèse entre nationalisme et islam, en faisant les bases du « djihad islamique », sera exclu de la Confrérie, son livre étant lu comme une valorisation du chiisme; au Pakistan, les attentats interreligieux sont quotidiens avec des répliques surprenantes ailleurs : en juin 2012, une mosquée chiite à Anderlecht (Belgique) est victime d'un attentat perpétré par un sunnite qui déclarait vouloir venger le peuple (sunnite) syrien contre les agressions du régime alaouite de Bachar el-Assad. Quant à Trump, après George W. Bush et Ronald Reagan, il symbolise la puissance croissante du lobby évangélique aux États-Unis avec l'odieux Muslim Ban. Enfin, la critique du radicalisme juif est d'abord venue des intellectuels israéliens qui avaient soutenu l'idée d'un pays laïque, plus que des penseurs occidentaux systématiquement accusés d'antisémitisme caché dès que s'esquisse l'ombre d'une remarque sur l'action du gouvernement Netanyahou. On commence à voir naître des critiques des intellectuels musulmans sur les dérives de l'islam radical alors que des « compagnons de route occidentaux » sont terrifiés à l'idée d'être accusés d'islamophobie ou pire d'essentialisme[8]. Il n'est que de se remémorer le ridicule procès fait à Kamel Daoud par un certain nombre de penseurs trop heureux de polémiquer avec un de ces courageux intellectuels écrivains algériens (comme

Rachid Boudjedra ou Boualem Sansal). Kamel Daoud reste un penseur laïque minoritaire dans son pays, en lutte quotidienne contre un radicalisme qui a fait 90 à 100 000 morts (« parfois violent », dit le texte de ses contradicteurs !). On a connu des cas de veulerie intellectuelle comme celui-ci à l'époque du maoïsme, expliquant le bonheur des Chinois sous la révolution culturelle avec Maria Antonietta Macciocchi et Sollers ou le même procès en infamie fait à Gide après son *Retour de l'URSS*[9].

Au regard de l'impact politique des divers radicalismes, il faut cesser de traiter les religions sous l'angle de la liberté de conscience. Les poussées radicales sont parvenues à déplacer la limite du « dicible » sur le droit des femmes, l'exclusion, la conversion, le blasphème, la laïcité et la tolérance et demain les LGBT. Il faut donc réexaminer notre outillage intellectuel et analyser les postures religieuses en termes politiques. Les mêmes discours d'exclusion tenus par des néo-nazis ou des extrémistes suprémacistes seraient immédiatement condamnés, pourquoi faut-il les tolérer quand ils sont tenus par des religieux radicaux ? Le Pew Research Center[10] dans son rapport de 2014 sur les violences envers les croyants dans le monde couvre plus de 99,5 % de la population mondiale. Mais dès qu'on entre dans le détail, les a priori idéologiques américains apparaissent. Trois pays sur dix se situent à un niveau haut ou très haut, et peu de nations sont totalement blanchies. Les États-Unis sont évidemment dans le groupe d'élite en dépit de leur « messianisme armé ». Le classement recouvre les visions américaines sur la menace sans tenir compte de la nature réelle des contraintes religieuses : l'Arabie saoudite qui interdit toute autre religion sur son territoire mène donc très peu de persécutions contre les autres religions (paradoxe des approches !) et devrait bien évidemment arriver en tête du classement, ce qui n'est pas le cas. D'autre part, chaque observateur se place au centre des persécutions. Ainsi les musulmans sont les plus oppresseurs contre les minorités quand ils gouvernent et les plus vindicatifs quand ils sont minoritaires. Les néo-évangéliques (et derrière eux l'Amérique) sont les plus donneurs de leçon sur la tolérance tout en justifiant par là même l'usage de la violence d'État contre les Autres ou en validant le Muslim Ban. Les radicaux juifs, y compris les communautés sépharades qui n'ont pas été touchées par la Shoah, sont les plus « victimistes » pour justifier l'oppression des Palestiniens.

« Le XXIe siècle sera religieux », aurait dit Malraux, et la *vox populi* y ajoute « ou ne sera pas », ce qui ne veut strictement rien dire. En réalité, Malraux a déclaré dans *L'Express*, en mai 1955[11] : « Je pense que la tâche du prochain siècle [...] va être d'y réintégrer les dieux. » Il est vrai que l'Occident européen, ivre de sa domination du monde, voyait l'avenir de l'humanité comme le sien : le recul du religieux, les progrès de la démocratie libérale, l'adhésion au « progrès » scientifique, technique et rationaliste. Huntington disait que l'OTAN ou l'Union européenne devaient se limiter à la « chrétienté occidentale » en laissant à la Russie la « responsabilité de l'ordre » pour la Roumanie, la Bulgarie ou Chypre, théorisant de manière simpliste une vision religieuse du monde.

Guerre de religion et guerres des religions ? Il ne s'agit pas de « nationalismes religieux » mais bien de nouvelles identités religieuses supranationales dépassant les frontières dont se prévalent les radicaux de tout poil. Le « confessionnalisme » est devenu un critère d'analyse politique même dans les démocraties où les citoyens peuvent se définir par une double appartenance : français musulmans, judéo-américains... Aujourd'hui les religions et, bien plus, les radicalisations religieuses constituent un des principaux moteurs de conflits, étendant leurs tentacules au travers des diasporas. L'Europe a eu beaucoup de mal à gérer le conflit yougoslave où, malgré cinquante années de titisme, se sont massacrés des Slaves divisés en orthodoxes, catholiques et musulmans. La multiplicité des radicalisations religieuses oblige à ne pas se limiter à l'étude du salafisme musulman et à relativiser des explications insistant d'abord sur les processus propres à l'islam (radicalisation de l'islam ou islamisation de la radicalité ?), puis sur les facteurs sociologiques du recrutement, car on manque d'analyses sociologiques du radicalisme bouddhiste ou hindouiste qui semblent plutôt être des phénomènes de classe moyenne ou avec des analyses insistant sur le processus de modernité spécifique du monde arabo-musulman (Burgat). Ces affirmations radicales sont d'abord des conséquences de la globalisation et des replis identitaires qu'elle génère. En ce sens, ceux-ci ont fait naître des acteurs de la modernité qui ne prennent pas la trajectoire qu'on aurait souhaitée. Les radicalismes religieux les plus puissants (évangéliques, juifs, hindouistes) sont souvent écartés de l'analyse parce que, nés dans des démocraties, ils mobilisent des moyens de violence étatique comme si cela suffisait à en faire des objets d'étude différents. La « guerre globale contre le terrorisme » a puissamment déstabilisé les termes de la géopolitique mondiale en accusant une violence « illégitime » à laquelle une violence d'État – donc légitime – doit répliquer.

Les femmes sont partout particulièrement corsetées par des règles multiples en tant que génitrices et partenaires soumises. Leur nouvelle oppression religieuse est même présentée comme une « libération ». Les enfants doivent faire l'objet d'un enseignement spécifique exclusivement religieux et limité au texte fondateur. La religion comme règle holistique de vie apporterait réponse à tout en s'opposant aux progrès scientifiques. L'enseignement du « créationnisme » contre le darwinisme, qui avait ébranlé tous les principes religieux au XIXe siècle, s'est imposé dans certaines écoles américaines comme dans des écoles turques, des madrasas saoudiennes ou pakistanaises sous prétexte de développement de l'esprit critique.

La construction de l'ennemi de la religion dessine une hiérarchie identique à tous les radicalismes : le laïc est une vermine, l'hérétique, c'est-à-dire celui qui ne pratique pas le bon rituel ou le bon culte, bénéficie du riche vocabulaire du dénigrement avant massacre : *takfiri*, *mosser*, *goïm*, *rodef*, *murtad*, *rafida*, *papistes*... et devient la cible seconde. Enfin viennent les hypocrites, c'est-à-dire les mauvais pratiquants : les victimes du terrorisme salafiste sont aujourd'hui à 90 % musulmanes. Après viennent les Autres, les polythéistes en tête (yézidis...). Le terrorisme international est médiatiquement et cruellement puissant, et militairement inefficace.

La foi comme obéissance aveugle à la volonté divine sanctifie la contrainte, voire la violence contre l'Autre. Les contraintes sont légales (interdiction diverses frappant les Palestiniens en Israël ; limitation des naissances au Myanmar ; interdiction de mariages mixtes en Inde ou au Myanmar ; apatridie ; intolérance absolue en Arabie saoudite) ou violentes (lynchage ; pogroms). La guerre est toujours « juste », qu'elle s'appelle croisade, djihad, ou violence défensive et vengeresse. Aucun radicalisme ne l'exclut, pas plus le bouddhisme que l'« hindouisme non violent » du pays de Gandhi[12]. Les violences extrêmes sont alors le terrorisme en tant qu'acte individuel du faible au fort pour massacrer aveuglément puisque la seule faute est religieuse ; les pogroms comme acte collectif ; l'épuration ethnique géographique et enfin le génocide comme politique ultime. Le drame des

Rohingyas est un exemple parfait : rendus apatrides par la loi sur la citoyenneté de 1982, les massacres perpétrés depuis 2012 auraient fait environ 10 000 morts mais surtout généré près d'un million de réfugiés pour l'essentiel vers le Bangladesh, un des pays les plus pauvres de la planète. L'instrument de leur résistance armée, l'ARSA (Armée du salut des Rohingyas), née en 2016, quatre ans après les premiers massacres, et composée de cadres formés au Pakistan et en Arabie, est bien évidemment qualifié de « terroriste » par Rangoon. Exactement comme les mouvements de résistance palestiniens par la sémantique israélienne et américaine. Le qualificatif de « terrorisme » suffit à délégitimer une lutte sans issue politique après soixante-dix ans d'exil et d'humiliation. Les quelque 200 à 300 000 Rohingyas restant sur le territoire birman contre près d'un million de réfugiés au Bangladesh suffisent à montrer que « le problème est réglé ». La destruction des lieux de la mémoire religieuse de l'Autre comme « mémocide » permet de gommer les traces architecturales anciennes qui pourraient résister à la réécriture de l'Histoire.

L'identité est aussi redéfinie par la terre mère sacralisée. Chacun de ces radicalismes a créé un rapport théocratique à la « terre donnée par Dieu » et parfois une ville symbolique où doit atterrir le Messie : une Palestine aux frontières mal définies pour les juifs et les évangéliques avec Jérusalem comme capitale ; le *Dar al-islam* avec Dabiq pour le retour du Messie pour Daech, ou la terre des Pères fondateurs en charge de la « Cité sur la colline » missionnée d'une « destinée manifeste » des évangéliques américains ; le sous-continent dans sa totalité pour les hindouistes… Cela préjuge d'une ambition plus large destinée à rétablir la géographie première de la religion : le sous-continent pour les hindouistes qui jugent encore illégitime la création du Pakistan, la conquête planétaire pour les musulmans et les évangéliques. Ce nationalisme restrictif exclut l'Autre : « Tous les Indiens sont hindous », déclare en février 2018 Mohan Bhagwat, chef du RSS qui propose par ailleurs que les jeunes Indiens viennent dans ses milices plutôt que de perdre du temps au service militaire[13].

Les diasporas nées de la mondialisation jouent un rôle important dans le retour identitaire quand ce n'est pas le processus de radicalisation lui-même. Elles légitiment des diplomaties religieuses d'ingérence basées sur un prosélytisme actif : évangéliques en Afrique, Afghanistan et en Algérie ; salafistes en Afrique, Asie et en Occident… qui sont devenus une des caractéristiques de la vie internationale. George W. Bush, prenant acte du sort des chrétiens d'Orient, envisageait de créer une sorte de Bantoustan chrétien autour de l'ancienne Ninive : territoire, encadré de barbelés, qui les aurait coupés de leur lieu légitime de vie et qui se serait rapidement transformé un en immense charnier. Benoît XVI s'est insurgé contre cette idée et a dénoncé sa mise en œuvre.

Certes la radicalisation n'est qu'un facteur parmi d'autres, mais jamais le facteur religieux n'a pris autant d'importance et agi aussi concomitamment. Le religieux induit une dimension que la politologie classique ne prend pas en compte : « On ne discute pas avec Dieu », d'autant qu'on agit au nom du sien. Comme le disait Gershom Scholem, autorité reconnue sur le mysticisme juif, dans une interview prémonitoire au *New York Times* le 14 août 1980 : « Chaque fois qu'on introduit le messianisme en politique, les choses se gâtent. Cela peut mener à la catastrophe. » Les crises imbibées de radicalismes religieux excluent jusqu'à l'extrême le règlement politique et surtout une régulation de l'ordre international. Peu d'ouvrages prennent le sujet à l'échelle mondiale. Mohamed-Ali Adraoui, enseignant à Sciences Po Paris, constate dans le *Huffington Post* : « Le fait que des différences religieuses historiques existent est indéniable. Néanmoins, observer celles-ci ne signifie aucunement qu'elles servent forcément de moteur à une confrontation de grande ampleur comme peut l'être une guerre de religion. » Certes pas une confrontation de grande ampleur, mais un simple regard porté sur une carte des conflits dans le monde semble attester un rapport presque évident avec les religions. La liste des conflits à dimension religieuse est à remettre à jour régulièrement.

Les démocraties ne sont pas à l'abri de ces poussées religieuses. L'Europe elle-même a qualifié ses racines de « judéo-chrétiennes », rétrogradant une des bases philosophiques de la laïcité, l'héritage gréco-latin. La poussée radicale marque plus la crise des systèmes communautaristes que laïques. Le dramatique bilan de l'évolution de l'Inde et d'Israël, où le nationalisme laïque est rongé par le nationalisme religieux, en est une preuve. Le nombre de départs en Syrie est plus important dans les pays européens communautaristes (Grande-Bretagne, Belgique) que laïques, si on en rapporte le nombre à la population musulmane. L'influence exercée par les évangéliques sur les présidences républicaines dans le déclenchement des guerres contre l'Irak et l'Afghanistan ou le soutien aveugle à Israël est un facteur belligène de la plus grande puissance du monde.

L'intolérance progresse aussi, toujours en s'affichant « victime », préparant ainsi une géopolitique « prégénocidaire » parfois tolérée par les démocraties qui regardent plus volontiers certaines formes d'intolérance que d'autres. Faut-il s'étonner que l'Office of International Religious Freedom du département d'État américain se préoccupe plus de l'antisémitisme que du comportement religieux des radicaux juifs dans les Territoires occupés ? De même, le sondage Win Gallup[14] sur l'intolérance dans le monde constate que les pays dans lesquels l'intolérance est la plus forte sont des pays en crise, mais laisse de côté l'ordre des facteurs. De même, l'Observatoire de la liberté religieuse[15] cible comme principal facteur l'extrémisme islamiste sans chercher à connaître les motivations religieuses de la diplomatie américaine dans la région. Marc Fromager, le directeur de l'AED (Aide à l'église en détresse), conclut étonnamment : « N'oublions pas le lien ineffable entre la liberté religieuse et la paix[16]. » On peut au contraire penser qu'il n'y a pas de meilleure protection de la liberté religieuse et de la paix que la laïcité. L'empreinte religieuse d'un conflit l'inscrit dans le temps long, s'appuie sur des mythes indiscutables qui ferment le champ politique alors que la laïcité oblige à travailler dans le temps court et à ouvrir le débat.

Les analyses sur la mondialisation/globalisation économique laissent de côté les questions culturelles et religieuses. Pourtant l'appartenance à un ensemble religieux, immense sous-groupe humain, semble une réaction à la vision individualiste/consumériste de l'homme occidental. Les sondages et analyses américaines qui privilégient le critère du respect de la liberté religieuse n'expliquent pas les poussées radicales. Les radicalismes religieux sont aujourd'hui les principaux facteurs de résistance violente à la mondialisation du citoyen consommateur. Il n'y manque que la dimension de la transcendance et du sacré.

Notes

Introduction

1. *Mémoires sur les contrées occidentales*, traduit du sanscrit en chinois en l'an 648 par Xuanzang.
2. Charles Enderlin, *Au nom du Temple. Israël et l'irrésistible ascension du messianisme juif (1967-2013)*, Seuil, Paris, 2013.
3. Daryush Shayegan, *La lumière vient de l'Occident : le réenchantement du monde et la pensée nomade*, Éditions de l'Aube, La Tour-d'Aigues, 2015.
4. Jean-François Colosimo, *Aveuglements : religion, guerre, civilisation*, Les éditions du Cerf, Paris, 2018.
5. François Burgat, *L'Islamisme en face*, La Découverte, Paris, 1995, et mondialisme.org 31 août 2007.

1. Qui est mort, Dieu ou Nietzsche ?

1. Friedrich Nietzsche, *Le Gai Savoir, Livre troisième*, 1882.
2. http://shodhganga.inflibnet.ac.in/bitstream/10603/21261/12/12_chapter %204.pdf
3. D. Philpott, « The Challenge of September 11 to Secularism in International Relations », *World Politics*, vol. 55, n° 1, 2002.
4. Francis Fukuyama, *The End of History and the Last Man*, Free Press, New York, 1992.
5. Samuel Huntington, *Le Choc des civilisations*, Odile Jacob, Paris, 1996 ; The debate, Foreign affairs, 1994.
6. *Le Choc des civilisations*, *op. cit.*, p. 239.
7. Vinayak Damodar Savarkar, *Hindutva: Who is a Hindu ?*, S. S. Savarkar, Bombay, 1923.
8. Gideon Aran, « Jewish fundamentalism: the block of the faithful in Israel », dans M. E. Marty, R. Scott Appleby, *Fundamentalisms Observed*, Chicago University Press, 1994, p. 336-7, n. 27.

9. https://www.persee.fr/doc/mots_0243-6450_1998_num_57_1_2385

10. Ouvrage collectif, *Sectes et démocratie*, Le Seuil, Paris, 1999.

11. *Evangelicalism in Modern Britain: A History from the 1730s to the 1980s* (1989), *Victorian Nonconformity* (1992), *The Dominance of Evangelicalism: The Age of Spurgeon and Moody* (InterVarsity Press, 2005) et *Evangelicalism and Fundamentalism in the United Kingdom during the Twentieth Century*, Oxford University Press, Oxford, 2013.

12. https://www.lemonde.fr/m-actu/article/2018/09/28/trente-ans-apres-la-sortie-des-versets-sataniques-il-etait-une-fatwa_5361287_4497186.html

13. Farhad Khosrokhavar, *Radicalisation*, Éditions de la Maison des Sciences de l'Homme, Paris, 2014.

14. Gabriel A. Almond, R. Scott Appleby et Emmanuel Sivan, *Strong Religion. The Rise of Fundamentalisms around the World*, University of Chicago Press, Chicago, 2003.

15. Georges Corm, *Pour une lecture profane des conflits*, La Découverte, Paris, 2012, p. 57.

16. Alain Dieckhoff, « La mobilisation du religieux dans le conflit israélo-arabe », in *Les Champs de mars*, Paris, 2015, p. 59-67.

17. Max Weber, *Sociologie des religions*, Gallimard, Paris, 1996, p. 14 et 277.

18. « Who is Gauri Lankesh? » in *The Indian Express*, 5 septembre 2017.

19. Jean-Yves Le Naour, *Djihad 1914-1918*, Perrin, Paris, 2017.

20. https://timeline.com/nazis-muslim-extremists-ss-6824aee281d2

21. Leo Strauss, *La Critique de la religion chez Spinoza* (Berlin, 1930), édition française, Les éditions du Cerf, Paris, 1996.

22. http://www.sciencespo.fr/ceri/fr/content/dossiersduceri/les-etats-unis-et-l-islam-politique-composer-avec-les-freres-musulmans-egyptiens#footnoteref9_e1rrtac

23. https://www.washingtonpost.com/opinions/the-crown-prince-of-saudi-arabia-is-giving-his-country-shock-therapy/2018/02/27/fd575e2e-1bf0-11e8-9de1-147dd2df3829_story.html?utm_term=.d2f87ef61721

24. Sur l'Indochine, voir Claire Thran Thi Liên, « Colonialisme et propagation de la foi », in Dominique Borne et Benoît Falaize (sous la dir. de), *Religions et colonisation. Afrique – Asie – Océanie – Amériques, XVIe-XXe siècle*, Les éditions de l'Atelier, Ivry-sur-Seine, 2009.

25. Donald L. Horowitz, *Ethnic Groups in Conflict*, University of California Press, Berkeley, 1985.

26. *Strong Religion. The Rise of Fundamentalisms around the World*, *op. cit.*

27. Régis Debray, *Critique de la raison politique*, coll. « La Bibliothèque des idées », Gallimard, Paris, 1981.

28. http://www.afrique-asie.fr/georges-corm-et-regis-debray/

29. Bertrand Vergely, *La Tentation de l'homme-Dieu*, Le Passeur, Paris, 2015.

30. Richard Bergeron, *Le Cortège des fous de Dieu*, Éditions Paulines, Montréal, 1982.

31. Lauric Henneton, *Histoire religieuse des États-Unis*, Flammarion, Paris, 2012.

32. Youssef al-Qaradawi, *Le Licite et l'illicite en islam*, Albouraq, Paris, 1992.

33. In *Libération* du 13 juin 2019.
34. https://townhall.com/columnists/waynegrudem/2016/07/28/why-voting-for-donald-trump-is-a-morally-good-choice-n2199564
35. Swati Chaturvedi, *I am a Troll. Inside the Secret World of the BJP's Digital Army*, Juggernaut Publication, 2016.
36. http://www.mideastmedia.org/survey/2017
37. Arvind Rajagopal, *Politics after Television*, Cambridge University Press, Cambridge, 2001.
38. *Ibid.*
39. https://www.imdb.com/search/title?countries=in&keywords=hindu-mythological&sort=moviemeter&title_type=feature
40. www.favt.org : « La communication francophone de Daech », Conesa, Huyghe, Chouraqui.
41. http://www.lemonde.fr/archives/article/2009/09/02/le-regne-universel-des-escrocs-de-dieu-par-jean-pierre-langellier_1234864_0.html
42. https://www.info-sectes.org/pseudo-evangeliques/televangelistes.htm
43. Charisma Online, 20 février 2003 ; Friday Church News Notes, 28 février 2003.
44. http://www.myanmar-now.org/
45. Judith Coney, Sahaja Yoga : *Socializing Processes in a South Asian New Religious Movement*, Psychology Press, Londres, 1999, p. 26.
46. https://www.hinduismtoday.com/blogs-news/hindu-press-international/iskcon-child-abuse-lawsuit-settled-for-us-9-5-million/5106.html
47. Mark Ward Sr., *The Electronic Church in the Digital Age: Cultural Impacts of Evangelical Mass Media* (2 vol.), ABC-CLIO, USA, 2015, p. 287.
48. Séverine Labat, *Les Islamistes algériens. Entre les urnes et le maquis*, Le Seuil, Paris, 1995 ; *Les Islamistes tunisiens : entre l'État et la mosquée*, Éditions Demopolis, Paris, 2014.

2. La théosophie radicale : on ne change pas ce que Dieu a décidé (il y a quelques millénaires)

1. Alister McGrath, *Evangelicalism and the Future of Christianity*, InterVarsity Press, Downers Grove, 1995.
2. http://www.cfr.org/france/les-protestants-evangeliques-aux-etats-unis-et-la-politique-etrangere-americaine/p11450 - _ftn6
3. Theodor Herzl, *L'État des Juifs*, La Découverte Poche, Paris, 2008.
4. Mohamed Ibn Abd elWahab, *Livre du Tawhid (Monothéisme)*, Daroussalam, 1998.
5. Sayyid Qotb, *Ma'alim fi'l Tari* (« *Signes de piste* » en français), Kazi Publications, Chicago, 1964.
6. Les (Re)conversions à l'hindouisme (1885-1990) : politisation et diffusion d'une « invention » de la tradition / *(Re)conversions to Hinduism (1885-1990): The Politisation and the Diffusion of an « Invention » of Tradition:* https://www.persee.fr/doc/assr_0335-5985_1994_num_87_1_1456
7. V. D. Savarkar, *The Indian War of independence of 1857*, s.n., Londres, 1909.

8. V. D. Savarkar, *Hindutva: Who is a Hindu?*, *op. cit.*
9. *The New Republic*, « The roots of jihad in India », Philip Jenkins, [Les racines du djihad en Inde], 24 décembre 2008.
10. Oussama Ben Laden *et al.*, « Déclaration du Front islamique mondial pour le jihad contre les Juifs et les Croisés », Gilles Kepel éd., *Al-Qaïda dans le texte. Écrits d'Oussama Ben Laden, Abdallah Azzam, Ayman al-Zawahiri et Abou Moussab al-Zarqawi*, Presses universitaires de France, Paris, 2005.
11. Boris Cyrulnik, *Psychothérapie de Dieu*, Odile Jacob, Paris, 2017.
12. François Hartog, *Régimes d'historicité. Présentisme et expériences du temps*, Le Seuil, Paris, 2003.
13. Régis Debray, *L'Angle mort*, Les Éditions du Cerf, Paris, 2018.
14. *Ibid.*
15. http://www.observatoiredesreligions.fr/spip.php?article320
16. Alain Daniélou, *Histoire de l'Inde*, Fayard, Paris, 1971, 2e édition complétée 1985.
17. François Gautier, *Un autre regard sur l'Inde*, Éditions du Tricorne, Genève, 2000.
18. Jean-Michel Chaumont, *La Concurrence des victimes*, La Découverte, Paris, 2002, p. 329.
19. Lilian Mathieu, « Introduction. De si probables mobilisations de victimes », in Sandrine Lefranc, Lilian Mathieu (dir.), *Mobilisations de victimes*, Rennes, Presses universitaires de Rennes, 2009, p. 13.
20. http://www.lemonde.fr/une-abonnes/article/2004/11/09/au-vif-bush-dieu-et-les-valeurs-morales_386468_3207.html#slAjZUC1LQA5hJ6z.99
21. Richard Eaton, « Temple Desecration and Indo-Muslim States » in *Journal of Islamic Studies*, 11(3), 2000, p. 283-319.
22. Romila Thapar, *Communalism and the Writing of Indian History*, People's Publishing House, New Delhi, 1969.
23. Romila Thapar, *A History of India*, Penguin, 1990.
24. *Voyages d'Ibn Battûta, texte arabe accompagné d'une introduction*, traduction Charles Defrémery, B.R. Sanguinetti, 1854, réédition Éditions Anthropos, Paris, 1979, p. 84.
25. Kishori Saran Lal, *Growth of Muslim Population in Medieval India, A.D. 1000-1800* Research, 1973.
26. *Encyclopædia Britannica*, 15e édition, vol. 5, p. 935, 1987 ; vol. 14, p. 238-240, 1987 ; vol. 13, p. 35-36, 1987.
27. Elst Koenraad, « Negationism in India: Concealing the record of Islam », *Voice of India*, New Delhi, 1992.
28. Pierre Conesa, *Hollywar, comment Hollywood fabrique ses ennemis*, Robert Laffont, Paris, 2018.
29. « Le poids géopolitique des évangéliques américains : le cas d'Israël » : https://www.cairn.info/revue-herodote-2005-4-page-25.htm
30. Tim LaHaye et Jerry Jenkins, *Les Survivants de l'apocalypse*, Vida, Nîmes, 1999.
31. Voir Christophe Pons, *Jésus, moi et les autres, la construction collective d'une relation personnelle à Jésus dans les Églises évangéliques*, Éditions du CNRS, Paris, 2013.
32. Eric Meyer, http://www.sciencespo.fr/enjeumondial/en/odr/violence-et-religion-sri-lanka

33. L'histoire du Sri Lanka vue par les associations nationalistes tamoules en France : http://journals.openedition.org/hommesmigrations/678
34. https://journals.openedition.org/hommesmigrations/678?lang=en récension
35. Messali Hadj, *Les Mémoires de Messali Hadj : 1898-1938*, J.-C. Lattès, Paris, 1982.
36. Voir les différents travaux de Mme Honvault : https://halshs.archives-ouvertes.fr/halshs-00004731
37. *Le Califat dans la doctrine de Rašīd Riḍā*, traduction de *Le Khalifat ou l'Imâmat suprême*, par Henri Laoust, Librairie Maisonneuve, Paris, 1986.
38. Ali Abderraziq, *L'Islam et les fondements du pouvoir*, La Découverte, Paris, 1994.
39. Migettuwatte, Rev. D. Silva, *Buddhism and Christianity Face to Face, with an Introduction and Annotations by J. M. Peebles*, Colby and Rich Publisher, Boston, 1878.
40. In Tessa J. Bartholomeusz, *In Defense of Dharma: Just-War Ideology in Buddhist Sri Lanka*, Routledge/Curzon, Londres et New York, 2005.
41. https://www.geo.fr/voyage/Myanmar-quand-le-bouddhisme-preche-la-haine-ashin-wirathu-venerable-w-barbet-schroeder-Myanmar-rohingya-
42. https://www.geo.fr/voyage/Myanmar-quand-le-bouddhisme-preche-la-haine-ashin-wirathu-venerable-w-barbet-schroeder-Myanmar-rohingya-
43. https://www.diploweb.com/Comment-vraiment-comprendre-la-crise-rohingya.html?utm_source=sendinblue&utm_campaign=NL18050218avec_Cnam&utm_medium=email
44. Gwendolyn Simpson Chabrier, *L'Inde des intouchables*, France-Empire, Paris, 2014.
45. Faouzia Farida Charfi, *La Science voilée*, Odile Jacob, Paris, 2013.
46. Cédric Grimault, *Histoire du créationnisme*, Éditions Ellipses, Paris, 2008.
47. Élie Barnavi, *Les Religions meurtrières*, Flammarion, Paris, 2006.
48. Théorie de l'évolution : https://www.lexpress.fr/actualite/monde/asie/le-ministre-de-l-education-indien-doute-de-la-theorie-de-l-evolution_1978793.html. Invention d'Internet il y a trois mille ans par les anciens Indiens : http://french.peopledaily.com.cn/n3/2018/0419/c31357-9451380.html
49. https://www.cairn.info/revue-etudes-2009-4-page-485.html#re2no2: « Le créationnisme américain en Turquie » Jean-Marc Balhan s.j.
50. John Thomas Scopes et James Presley, *Center of the Storm: Memoirs of John T. Scopes*, Holt, Rinehart and Winston, New York, 1967.
51. Kevin Padian et Nicholas Matzke, « Darwin, Dover, 'Intelligent Design' and textbooks », in *Biochemical Journal*, 2009.
52. Harun Yahya, *Soykırım yalanı* (en français *Le Mensonge de l'Holocauste*), Âlem, 1995.
53. https://www.cairn.info/revue-etudes-2009-4-page-485.html - pa31
54. *Radikal*, 5 mars 2006.
55. Harun Yahya, *Atlas de la création*, Global Publishing, Istanbul, 2006.
56. Harun Yahya, *Comment les fossiles ont renversé l'évolution*, Éditions Arastirma, Istanbul, 2015.

57. https://news.gallup.com/poll/210956/belief-creationist-view-humans-new-low.aspx

58. Pierre Conesa, *Dr. Saoud et Mr. Djihad*, Robert Laffont, Paris, 2016.

59. *Libération* du 7 juin 1997, « Le procès de l'imam Kerzazi aux assises du Nord ».

60. Sri R.K. Karanjia, de *Blitz News Magazine*, « Interview with journalist – September 1976 » sur saibaba.ws (consulté le 2 février 2011).

61. https://www.cairn.info/revue-vingtieme-siecle-revue-d-histoire-2007-4-page-209.htm#pa39

62. https://www.monde-diplomatique.fr/1988/06/CARLANDER/9426

63. Michael J. Thomson (sous la dir. de), *Confronting the New Conservatism*, NYU Press, New York, 2007.

64. Jonathan Cahn, *Présage. L'ancien mystère qui contient le secret de l'avenir de l'Amérique et des nations*, Ménor, 2015.

65. John Hagee, *Four Blood Moons: Something is About to Change*, Worthy Books, UK, 2013.

66. http://pleinsfeux.org/billy-graham-sonne-lalarme-sur-la-seconde-venue/

67. In *Linga purana, Vishnu Purana*, chapitres 1 à 40.

68. In Janet Fitzgerald, *The Evangelicals, the Struggle to Shape America*, Simon & Schuster, New York, 1re édition 2017.

69. Georges Corm, *La Question religieuse au XXIe siècle*, La Découverte, 2007, Paris.

70. Mohamed Ourya, *Le Complot dans l'imaginaire arabo-musulman*, Dictus Publishing, 2012.

71. Gilles Kepel, *Fitna, guerre au cœur de l'islam*, Folio, Gallimard, Paris, 2004.

72. Akram Belkaid, « Une obsession dans le monde arabe », in *Le Monde diplomatique*, juin 2015.

73. http://www.algerie-dz.com/forums/archive/index.php/t-345099.html

74. Abdellali Hajjat et Marwan Mohammed, *Islamophobie*, Paris, La Découverte, 2013.

75. Pierre-André Taguieff, *La Nouvelle Propagande antijuive*, PUF, Paris, 2010.

76. Pascal Boniface, *Antisémite*, Max Milo, Paris, 2018.

77. Walter Laqueur, *The Changing Face of Anti-Semitism: From Ancient Times to the Present Day*, Oxford University Press, Oxford, 2008.

78. https://www.alterinfo.net/Le-Role-du-sionisme-dans-l-Holocauste_a7508.html

79. Marius Schattner, *Israël, l'autre conflit : laïcs contre religieux*, André Versaille, Bruxelles, 2008.

80. In Charles Enderlin, *Au nom du Temple, l'irrésistible ascension du messianisme juif (1967-2013), op. cit.*

81. In Farhad Khosrokhavar, *L'Islam dans les prisons*, Balland, Paris, 2004.

82. *Ibid.*

83. Sigmund Freud, *Le Moi et le Ça* (1923), traduction de C. Baliteau, A. Bloch, J.-M. Rondeau, *Œuvres complètes de Freud / Psychanalyse*, tome XVI, PUF, 1991, Paris.

3. La théopolitique : la loi de Dieu au-dessus de celle des hommes

1. Jean-François Mayer, « Facteurs religieux et relations internationales : une approche théopolitique », Études et analyse, n° 8, *Religioscope*, août 2005, http://religion.info (consulté le 20/11/2005)

2. « Les Alpes, refuge estival des juifs orthodoxes », in *Le Monde 2*, 3 août 2019.

3. *Strong Religion. The Rise of Fundamentalisms around the World*, *op. cit.*

4. https://www.persee.fr/doc/chris_0753-2776_1985_num_5_1_998

5. Philippe Gonzalez, *Que ton règne vienne. Des évangéliques tentés par le pouvoir absolu*, Labor et Fides, Genève, 2014.

6. http://www.cclj.be/actu/israel/juifs-ultra-orthodoxes-monde-en-mutation

7. http://www.cfr.org/france/les-protestants-evangeliques-aux-etats-unis-et-la-politique-etrangere-americaine/p11450 - _ftn11

8. http://www.cfr.org/france/les-protestants-evangeliques-aux-etats-unis-et-la-politique-etrangere-americaine/p11450 - _ftn13,

9. Sur le rôle croissant de la religion : https://www.youtube.com/watch?v=PqE6WnIc8Rw; https://www.youtube.com/watch?v=z-0G9-_v_Yo; https://www.youtube.com/watch?v=ko8Jo6yQM28

10. http://www.liberation.fr/france/2016/02/08/pourquoi-ces-5-imams-cartonnent-sur-youtube_1429862

11. Youssef al-Qaradawi, *Le Licite et l'illicite en islam*, *op. cit.*

12. *Ibid.*

13. *Ibid.*

14. *Ibid.*

15. *Times of India*, juillet 2015.

16. Christophe Jaffrelot, *Les Nationalistes hindous*, Presses de la Fondation nationale des sciences politiques, Paris, 1993 ; Daryush Shayegan, *Qu'est-ce qu'une révolution religieuse ?*, Albin Michel, Paris, 1991.

17. In *Le Monde*, 27 août 2019.

18. In *M le magazine du Monde*, 8 décembre 2017.

19. http://www.leparisien.fr/flash-actualite-monde/israel-la-police-arrete-22-ultra-orthodoxes-juifs-pour-abus-sexuels-27-03-2017-6800382.php

20. In *Libération* du 28 mars 2017.

21. http://www.nationalturk.com/en/hindu-leader-blames-western-culture-for-rising-crime-against-women-in-india-31499/

22. https://www.cairn.info/revue-le-debat-2016-1-page-106.htm?try_download=1

23. In *Haaretz*, 31 juillet 2002.

24. http://www.rfi.fr/asie-pacifique/20170525-inde-programme-hindou-accompagnement-grossesses-fait-polemique

25. https://www.nytimes.com/interactive/2015/11/29/us/30abortion-clinic-violence.html

26. Fethi Benslama et Farhad Khosrokhavar, *Le Djihadisme des femmes*, Le Seuil, Paris, 2017.

27. Anita Peresin, *The Western Muhajirat of ISIS*, Center for Croatian Studies, https://www.tandfonline.com/doi/abs/10.1080/1057610X.2015.1025611?needAccess= true&journalCode=uter20

28. In *Le Monde*, 27 juin 2018.

29. http://etudiant.lefigaro.fr/international/actu/detail/article/de-jeunes-israeliens-denoncent-leur-education-ultra-orthodoxe-13435/

30. Antoine Sfeir, *La Démocratie en danger. L'enseignement scolaire saoudien*, Berg international éditeurs, Paris, 2004.

31. https://freedomhouse.org/report/special-reports/saudi-arabias-curriculum-intolerance

32. « Religion et relations internationales : perceptions et réalités », *Politique étrangère*, 2006/4. S.M. Thomas, « Taking Religious and Cultural Pluralism Seriously: The Global Resurgence of Religion and the Transformation of International Society », *Millennium*, vol. 29, nº 3, 2000, p. 811.

33. Farhad Khosrokhavar, *Le Nouveau Jihad en Occident*, Robert Laffont, 2018, Paris.

34. Scott Shane, *Objective Troy. A Terrorist, a President, and the Rise of the Drone*, Tim Duggan Books, 2016.

35. http://www.livemint.com/Politics/GlOqculCpUCPG399tSP6QJ/Caste-class-and-the-rise-of-the-BJP-in-India.html

36. http://www.liberte-religieuse.org/pakistan/

37. http://www.liberte-religieuse.org/pakistan/ - _edn11

38. http://www.liberte-religieuse.org/pakistan/ - _edn14

39. http://www.liberte-religieuse.org/pakistan/ - _edn15.

40. https://acn-canada.org/fr/communique-aed-lahore-le-pere-channan-reagit/

4. Le nouvel internationalisme : diplomaties religieuses et diasporas

1. Pierre Conesa, *Dr. Saoud et Mr. Djihad*, *op. cit.*

2. http://archive.almanar.com.lb/french/article.php?id=318976

3. Cité par Akram Belaid, in *Le Monde diplomatique*.

4. www.challenges.monde : « L'Arabie saoudite entend redorer son image en France ».

5. https://www.frstrategie.org/Web/documents/publications/recherches-et-documents/2017/201710.pdf; thèse de Roshanack Shaery-Eisenlohr, *Constructing Lebanese shi'ite nationalism: transnationalism, shi'ism, and the Lebanese state*, Chicago, Illinois, août 2005.

6. http://soufangroup.com/wp-content/uploads/2015/12/TSG_ForeignFightersUpdate3.pdf

7. Pierre Conesa, *Dr. Saoud et Mr. Djihad*, *op. cit.*

8. Mark Kelly, « P.E.A.C.E. Plan: A Worldwide Revolution, Warren Tells Angel Stadium Crowd », 20 avril 2005 : http://www.purposedriven-life.com/; David Van Biema, « Warren of Rwanda », *Time Magazine*, 22 août 2005.

9. Rick Warren, *The Purpose Driven Church*, Zondervan, Grands Rapids, 1995.

10. *Ibid.*

11. https://www.cfr.org/node/157356#_ftn71 article sur les évangéliques et la diplomatie américaine.

12. http://www.iris-france.org/wp-content/uploads/2016/04/Obs-religieux-Fait-religieux-ds-lappareil-US-Avril-2016.pdf

13. Thomas F. Farr et Dennis R. Hoover, « *The Politics of Religious Freedom: Contested Norms and Local Practices* » : https://www.scholars.northwestern.edu/en/projects/politics-of-religious-freedom-contested-norms-and-local-practices-4

14. https://journals.openedition.org/assr/13973

15. Georges Otis, *The Last of the Giants*, Baker Books, Ada, 1991.

16. Frank E. Peretti, *This Present Darkness*, Crossway Books, Carol Stream, 2003.

17. https://www.cairn.info/revue-etudes-2011-5-page-583.htm

18. Jean-Pierre Bastian, « Partitions dans les langues officielles qui ont été annoncées et reliées à la démocratie en Amérique latine », in *Estudios sociológicos*, vol. 17, n° 49, p. 153-173.

19. Jesús García-Ruiz, Patrick Michel, *Et Dieu sous-traita le Salut au marché. De l'action des mouvements évangéliques en Amérique latine*, Armand Colin, 2012.

20. https://www.cairn.info/revue-herodote-2005-4-page-129.htm

21. Ardavan Amir-Aslani, *La Guerre des dieux. Géopolitique de la spiritualité*, Nouveau Monde Éditions, Paris, 2011, p. 22.

22. https://www.christianpost.com/news/evangelical-missionaries-rush-to-win-iraq-as-middle-east-mission-base.html

23. http://www.pewresearch.org/fact-tank/2014/01/17/key-findings-about-growing-religious-hostilities-around-the-world/ http://www.pewforum.org/2014/01/14/appendix-1-methodology/#primary-sources

24. http://www.pewforum.org/2014/01/14/religious-hostilities-reach-six-year-high/

25. http://www.cfr.org/france/les-protestants-evangeliques-aux-etats-unis-et-la-politique-etrangere-americaine/p11450 - _ftn39 :

26. https://www.iom.int/fr/news/loim-publie-une-fiche-dinformation-sur-les-tendances-de-la-migration-dans-le-monde-en-2015

27. Jean-Michel Chaumont, *La Concurrence des victimes*, La Découverte, Paris, 1997.

28. https://dialogueireland.wordpress.com/2013/07/18/inventing-tibet-by-lydia-aran-as-part-of-understanding-lamaism/

29. James Hilton, *Les Horizons perdus*, Terre de brume, Dinan, 2013.

30. Robert A. Thurman, *Essential Tibetan Buddhism*, HarperCollins, New York, 1995, p. 3-40.

31. Elliot Sperling, « Orientalism and Aspects of Violence in Tibetan Tradition », in Thierry Dodin et Heinz Raether, *Imagining Tibet*, Simon & Schuster, New York, 2001, p. 317.

32. https://www.crisisgroup.org/asia/south-east-asia/myanmar/283-myanmar-new-muslim-insurgency-rakhine-state

33. https://www.dw.com/en/is-saudi-wahhabism-fueling-rohingya-muslim-insurgency/a-36791809

34. Christophe Jaffrelot et Ingrid Therwath, « Le Sangh Parivar et la diaspora hindoue en Occident : Royaume-Uni, États-Unis et Canada », in

http://spire.sciencespo.fr/hdl:/2441/1d1vlhp8p7t3k7k974og325qg/resources/qdr22.pdf

35. Madhav Sadashiv Golwalkar, *We or Our Nationhood Defined*, Nagpur, Bharat, 1939.

36. https://qz.com/india/1350285/rss-and-the-spread-of-hindu-nationalism-in-us/

37. Ajit Adhopia, *The Hindus of Canada: A perspective on Hindu Canadians' cultural heritage*, Inderlekh Publications, 1993.

38. http://ofbjpuk.org/?p=248

39. https://www.newamerica.org/in-depth/antimuslim-activity/

40. Daniele Conversi, « Irresponsible Radicalisation. Diasporas, Globalisation and Long-Distance : Nationalism in the Digital Age », University of the Basque Country/Ikerbasque Foundation

41. https://gsdrc.org/publications/radicalisation-of-diaspora-communities/

42. Farhad Khosrokhavar, *Le Nouveau Jihad en Occident*, *op. cit.*

43. Benedict Anderson, *L'Imaginaire national : réflexions sur l'origine et l'essor du nationalisme*, La Découverte, Paris, 2002.

44. Moussa Khedimellah, « L'islam en Europe », mémoire de DEA (sous la dir. de Danièle Hervieu-Léger, 1999), consultable à l'EHESS.

45. « Jeunes prédicateurs du mouvement Tabligh. La dignité identitaire retrouvée par le puritanisme religieux », in *Socio-anthropologie*, 10, 2001. http://www.cosmopolitiques.com/sites/default/files/Khedimellah %20n %C2 %B06.pdf

46. Jaswant Singh, *Defending India*, Palgrave Macmillan, 1999, Londres.

47. Anti-Terrorism and Anti-Racism [archive], sur le site de la LDJ ; Rob Bryan, « How a Violent Jewish Extremist Group Went From the Fringes to the Mainstream French Right-Wing », AlterNet, 24 août 2016, https://www.alternet.org/2016/08/how-violent-jewish-extremist-group-went-fringes-mainstream-french-right-wing/

48. Bat Ye'or, *Eurabia. L'axe euro-arabe*, Éditions Jean-Cyrille Godefroy, Paris, 2015.

49. *The Dispersion of Egyptian Jewry: Culture, Politics, and the Formation of a Modern Diaspora*, 1998, https://muse.jhu.edu/article/472869/pdf

50. Farhad Khosrokhavar, *Le Nouveau Jihad en Occident*, *op. cit.* ; aux États-Unis, Peter Bergen, « United States of Jihad' Surveys Homegrown Terrorism » (2016) ; et les colloques « The Radicalization of Diasporas and Terrorism », *Joint Conference by the RAND Corporation and the Center for Security Studies*, ETH Zurich (2007).

51. Pierre Conesa, « La communication francophone de Daech », 2017, https://www.cairn.info/revue-les-cahiers-de-l-orient-2017-2-page-83.htm

52. Dominique Thomas, *Le Londonistan : La Voix du djihad*, Michalon, Paris, 2003.

5. La théologie de la violence sanctifiante : les religions ensauvagées

1. Odon Vallet, *Petit lexique des idées fausses sur les religions*, Albin Michel, Paris, 2002.

2. https://www.lemonde.fr/asie-pacifique/article/2016/10/06/thailande-thammasat-le-massacre-oublie_5009143_3216.html
3. Theodor Herzl, *L'État juif*, L'Herne, Paris, 2011.
4. Dorit Rabinyan, *Sous la même étoile*, Les Escales, Paris, 2017.
5. https://www.sciencespo.fr/enjeumondial/en/odr/violence-et-religion-sri-lanka
6. http://www.pewforum.org/2014/01/14/religious-hostilities-reach-six-year-high/
7. Umi Sukanya, « Centre Targets "Cultural Pollution" », in *The Telegraph India*, 8 septembre 2015.
8. Jalal Al-i Ahmad, *Occidentosis: A Plague from the West*, Islamic Publication International, Oneonta, NY, 1984.
9. Diane Masson, *L'Utilisation de la guerre dans la construction des systèmes politiques en Serbie et en Croatie (1989-1995)*, L'Harmattan, Paris, 2005.
10. https://www.haaretz.com/opinion/.premium-in-israel-growing-fascism-and-a-racism-akin-to-early-nazism-1.5746488
11. Michael Hutt, *Unbecoming Citizens: Culture, Nationhood, and the Flight of Refugees from Bhutan*, Oxford University Press, Oxford, 2005.
12. Arnaud Dubus, *Buddhism and Politics in Thailand*, Irasec, Bangkok, 2018.
13. https://www.channelnewsasia.com/news/asia/prominent-buddhist-monk-fans-antimuslim-sentiment-in-thailand-8170856
14. http://www.atlantico.fr/decryptage/et-religion-laquelle-francais-se-convertissent-plus-est-virginie-larousse-1867240.html#ws6kXoAEqcUPiyBS.99
15. https://www.courrierinternational.com/article/2011/06/01/bouddhisme-et-tolerance-ne-font-pas-bon-menage
16. http://kacher.alliancefr.com/Kcacher1-genr.htm
17. Shulem Deen, *All Who Go Do Not Return*, Graywolf Press, Minneapolis, 2015.
18. Shalom Auslander, *La Lamentation du prépuce*, Belfond, Paris, 2008.
19. Deborah Feldman, *Unorthodox. The Scandalous Rejection of My Hasidic Roots*, Simon & Schuster, New York, 2012.
20. Leah Vincent, *Libérez-moi*, Plon, Paris, 2014.
21. Anouk Markovits, *Je suis interdite*, JC Lattès, Paris, 2013.
22. *Times of Israel*, 6 mars 2017.
23. Samy Cohen, « La revanche des élites nationalistes et religieuses israéliennes », in *Le Monde*, 1er août 2018.
24. https://www.haaretz.com/israel-news/.premium-hebron-shooter-elor-azaria-released-from-prison-after-nine-months-1.6070371
25. Marc Crépon, *Le Consentement meurtrier*, Les éditions du Cerf, Paris, 2012.
26. https://www.google.com/search?q=rabbi+kahane+quotes&rlz=1C1CHBF_frFR836FR836&tbm=isch&source=iu&ictx=1&fir=UqNtld7h94YXUM%253A%252CG5zeZQPpi4tMmM%252C_&vet=1&usg=AI4_kRrb0yQazVbjv1gk7cPcbtoxu_oCA&sa=X&ved=2ahUKEwjomMfcsrLnAhUFxoUKHQPpCl8Q9QEwA3oECAkQBA#imgrc=_&vet=1

27. http://globalpolicy.gmu.edu/political-instability-task-force/political-instability-task-force-home/pitf-phase-v-findings-through-2004/

28. http://www.pewforum.org/2014/01/14/religious-hostilities-reach-six-year-high/

29. Pierre Conesa, *La Fabrication de l'ennemi*, *op. cit.*

30. Lydia Aran, « Fighting "dobdos" were known to constitute 15 % of the monks of the great Gelugpa monasteries in and around Lhasa », Commentarymagazine.com, janvier 2009 : « Tibetan monasteries maintained private armies that were deployed in conflicts with the local government, with other monasteries, and sometimes even among schools within the same monastery. »

31. Tsewang Pemba, *Tibet, ma patrie*, Pierre Horay, Paris, 1958, p. 99.

32. https://www.tabletmag.com/jewish-arts-and-culture/285731/a-funny-empathetic-jewish-genius

33. Rabbi Meir Kahane, *Forty Years*, CreateSpace Independent Publishing Platform, 2016.

34. https://www.cairn.info/revue-les-champs-de-mars-irsem-2015-1-page-108.htm#no40

35. « American Hearing About Iraq From the Pulpit, But Religious Faith Not Defining Opinions », Pew Research Center for The People & The Press, Pew Forum on Religion and Public Life, publié le 19 mars 2003.

36. https://www.nytimes.com/2006/01/20/opinion/wayward-christian-soldiers.html

37. https://www.wnd.com/2004/01/23022/

38. https://billmoyers.com/series/bill-moyers-on-faith-and-reason/

39. Jacques Chirac, avec Jean-Luc Barré, *Mémoires. Le temps présidentiel*, NiL, Paris, 2011.

40. Odon Vallet, *Petit lexique des idées fausses sur les religions*, *op. cit.*

41. Suzanne Lassier, *Gandhi et la non-violence*, Le Seuil, Paris, 1970.

42. https://www.youtube.com/watch?v=H-CAcdta_8I

43. https://www.washingtonpost.com/news/acts-of-faith/wp/2017/08/08/god-has-given-trump-authority-to-take-out-kim-jong-un-evangelical-adviser-says/?utm_term=.3e47e17fa764

44. « Robertson called for the assassination of Venezuela's president », Media Matters for America, 22 août 2005, http://mediamatters.org/ (consulté le 19/11/2005).

45. https://www.info-sectes.org/pseudo-evangeliques/televangelistes.htm

46. Élie Tenenbaum, « L'Amérique en guerre : grandeur et décadence de la contre-insurrection », in *Politique étrangère*, vol. 3, 2011, p. 617-629 ; Michael Walzer, *Just and Unjust Wars*, Basic Books, New York, 1977, et, plus récemment, *Arguing About War*, Yale University Press, New Haven, Connecticut, 2004.

47. https://www.cairn.info/revue-tiers-monde-2003-1-page-99.htm#

48. https://www.institut-jacquescartier.fr/2014/01/islam-et-islamisme-en-asie-du-sud-est-les-formes-dune-radicalisation-christian-bernard/#_ftnref33

49. Pierre Conesa, *Dr. Saoud et Mr. Djihad*, *op. cit.*

50. https://www.institut-jacquescartier.fr/2014/01/islam-et-islamisme-en-asie-du-sud-est-les-formes-dune-radicalisation-christian-bernard/-_ftn2

51. Charles Enderlin, *Au nom du Temple. Israël et l'irrésistible ascension du messianisme juif, op. cit.*
52. https://ravkook-lumieres.com/le-rav-tsvi-yehouda-ha-cohen-kook-zatsal/
53. Ehoud Sprinzak, *Brother against Brother: Violence and Extremism in Israeli Politics from Altalena to the Rabin Assassination*, Free Press, New York, 1999, p. 193.
54. Simon Epstein, *Les Chemises jaunes. Chronique d'une extrême droite raciste en Israël*, Calmann-Lévy, Paris, 1994, p. 21 à 30.
55. Ya'ir Kotler, *Heil Kahana*, Tel-Aviv, 1985, Modan, p. 412-420.
56. In *Haaretz*, 7 avril 1988.
57. Benjamin Netanyahu, *A Place Among the Nations. Israel and the World*, Transworld Publishers, Londres, 1993.
58. http://jewishjournal.com/news/israel/9810/
59. Voir entre autres Bernard Faure, *Bouddhisme et violence*, Éditions Le cavalier bleu, Paris, 2008.
60. https://www.diploweb.com/Comment-vraiment-comprendre-la-crise-rohingya.html?utm_source=sendinblue&utm_campaign=NL18050218avec_Cnam&utm_medium=email
61. https://www.crisisgroup.org/asia/south-east-asia/myanmar/283-myanmar-new-muslim-insurgency-rakhine-state
62. https://www.diploweb.com/Comment-vraiment-comprendre-la-crise-rohingya.html?utm_source=sendinblue&utm_campaign=NL18050218avec_Cnam&utm_medium=email
63. Thomas Hegghammer, « 10. Jihadi-Salafis or Revolutionaries? On Religion and Politics in the Study of Militant Islamism » (2009), in Roel Meijer, *Global Salafism: Islam's New Religious Movement*, Columbia University Press, New York, 2014 p. 244-266.
64. Biographe française du dalaï-lama (avec lequel elle a cosigné l'ouvrage *Nouvelle réalité, l'âge de la responsabilité universelle*, Les Arènes, 2016).
65. http://www.spiegel.de/international/world/the-Talibanization-of-pakistan-islamists-destroy-buddhist-statue-a-515958.html
66. Neil DeVotta, *Sinhalese Buddhist Nationalist Ideology: Implications for Politics and Conflict Resolution in Sri Lanka*, East-West Center, Washington, 2007.
67. Purushottam Nagesh Oak, *Taj Mahal: The True Story*, A. Gosh, 1989.
68. Paul Garde, « Le rôle des religions dans les conflits balkaniques », in revue *Cités*, 2/2003.
69. https://www.argotheme.com/organecyberpresse/IMG/pdf/Liste_de_100_journalistes_algeriens_assassines_par_l_islamo-terrorisme.pdf
70. « Who is Gauri Lankesh? », in *The Indian Express*, 5 septembre 2017.
71. http://www.rfi.fr/asie-pacifique/20181104-inde-pressions-nationalistes-hindous-historien-ramachandra-guha-abvp
72. Taslima Nasreen, *Lajja*, Stock, Paris, 1994.
73. Voir le site « Rabbi Kahane quotes » déjà cité.
74. « Saudi Cleric Muhammad Al-Munajid: Mickey Mouse Must Die! » [archive], sur MEMRI, 26 août 2008.

75. Jean-Loup Chiflet, *Le Bouquin de l'humour*, Robert Laffont, coll. « Bouquins », Paris, 2015.

76. https://www.nytimes.com/1999/02/11/us/national-news-briefs-falwell-sees-gay-in-a-teletubby.html

77. https://www.la-croix.com/Religion/En-Inde-violences-contre-chretiens-double-2018-02-21-1200915446

78. *The Indian Express*.

79. https://www.courrierinternational.com/article/inde-qui-tue-une-vache-merite-la-mort-selon-lextreme-droite-hindoue

80. https://www.sciencespo.fr/enjeumondial/fr/odr/violence-et-religion-sri-lanka

81. https://thediplomat.com/2016/06/interview-dilanthe-withanage-on-sinhala-buddhist-nationalism/

82. https://www.areion24.news/2018/10/16/du-xinjiang-a-la-syrie-la-chine-face-au-terrorisme-transnational/

83. « La société ouïghoure face au nouveau modèle ultra-sécuritaire chinois », Orient XXI, Alex Palmer/ABC.

84. https://www.areion24.news/2018/10/16/du-xinjiang-a-la-syrie-la-chine-face-au-terrorisme-transnational/3/

85. Samuel Huntington, *Le Choc des civilisations*, *op. cit.*

86. Robert C. Fuller, *Naming the Antichrist: The History of an American Obsession*, Oxford University Press, Oxford, 1996.

87. Arno Froese, *Saddam's Mystery Babylon*, Olive Press Publisher, Syracuse, NY, 1998.

88. https://www.monde-diplomatique.fr/2004/06/CONESA/11248

89. http://www.cfr.org/france/les-protestants-evangeliques-aux-etats-unis-et-la-politique-etrangere-americaine/p11450 - _ftn58.

90. Cité par Bruno Tertrais dans *La Guerre sans fin*, Le Seuil, Paris, 2004.

91. http://www.cfr.org/france/les-protestants-evangeliques-aux-etats-unis-et-la-politique-etrangere-americaine/p11450 - _ftn59

92. http://www.cfr.org/france/les-protestants-evangeliques-aux-etats-unis-et-la-politique-etrangere-americaine/p11450 - _ftn32.

93. Right Web, « Culture, Religion, Apocalypse, and Middle East Foreign Policy », December 5, 2003.

https://www.huffingtonpost.com/chip-berlet/pastor-hagees-armageddon_b_103161.html

94. https://www.cfr.org/node/157356#_ftn63

95. https://blogs.mediapart.fr/danyves/blog/210216/les-protestants-evangeliques-aux-etats-unis-et-la-politique-etrangere-americaine

96. Shlomo Sand, *Comment le peuple juif fut inventé*, Fayard, Paris, 2008.

97. Mohamed-Ali Adraoui, « Les printemps arabes sont-ils le nouveau visage des guerres de religion ? », in *Huffington Post*, 10 septembre 2013.

98. Louis Gardet, *La Cité musulmane, vie sociale et politique*, Librairie philosophique J. Vrin, Paris, 1976, p. 27.

99. Mohammed Bakar el-Sadr, *Les Sources du pouvoir dans l'État islamique*, brochure publiée par la Grande Bibliothèque islamique, Téhéran, sans date de publication, 2e édition, p. 14.

100. Abou Bakr Naji, *Gestion de la barbarie. L'étape par laquelle l'islam devra passer pour rétablir le califat*, Éditions de Paris, 2007.

101. Jonathan Fox et Shmuel Sandler, *Bringing Religion into International Relations*, Palgrave Macmillan, New York, 2004.

102. Véronique de Viguerie, in *Geo Army*, https://www.cfr.org/backgrounder/rohingya-crisis

Conclusion

1. Mathieu Guidère, *La Guerre des islamismes*, Folio, Paris, 2017, p. 224.

2. Jean-François Bayart, *Violence et religion en Afrique*, Karthala Éditions, Paris, 2018.

3. Antoine Fleyfel, *Les Dieux criminels*, Les éditions du Cerf, Paris, 2017.

4. Gilles Kepel, *La Revanche de Dieu : chrétiens, juifs et musulmans à la reconquête du monde*, Le Seuil, Paris, 1991.

5. Pierre Conesa, *Dr. Saoud et Mr. Djihad*, *op. cit.*

6. *Ibid.*

7. Hamadi Medissi, *Une histoire du wahhabisme : comment l'islam sectaire est devenu l'islam*, Points, Paris, 2016.

8. https://www.lemonde.fr/idees/article/2016/02/11/les-fantasmes-de-kamel-daoud_4863096_3232.html

9. André Gide, *Retour de l'URSS*, Gallimard, Paris, 1936.

10. http://www.pewforum.org/2014/01/14/appendix-1-methodology/#primary-sources

11. Odon Vallet, *op. cit.*, p. 265.

12. Bernard Faure, *Bouddhisme et violence*, *op. cit.*

13. http://theindianpapers.fr/article/trois-jours-suffisent-pour-mobiliser-notre-milice-rss/

14. https://www.bloomberg.com/news/articles/2017-06-01/this-is-where-intolerance-is-highest-on-religion-culture-race

15. http://www.liberte-religieuse.org/rapport-2016-liberte-religieuse-proie-a-hyper-extremisme-islamiste/

16. https://www.liberte-religieuse.org/rapport-2016-liberte-religieuse-marc-fromager/

Bibliographie sommaire

Michel Angot, *Les Mythes des Indes*, Le Seuil, Paris, 2018.

Paul-Laurent Assoune, *Le Préjudice et l'idéal*, Economica Anthropos, Paris, 2012.

Élie Barnavi, *Les Religions meurtrières*, Flammarion, Paris, 2006.

Fethi Benslama, *La Psychanalyse à l'épreuve de l'islam*, Flammarion, Paris, 2004.

Fethi Benslama, *La Guerre des subjectivités dans l'islam*, Éditions Lignes, Paris, 2014.

Peter Bergen, *United States of Jihad: Investigating America's Homegrown Terrorists*, Random House audio, 2016.

Jean Birnbaum, *Un silence religieux. La gauche face au djihadisme*, Le Seuil, Paris, 2016.

Dounia Bouzar, *La Métamorphose*, sur www.bouzar-expertises.fr, nov. 2014.

Jean-Claude Carrière, *Croyance*, Odile Jacob, Paris, 2017.

Bernard Chouvier, *Les Fanatiques. La folie de croire*, Odile Jacob, Paris, 2016.

Jean-François Colosimo, *Aveuglements*, Les éditions du Cerf, Paris, 2018.

Pierre Conesa, *La Fabrication de l'ennemi*, Robert Laffont, Paris, 2011.

George Corm, *La Question religieuse au XXIe siècle*, La Découverte, Paris, 2006.

Georges Corm, *Pour une lecture profane des conflits*, La Découverte, Paris, 2015.

Frédéric Encel, *Géopolitique du sionisme*, Armand Colin, Paris, 3e éd., 2015.

Charles Enderlin, *Au nom du Temple. Israël et l'irrésistible ascension du messianisme juif, 1967-2013*, Le Seuil, Paris, 2013.

Sébastien Fath, *Militants de la Bible aux États-Unis, évangéliques et fondamentalistes du Sud*, Éditions Autrement, Paris, 2004.

Antoine Fleyfel, *Les Dieux criminels*, Les éditions du Cerf, Paris, 2017.

Jonathan Fox, « Religion et relations internationales : perceptions et réalités », in *Politique étrangère*, 4/2006.

Alain Frachon et Daniel Vernet, *L'Amérique messianique : les guerres des néo-conservateurs*, Paris, Le Seuil, 2004.

Marcel Gauchet, *Un monde désenchanté ?*, Éditions de l'Atelier/Éditions ouvrières, Paris, 2004.

Marcel Gauchet, in revue *Le Débat*, n° 185, 2015.

Peter Herriot, *Religious Fundamentalism: Global, Local and Personal*, Routledge, Londres, 2008.

Efraim Inbar et Bruce Maddy-Weitzman (sous la dir. de), *Religious Radicalism in the Greater Middle East*, Routledge, Londres, 1997.

Mark Jurgensmeyer, *Au nom de Dieu, ils tuent !*, Autrement, Paris, 2003.

Rouhollah Khomeyni, Pensées politiques de l'ayatollah Khomeyni depuis 1941, ADPF, Paris, 1980.

Martin E. Marty et R. Scott Appleby (sous la dir. de), *The Fundamentalism Project*, 6 vol., Chicago University Press, Chicago : Gabriel A. Almond, *Strong Religions. The Rise of Fundamentalisms around the World*, 2003.

Martin E. Marty, *Accounting for Fundamentalisms. The Dynamic Character of Movements*, 2004.

Martin E. Marty, *Fundamentalisms and Society. Reclaiming the Sciences, the Family, and Education*, 1997.

Martin E. Marty, *Fundamentalisms and the State. Remaking Polities, Economies, and Militance*, 1996.

Martin E. Marty, *Fundamentalisms Comprehended*, 2004.

Martin E. Marty, *Fundamentalisms Observed*, 1994.

Diane Masson, *L'Utilisation de la guerre dans la construction des systèmes politiques en Serbie et en Croatie (1989-1995)*, L'Harmattan, Paris, 2005.

« Les sectes et les nouveaux mouvements religieux », in *Le Monde des religions*, juin 2014.
« Géopolitique des religions », in revue *Diplomatie*, août-septembre 2013.
Michel Onfray, *Penser l'islam*, Grasset, Paris, 2016.
Francis Pasche, « De la dépression », in *Revue française de psychanalyse*, vol. 27, n° 2-3.
Rapport Pietrasanta, « La déradicalisation », www.documentationfrancaise.fr, juin 2015.
Christophe Pons, *Jésus, moi et les autres, la construction collective d'une relation personnelle à Jésus dans les Églises évangéliques*, CNRS Éditions, Paris, 2013.
Bernard Ravet, *Principal de collège ou imam de la République ?*, Kero, Paris, 2017.
Olivier Roy, *La Sainte Ignorance*, Le Seuil, Paris, 2008.
Santosh Saha et Thomas K. Carr (sous la dir. de), *Religious Fundamentalism in Developing Countries (Contributions to the Study of Popular Culture, Book 65)*, Praeger, Greenwood, Connecticut, 2001.
Shlomo Sand, *Comment le peuple juif fut inventé*, Fayard, Paris, 2008.
Elizabeth Shakman Hurd, « The Political Authority of Secularism in International Relations », in *European Journal of International Relations*, vol. 10, n° 2, 2004.
Daryush Shayegan, *La lumière vient de l'Occident. Le réenchantement du monde et la pensée nomade*, Éditions de l'Aube, La Tour-d'Aigues, 2015.
Isabelle Sommer, « Engagement radical, désengagement et déradicalisation. Continuum et lignes de fracture », in *Lien social et politique*, n° 68, 2012.
Stephen Spector, *Evangelicals and Israel: The Story of American Christian Zionism*, OUP USA, 2008.
Romila Thapar, *A history of India*, vol. I, Penguin, Londres, 1961.
Odon Vallet, *Petit lexique des idées fausses sur les religions*, Albin Michel, Paris, 2002.
Stefan Zweig, *Conscience contre violence* (1936), rééd. Le Castor astral, Bègles, 1997.

Sur la RADICALISATION

Dominique Avon, *Faire autorité. Les religions dans le temps long, et face à la modernité*, PUR, Rennes, 2017.
Fehti Benslama, *Un furieux désir de sacrifice. Le surmusulman*, Le Seuil, Paris, 2016.
Fehti Benslama, Farhad Khosrokhavar, *Le Jihadisme des femmes. Pourquoi ont-elles choisi Daech?*, Le Seuil, Paris, 2017.
Jean-Pierre Dupuy, *Pour un catastrophisme éclairé*, Points, Paris, 2004.
François Hartog, *Régimes d'historicité. Présentisme et expérience du temps*, Le Seuil, Paris, 2003.
Mohammad Ibn'Abd Al Wahhab : bibliographie prolifique sans intérêt sauf *L'Unicité de Dieu* (Al Qalam, 2004) qui énonce de multiples raisons de se débarrasser des autres religions.
Philippe Joutier, *Les Corruptions religieuses. Guerres saintes, antiféminisme et terrorisme*, Dualpha, Paris, 2017.
Farhad Khosrokhavar, *L'Islam dans les prisons*, Balland, Paris, 2004.
Farhad Khosrokhavar, *Radicalisation*, Éditions de la MSH, Paris, 2014.
Farhad Khosrokhavar, *Le Nouveau Jihad en Occident*, Robert Laffont, Paris, 2018.
Bertrand Vergely, *La Tentation de l'homme-Dieu*, Le Passeur, Paris, 2015.

Sur la MÉMOIRE VICTIMAIRE

Jean-Michel Chaumont, *La Concurrence des victimes. Génocide, identité, reconnaissance*, La Découverte, Paris, 2002.
Michel Messu, *L'Ère de la victimisation*, Éditions de L'Aube, La Tour-d'Aigues, 2018.

Sur l'AFRIQUE

Élodie Apard, « Islam et territoires au Nigeria », in *Hérodote*, 2015/4 (n° 159).

Élodie Apard, « Les mots de Boko Haram : décryptages de discours de Mohammed Yusuf et d'Abubakar Shekau », in *Afrique contemporaine*, 2015/3 (n° 255).

Jean-François Bayart, *Violence et religion en Afrique*, Éditions Karthala, Paris, 2018.

Marc-Antoine Pérouse de Montclos, *L'Afrique, nouvelles frontières du djihad ?*, La Découverte, Paris, 2018.

Sur les ÉTATS-UNIS

J. Casanova, *Public Religions in the Modern World*, University of Chicago Press, Chicago, 1994.

Harvey Cox, *Retour de Dieu, voyage en pays pentecôtiste*, Desclée de Brouwer, Paris, 1995.

Sébastien Fath, « Les Églises évangéliques américaines et la guerre au Moyen-Orient », in *Les Champs de Mars*, n° 26, 2015.

J. Fox et S. Sandler (sous la dir. de), *Bringing Religion Into International Relations*, Palgrave Macmillan, New York, 2004.

J. Fox, « World Separation of Religion and State into the Twenty First Century », in *Comparative Political Studies*, vol. 39, n° 5, 2006.

F. Fukuyama, « Social capital, Civil Society, and Development », in *Third World Quarterly*, vol. 22, n° 1, 2001.

J.K. Hadden, « Toward Desacralizing Secularization Theory », in *Social Forces*, vol. 65, n° 3, 1987.

J. Haynes, *Religion in Global Politics*, Longman, New York, 1998.

Lauric Henneton, *Histoire religieuse des États-Unis*, Flammarion, Paris, 2012.

D.L. Horowitz, *Ethnic Groups in Conflict*, University of California Press, Berkeley, 1985.

L.R. Iannaccone, « Voodoo Economics? Reviewing the Rational Choice Approach to Religion », in *Journal for the Scientific Study of Religion*, vol. 34, n° 1, 1995.

M. Juergensmeyer, *The New Cold War?*, University of California Press, Berkeley, 1993.

Ariel Merari, *Driven to Death: Psychological and Social Aspects of Suicide Terrorism*, Oxford University Press, Oxford, 2010.

J. Miles, « Religion and American Foreign Policy », in *Survival*, vol. 46, n° 1, 2004.

H. Soloveitchik, « Rupture and Reconstruction: The Transformation of Contemporary Orthodoxy », in *Tradition*, vol. 28, n° 4, 1994.

S.M. Thomas, « Taking Religious and Cultural Pluralism Seriously: The Global Resurgence of Religion and the Transformation of International Society », in *Millennium*, vol. 29, n° 3, 2000.

Barbara Victor, *La Dernière Croisade*, Plon, Paris, 2004.

B.R. Wilson, *Religion in Sociological Perspective*, Oxford University Press, Oxford, 1982.

https://blogs.mediapart.fr/danyves/blog/210216/les-protestants-evangeliques-aux-etats-unis-et-la-politique-etrangere-americaine

Sur l'INDE

François Gautier, *Un autre regard sur l'Inde*, Éditions du Tricorne, Genève, 1999.

Christophe Jaffrelot (sous la dir. de), *L'Inde contemporaine*, Fayard, Paris, 2012.

Nehru, *La Découverte de l'Inde*, (1944) rééd. Philippe Picquier, Paris, 2002.

Sur le FONDAMENTALISME RELIGIEUX

G. A. Almond, R.S. Appleby et E. Sivan, *Strong Religion. The Rise of Fundamentalisms around the World*, University of Chicago Press, Chicago, 2003.

A.P. Cortell et J.W. Davis, « Understanding the Impact of International Norms: A Research Agenda », in *International Studies Review*, vol. 1, n° 2, 2000.

C.B. Laustsen et O. Waever, « In Defense of Religion: Sacred Referent Objects for Securitization », in *Millenium*, vol. 29, n° 3, 2000, p. 705-739.

M.I. Midlarsky, « Democracy and Islam: Implications for Civilizational Conflict and the Democratic Peace », in *International Studies Quarterly*, vol. 42, n° 3, 1998.
R. Stark et W. Bainbridge, *The Future of Religion: Secularization, Revival and Cult Formation*, University of California Press, Berkeley, 1985.
F. Wilmer, *The Indigenous Voice in World Politics*, Sage, Newbury Park, 1993.

Pour une DISCUSSION AUTOUR DE CES IDÉES

Patrick Allitt, *Religion in America Since 1945: A History*, Columbia University Press, New York, 2003.
Kofi Annan, Commission consultative sur l'État de Rakhine, http://www.rakhinecommission.org/
R.S. Appleby, *The Ambivalence of the Sacred: Religion, Violence, and Reconciliation*, Rowman and Littlefield, New York, 2000.
K. Beyerlein et M. Chaves, « The Political Activities of Religious Congregations in the US », in *Journal for the Scientific Study of Religion*, vol. 42, n° 2, 2003.
Paul S. Boyer, *When Time Shall Be No More: Prophecy Belief in Modern American Culture*, Harvard University Press, Boston, 1994.
Pierre Conesa, « La violence au nom de Dieu » (coll.), *RIS* n° 57, printemps 2005.
Pierre Conesa, *Guide du Paradis. Publicité comparée des Au-delà*, Éditions de l'Aube, La Tour-d'Aigues, 2004.
Alain Dieckhoff (sous la dir. de), *Religion et politique*, coll. « L'enjeu mondial », Presses de Sciences Po, Paris, 2017.
Christophe Jaffrelot, *Politique et religion en Asie du Sud : le sécularisme dans tous ses états*, Éditions de l'EHESS, Paris, 2012.
Laurence Louer, *Sunnites et chiites, histoire politique d'une discorde*, Presses de Sciences Po, Paris, 2017.
Rohini Mohan, *The Seasons of Trouble: Life Amid the Ruins of Sri Lanka's Civil War*, rééd. Verso, 2015.
Francis Wade, *Myanmar Ennemy Within*, Zed, Londres, 2017.
« Comment les musulmans birmans sont-ils devenus étrangers à l'Arakan », in revue *Moussons*, n° 28, 2016.

I. Wallerstein, « Render Unto Caesar? The Dilemmas of a Multicultural World », in *Sociology of Religion*, vol. 66, n° 2, 2005, p. 133.

L. Weinberg, W. Eubank et A. Pedahzur, « Characteristics of Terrorist Organizations 1910-2000 », texte présenté à la XXVe Conférence annuelle de la Société internationale de psychologie politique à Berlin (Allemagne).

UNDP, http://journey-to-extremism.undp.org/content/downloads/UNDP-JourneyToExtremism-report-2017-english.pdf

Plus d'informations disponibles sur : globalpolicy.gmu.edu/pitf/

Table

DANS LA MÊME COLLECTION

Michel Wieviorka, *Le Printemps du politique*, 2007
Laurence Ritter, *La Longue Marche des Arméniens*, 2007
Catherine Wihtol de Wenden et Christophe Bertossi, *Les Couleurs du drapeau. Les militaires français issus de l'immigration*, 2007
Dominique Mehl, *Enfants du don*, 2008
Didier Lapeyronnie, *Ghetto urbain*, 2008
Michel Wieviorka, *Neuf leçons de sociologie*, 2008
Farhad Khosrokhavar et Amir Nikpey, *Avoir vingt ans au pays des ayatollahs*, 2009
Yvon Le Bot, *La Révolte indienne. Les mouvements d'émancipation en Amérique latine*, 2009
Patrick Berche, *L'Histoire secrète des guerres biologiques. Mensonges et crimes d'État*, 2009
Véronique Fournier, *Le Bazar bioéthique*, 2010
Samuel Ghiles-Meilhac, *Le CRIF. De la Résistance juive à la tentation du lobby, de 1943 à nos jours*, 2011
Michel Wieviorka, *Pour la prochaine gauche*, 2011
Pierre Conesa, *La Fabrication de l'ennemi*, 2011
Claude Juin, *Des soldats tortionnaires*, 2012
Richard Beraha (dir.), *La Chine à Paris*, 2012
Alain Touraine, *Carnets de campagne*, 2012
Michel Foucher, *Atlas de l'influence française au XXIe siècle*, 2013
Michel Wieviorka, *Retour au sens*, 2015
Edgar Morin, *Penser global*, 2015
Michel Wieviorka, *Le Séisme*, 2016
Hervé Le Bras, *Anatomie sociale de la France*, 2016
Pierre Conesa, *Dr. Saoud et Mr. Djihad*, 2016
Farhad Khosrokhavar, *Prisons de France*, 2016
Edgar Morin, *Sur l'esthétique*, 2016
Farhad Khosrokhavar et Michel Wieviorka, *Les Juifs, les musulmans et la République*, 2017
Farhad Khosrokhavar, *Le Nouveau Jihad en Occident*, 2018
Pierre Conesa, *Hollywar*, 2018
Michel Wieviorka, *Pour une démocratie de combat*, 2020

La photocomposition de cet ouvrage
a été réalisée par
GRAPHIC HAINAUT
30, rue Pierre-Mathieu
59410 Anzin

MIXTE
Papier
FSC FSC® C003309

L'éditeur de cet ouvrage s'engage dans une démarche de certification FSC® qui contribue à la préservation des forêts pour les générations futures.

Pour en savoir plus :
www.editis.com/engagement-rse/

Imprimé en France par EPAC Technologies
N° d'impression : 4550414330220
Dépôt légal : avril 2020